教育の社会学
〈常識〉の問い方,見直し方

苅谷剛彦・濱名陽子・木村涼子・酒井 朗［著］

はしがき

　現代社会において，教育と無縁に生きることはむずかしい。今日の日本社会では，義務教育はもちろんのこと，同年齢のほとんどの人が高校までの教育を受け，さらに大学や短大，専門学校などに進学する人も7割近くにいたる。幼稚園から大学まで，ざっと見ても，人生の4分の1くらいの期間は，教育とかかわりをもつ時間である。しかも，親になれば，今度は子どもの教育と向き合うことになる。学校以外の場で行われる「生涯学習」や職業教育までを含めれば，何らかのかたちで教育と接点をもつ機会と時間は膨大なものになるだろう。

　教育が私たちの生活にかかわりの深い営みであることは，それにかける時間やお金や人の数といった量的な面だけに表れるのではない。良くも悪しくも，どのような教育を受けるのかが，職業の選択や生活のあり方に深くかかわっている。そういう人生への影響の広がりと強さといった面でも，教育は現代社会を特徴づける営みといえる。

　このテキストは，このように現代の日本社会と切っても切り離せない関係にある教育という営みに，社会学という学問の立場からアプローチしようとするものである。

　社会学は，人々の間の関係のあり方や組織や制度といった，まさに「社会」現象の解明をめざす学問である。したがって，〈教育の社会学〉もまた，教育という営みに含まれる「社会」的な面に目を向けたり，「教育と社会」の関係に着目することになる。しかし，教育への社会学的アプローチの特徴は，たんに教育と社

会との関係を見ようとする点にとどまらない。もうひとつの重要な特徴は，社会学が，人々の間で「当たり前」のこととして広まっている「常識」を疑う学問であることから導かれる。

この「脱常識」へのアプローチは，とりわけ教育のように，「当たり前」のものの見方が広く流布し，支配する分野において効果を発揮する。私たちが教育について語るとき，いかに，「当たり前」の「常識」が下敷きになっているか。たとえば，「受験競争が激しいために学校でいろいろな事件が起きる」といった新聞やテレビなどでよく見かける見方や，「いじめは日本特有の現象だ」といった見解，「子どもには小さいうちからいろいろ教えたほうがよい」といった親の意識や「学校では男女別に名簿や列を作る」ことを当然と見なす教師の実践，さらには「だれでもがんばれば100点がとれる」といった意見など，教育の世界には人々からあまり疑われることのない「当たり前」のものの見方がたくさんある。このような「当たり前」が疑われずに広く通用していればいるほど，「社会」はスムーズに，秩序を保ちながら存続を続けるのだが，そうだとすれば，〈教育の社会学〉は，こうした「当たり前」に疑問を向けることを通じて，教育という営みが社会現象としてどのような特徴をもつのかを解明しようとする学問といえる。

このような立場から教育について語ることは，同じく教育を対象にした学問である「教育学」とは大きく異なっている。〈教育の社会学〉では，「どうすればよりよい教育ができるのか」を最初からめざすのではない。いじめの問題にしろ幼児教育の早期化の問題にしろ，学校における男女差別や受験競争の問題にしろ，それらをはじめから「問題あり」と見なして，どうすれば問題解

決ができるのかを考えるのでもない。あえていえば,「問題あり」とする見方からも少し距離をおいて,そこに含まれる「当たり前」をまずは疑ってかかることから出発しようというのが,〈教育の社会学〉のアプローチである。

このテキストを作るにあたって私たちは,このような視点から教育の問題を見直すと,問題がどのように違って見えてくるのかを,できるだけわかりやすく具体的に示そうとした。そのために,本書は,いろいろな工夫をほどこしている。まず本書では,「いじめ」「幼児教育」「ジェンダーと教育」「学歴社会」といった4つの大きなテーマのもとに,身近で具体的な問題を通して,〈教育の社会学〉のアプローチのしかた（方法）について学ぶ。しかも,社会学が「経験科学」であることを意識して,個人の印象や体験をもとに語るのではなく,できるだけ実態を示すデータを提供しながら,事実をふまえた議論をしようとした。さらには,それぞれのテーマの最後に「知識編」を加えることで,具体的な問題を下敷きにしつつも,それを超えて,〈教育の社会学〉でこれまで蓄積されてきた理論をわかりやすく解説し,さらには実証研究の成果についてもまとめて紹介している。このような構成をとることで,問題へのアプローチの方法,実態についての知識,さらには理解や考察を深めるための理論,といった3つの面で〈教育の社会学〉の学習が幅広くできるように工夫したつもりである。

また,テキストの中では,各所に"Think Yourself"というコラムを設けた。読者はそこで示された問題を自分で考えたり調べたり,ゼミや講義の場で討論してほしい。そうすることにより,学習した内容の理解を深めたり,さらなる課題や問題を自分たちで発見したり,それらを集団で共有したりすることができるはず

である。また，そこで芽生えた関心をさらに広めたり，深めるための文献ガイドも掲載した。

　社会学から見ると，教育はどのように見えるのか，また，教育を通じて社会を見ると，私たちの社会にはどのような特徴が備わっていることがわかるのか。〈教育の社会学〉を学ぶことで，教育と社会の両方がよくわかる。しかも，教育という身近な問題を扱っているだけに，社会学的な思考を学習するうえでも，〈教育の社会学〉は取っつきやすい分野である。本書を通じて，教育についての理解，社会についての理解，社会学についての理解が深まることを願ってやまない。

　　2000年3月

著者を代表して
苅谷　剛彦

著者紹介　　　　　　　　　　　　　　　　　　　　　　　（執筆順）

● **酒井　朗**（さかい あきら）　　　　　　　　　　　　　　**Part I** ●

1961 年生まれ
1991 年　東京大学大学院教育学研究科博士課程単位取得退学
現　在　お茶の水女子大学子ども発達教育研究センター教授
主　著　*Learning to Teach in Two Cultures : Japan and the United States*, Garland Publishing Inc., 1995,「多忙問題をめぐる教師文化の今日的様相」志水宏吉編著『教育のエスノグラフィー』嵯峨野書院，1998,「『指導の文化』と教育改革のゆくえ」油布佐和子編著『教師の現在・教職の未来』教育出版，1999。

● **濱名　陽子**（はまな ようこ）　　　　　　　　　　　　　**Part II** ●

1955 年生まれ
1983 年　東京大学大学院教育学研究科博士課程単位取得退学
現　在　関西国際大学短期大学部教授
主　著　『〈わたし〉を生きる——自分さがしの人間学』（共編著）世界思想社，1996,「進学社会の就学前教育」天野郁夫・岩木秀夫編『変動する社会の教育制度』教育開発研究所，1990。

● **木村　涼子**（きむら りょうこ）　　　　　　　　　　　　**Part III** ●

1961 年生まれ
1990 年　大阪大学大学院人間科学研究科博士課程修了
現　在　大阪女子大学人文社会学部助教授
主　著　『学校文化とジェンダー』勁草書房，1999,「女学生と女工——『思想』との出会い」『近代日本文化論 8 女の文化』（共著）岩波書店，2000。

● **苅谷　剛彦**（かりや たけひこ）　　　　　　　　　　　　**Part IV** ●

1955 年生まれ。
1988 年　ノースウェスタン大学大学院博士課程修了（Ph.D. 社会学）
現　在　東京大学大学院教育学研究科教授。
主　著　『大衆教育社会のゆくえ』中公新書，1995 年，『知的複眼思考法』講談社，1996 年，『比較社会・入門』（編著）1997 年，有斐閣。

本書の使い方　　　　　　　　　　　　　　　　　INFORMATION

●**本書の構成**　　現代日本の教育をめぐる問題の焦点である，「いじめ」「幼児教育」「ジェンダーと教育」「学歴社会」を取り上げ，4つの Part とし，興味深い具体的な問題を通して教育の社会学を学ぶことができるようにしました。

● **Part の構成**　　身近な出来事やありふれた社会事象を手がかりに問題提起をする Introduction，見やすく工夫された図や表を織り込み，実態を示すデータを提示しながら問題を順序立てて解明していく Stage，これまで蓄積されてきた理論・実証研究を紹介する知識編，を柱に構成しました。問題へのアプローチの方法，実態についての知識，理解や考察を深めるための理論，という3つの面から，教育の社会学を学ぶことができます。

● **Think Yourself**　　学習した内容の理解を深めたり，さらなる課題を見出すヒントを，各 Stage の要所に配してあります。自分で考えたり，集団で討議をしてみてください。

●**キーワード，キーワード解説**　　教育の社会学に関するキーワードについて，本文中ではゴチック文字にして★を付け，巻末に五十音順に並べて解説をのせました。

● *column*　　本文の関連箇所に，教育をめぐる 16 のトピックスを，囲み記事ふうにして紹介しています。

●**文献注，引用・参考文献**　　本文で引用された文献，参照すべき文献は，［著者姓，発行年］というスタイルで表示し，文献全体の情報は，各 Part の末尾に「引用・参考文献」として一括して掲載しています。掲載順は，著者名のアルファベット順で，日本人名もローマ字読みにして並べてあります。著者名の後に［　］で囲んだ数字が発行年です。翻訳書の場合，原著初版の発行年は最後に（　）に入れて表示しました。

●**図書紹介**　　各 Part 末尾にはさらに学習を進めるうえで参考になる文献を何点か，コメント付きで紹介しています。

●**索　引**　　巻末には，基本用語などを中心にした索引を付けました。

目 次　CONTENTS

Part I　いじめ問題と教師・生徒

Introduction　2

あるいじめ自殺事件（2）　「臨床」学への期待（4）

Stage 1　いじめ問題をどうとらえるか？　7
実態主義と定義主義

いじめ問題の国際比較（7）　いじめの定義（11）　いじめ統計のとり方（12）　実態主義と定義主義（16）　中学校のいじめ問題（17）　受験競争原因論の妥当性（19）

Stage 2　中学生になることのむずかしさ　24
中学生の人間関係

強まる教師への反発（24）　中学生が期待する教師（25）　同輩との緊密化，友だちとの親密化（28）　友だち関係のむずかしさ（31）　島宇宙の寄せ集めとしてのクラス（33）　人間関係からみた中学生のむずかしさ（34）

Stage 3　教師の多忙化・バーンアウト　36
指導文化のストレス

教師の多忙化問題（36）　指導というマジックワード（40）　バーンアウトする教師（42）

vii

Stage 4 心の時代の中で 45
教育臨床の社会学の課題

心の理解（45）　否定される教師の権威（48）　親密さのイデオロギー（50）　教育臨床の社会学の意義（51）

知識編 「逸脱」の社会学・入門 54

問題行動・非行・逸脱（54）　少年非行の動向（56）　緊張理論とツッパリ集団（60）　統制理論といじめ・不登校（62）　ラベリング理論（64）　構築主義（66）　臨床的な社会学理論の構築へ（67）

図書紹介 72

Part II 幼児教育の変化

Introduction 76

何もしない幼児期（76）　何もしないではいられない幼児期（77）

Stage 1 子どもをよりよく育てること 80
日本の家庭教育の特徴

日本の家庭における母親と子ども（80）　人間にとっての家族の重要性（82）　社会化としつけ（83）　よりよく子どもを育てること（87）

Stage 2　早くからの教育　　　　　　　　　　　　　　90
幼児教育の普及と早期化

普及した幼稚園，保育所（90）　園児数減少のインパクト（94）　早期教育ブーム（96）　早期教育の背景（97）　相対的早期教育をめぐる議論（99）　絶対的早期教育をめぐる議論（101）　低年齢化する進学準備教育（102）　受験競争の低年齢化の問題（105）

Stage 3　商品としての子ども・子育て　　　　　　108
幼児教育の産業化

わが国の育児支援と育児産業（108）　子ども教育産業の興隆（110）　育児産業の興隆を支えるもの（113）　親の自己実現としての子育て（115）　現代の母性的養育の欠如（117）　子育てに対する支援の必要（119）　問い直される教育家族（121）

知識編　幼児教育の社会学・入門　　　　　　　　123

社会化に関する理論：「家族と社会化」研究（123）　社会化に関する理論：「社会階級と言語コード」研究（127）　幼児教育における「みえない教育方法」の研究（128）　日本における「みえない教育方法」の研究（129）　日本における解釈的アプローチからの幼稚園の研究（131）

図書紹介　　　　　　　　　　　　　　　　　　　135

Part III ジェンダーと教育の歴史

Introduction 138

「山本さん」差別はあるか？（138）　「隠れたカリキュラム」としての名簿（139）　男女別・男子優先の慣習はどこから（140）

Stage 1　学校化される〈女〉と〈男〉 143
近代学校教育における男女の統合と分離

なぜ男子大学はないのか（143）　国民皆学と男女別学（145）　中等教育における「男らしさ」「女らしさ」の形成（147）　知識と「男らしさ」の結合（151）

Stage 2　身を立てる男と駆り立てる女 157
立身出世主義と性分業

過労死と主婦（157）　立身出世主義と近代的な男性性（160）　男の立身出世のドライブとしての〈女〉（164）　「お国のために死ぬ臣民」と「軍国の妻・母」（167）

Stage 3　〈女らしい〉身体と〈男らしい〉身体の発見 171
学校文化における身体とジェンダー

ブルセラ女子高校生（171）　制服の意味（174）　体育の必要性（177）　性教育（180）　学校という「聖域」での「熟成」（184）

知識編　「ジェンダーと教育」の社会学・入門 187

「女性と教育」研究から「ジェンダーと教育」研究へ（187）
就学経路上の性差を認識する：既存の統計を読み解く（188）
性差にかかわる要因をさぐる：質問紙調査・インタビュー調査
（193）　性差を生み出す学校内プロセスへの注目：エスノグラフィックな手法（195）　現在を問い直す史的探究：歴史社会学的手法（198）

図書紹介　202

Part IV 「学歴社会」の変貌

Introduction　206

Stage 1　完璧な能力主義社会は可能か？　208
学歴社会とメリトクラシー

『メリトクラシーの興隆』（208）　メリトクラシーは何をもたらすか（211）　メリトクラシーからみえてくる問題（215）

Stage 2　日本の学歴社会はどこまでメリトクラティックか？　219
学歴社会の実像と虚像

学歴社会とは？（219）　学歴社会とメリトクラシー（222）
失敗の納得のしかた（228）　学歴と職業的な能力（231）

Stage 3　教育の拡大は何をもたらしたか？　234
学歴社会という社会の見方

学歴の急速な拡大（234）　教育の拡大は学歴社会をどう変えたのか？（237）　努力主義の終わり？（241）

| 知識編 | 「教育と社会階層」の社会学・入門　247

技術機能主義（247）　葛藤理論（250）　就職における学歴差（252）　昇進における学歴差（252）　結婚における学歴差（256）　出身階層と学歴（257）　学力・努力と出身階層（259）

| 図書紹介　264

キーワード解説 …………………………………………… 266
索　　　引 …………………………………………… 273

Column 一覧

❶ ノルウェーのいじめ対策 ………………………………… 15
❷ 1994年度のいじめ統計 ………………………………… 21
❸ カウンセリング・マインド ……………………………… 47
❹ 「しつけ」という言葉 …………………………………… 87
❺ 幼稚園と保育所の制度比較 ……………………………… 93
❻ 少子化の現状 ……………………………………………… 103
❼ 習い事をはじめる理由 …………………………………… 111
❽ 女子高等教育不必要/有害論 …………………………… 153
❾ 母と息子の立身出世物語の夢と現実 …………………… 165
❿ 女にとっての立身出世主義 ……………………………… 167
⓫ 制服・頭髪規制とセクシュアリティの排除 …………… 173
⓬ 学校文化の中の「のぞましい女子生徒」像 …………… 183
⓭ 『メリトクラシーの興隆』と現代のイギリス教育 …… 212
⓮ 能力の社会的構成 ………………………………………… 224
⓯ 学歴インフレ ……………………………………………… 236
⓰ 受験競争がなくなると，だれが損をするか？ ………… 255

Part I

いじめ問題と教師・生徒

Part I

Introduction

あるいじめ自殺事件
Part I

　1994年11月、愛知県西尾市で1人の中学生がいじめを苦に自殺した。新聞が連日この事件をとりあげていたから、覚えている人もいるかもしれない。当時の新聞には、この生徒（仮にA君としておこう）が殴られて近くの川に頭を突っ込まれたこと、いじめた相手に脅かされて家から大金を持ち出したことなどが詳細に報じられている。また、いじめの経緯や両親に対するお礼などが書かれた遺書の全文も各紙に掲載され、世間の注目をあびた。みなさんは、次ページにのせた当時の新聞記事をみて、どんな感想を持つだろうか。

　A君の事件には、政府も強い関心を示し、翌12月には「いじめ対策緊急会議」の緊急アピールが発表された。また、同月には「いじめ対策関係閣僚会合」も開催され、問題の解決のために、関係省庁が協力した取り組みを行うことが合意された。このように、今、いじめ問題はたんなる子どものいざこざではなく、国家が総力をあげて取り組むべき重大な社会問題とみなされている。また、いじめ問題は、過度の受験競争や社会の同質性など、日本の教育のあり方や日本文化の病理に根ざすものだから、

- なぜいじめが起こるのか → 憶測
- 原因を究明することが解決へつながるのか?
- いじめは解決できる問題か。⇒ いじめは教育で解決できるのか??

自殺の中2、いじめ苦の遺書
「金もとられた」 愛知

愛知県西尾市小島町川田の会社員■■■■■さん（●●）の次男、同市■東中学校二年の■■■■■君（●●）が先月末、首をつって自殺、「■■■■君の自宅から現金を要求されるようになり、応じないと殴られた」という内容の遺書が残されていることがわかった。西尾署は、遺族や学校から事情を聴き実関係を確認したうえ、いじめた生徒たちから詳しく話を聞く。

家族や学校側の話によると、■■■■君は、昨年秋ごろ「仲間にいじめられお金をけいれ乱暴を受けたり」と、応じないと殴るなどの暴行や乱暴を受けるようになった。遺書には「仲間にいじめられ、お金を要求され、乱暴を受け、お金を要求された、たまりません。最。新生、日本新、民社の

『朝日新聞』一九九四年二月二日付夕刊

近、いじめがハードになされる生徒たちからも詳しん出せといわれる。たまり、お金もないのにたくさみません。迷惑をかけですで教師にわたり、現金したことを打ち明け、これ求しいじめ、矢作川で乱暴求されたとされる生徒四人は、保護者や担任らと一緒に二日後、■■■■さんをに、慰籂会で百十万円の「借用書」も残されていた。また、仲間人のをメモ書きされたも名前

「新進」の議席数が焦点 茨城県議選スタート

任期満了に伴う茨城県議選（定数六六）が二日告示された。午後二時現在、九きを結成、公明と協力して党の新進党議員らは、県議会で地方選挙でとれだけ議席を獲得できるかが焦点だ。竹内藤男前知事や県遊から立候補を届け出る。出中村喜四郎代議士が逮対本部会を作って党選捕、起訴されたゼネコン汚

これを解決するには抜本的な学校改革やカリキュラムの精選が必要であるとも考えられている。たとえば，第15期中央教育審議会答申では，いじめ・登校拒否問題の解決のためには，「［ゆとり］を確保する中で，子どもたちに［生きる力］を育成し，家庭・学校・地域社会における教育をバランスよく行っていくこと」が重要だと指摘された。 → ゆとり教育

こうした一連の動向の中で，教育の社会学には何ができるだろうか。本章ではこのことについて考えてみよう。

「臨床」学への期待 Part I

ところで，こうした現在の動向を検討するうえでもう1つ見逃せないのは，子どもをめぐる諸問題の発生が，教育学や心理学などの領域に，「臨床」ブームとでもいうべき事態を生じさせていることである。教育学の分野では，臨床教育学，教育臨床学，学校臨床学などの，臨床の名を冠した新しい講座や科目が，近年次々に開講，開設されている。ちなみに，臨床教育学の講座がはじめてできたのは京都大学であり，1988年に，大学院の専攻として登場した。また，東京大学にも，95年，学校臨床学という講座が設置された[志水1996]。また，既存の学問の中でも，とくに臨床心理学に対する人気は群を抜いている。

このようにさまざまな臨床の学が注目を集めているわけだが，それにしても，いったい「臨床」とは何だろうか。英語では，クリニカル（clinical）という形容詞が相当するが，この言葉を辞書で引くと，まず「臨床の」という訳語があり，その次に以下の訳が記されている。1つは，「診療所の，病床の」という意味，もう1つは，「冷静な，客観的な」という意味である。

臨床という言葉に人々が期待するのは，このうち1番目の意味，つまり「診療所の，病床の」ということだろう。つまり，患者によりそって，その病巣を発見し，それを治療するという医者の役割である。そういえば，最近は街の医院にも，○○クリニックという名前になっているところが目につく。臨床教育学にしろ，臨床心理学

にしろ、人々がそうした学問に期待するのは、問題の所在とその原因をきちんととらえて、問題の改善に向けて適切な処方箋を示してくれるということに違いない。

子どもをめぐる問題の社会問題化と、それに対する社会的対処への期待感、そしてその中で注目されている「臨床」諸学問。教育の社会学は、これら一連の動向に対して、どのような視点から問題提起を行い、いかなる社会的貢献をなしうるだろうか。こうした課題領域を、ここでは、「教育臨床の社会学」と呼ぶことにする。以下では、次の3つの具体的問題の検討を通じて、教育臨床の社会学とは何かについて考えたい。

1つは、社会問題化しているいじめ問題をどうとらえるべきなのかについてである。マスコミの情報に踊らされずに、事態を「冷静に」みる視点とはどのようなものか。

2つ目は、いじめの原因とその対策についてである。政府の答申でもそうだが、いじめは過度の受験競争や日本社会の同質性から生じているといわれることが多い。それでは、教育臨床の社会学の視点からみると、問題の原因はどのようにとらえることができるだろうか。また、教育臨床の社会学は、現在の「臨床」ブームをどうとらえ、いじめ問題に対する対策についてどんな指摘をなすのだろうか。

3つ目は、教育臨床の社会学は、どのような問題を独自に見出すのかについてである。ここではその一例として、いじめ問題の考察からみえてくる中学生のおかれた

問題状況や，いじめ問題への対処に奔走する教師のストレスや多忙の問題をとりあげる。

以上の作業を通じて，教育臨床の社会学の意義とそれが扱う問題の範囲について理解を深めたい。

Stage 1 いじめ問題をどうとらえるか？

実態主義と定義主義

OPO 提供●

いじめ問題の国際比較　社会学の視点からいじめ問題について考えるヒントを得るために，はじめに図 I-1, 2 をみてほしい。これらは，1996 年 6 月，東京で開催された「いじめ問題国際シンポジウム」で配布された資料である。このシンポジウムでは，図にのせた 2 つの国のほか，日本を含めた 5 カ国の「いじめ研究者」が一堂に会して，各国の状況とそれへの対策が話し合われた。

じつは日本の研究者や学校関係者にとって，このシンポジウムはたいへん画期的なものであった。なぜかといえば，そこではいじめが日本だけに限らず，世界各国で生じていることが具体的に報告されたからである。また，そのときの報告者の1人，ノルウェーのダン・オルウェーズは，いじめ防止のための国家プロジェクトの長だった人物である。シンポジウムの参加者を含め，日本の関係者にとっては，そうした研究者が海外にいること自体が大きな驚きであった。なぜなら，それまで多くの日本の関係者は，いじめは日本独自の現象であり，自分たちだけが問題にすべきことだと考えてきたからである。それが，遠くノルウェーにおいても同様の問題が社会問題化しており，国からの要請でそれを分析

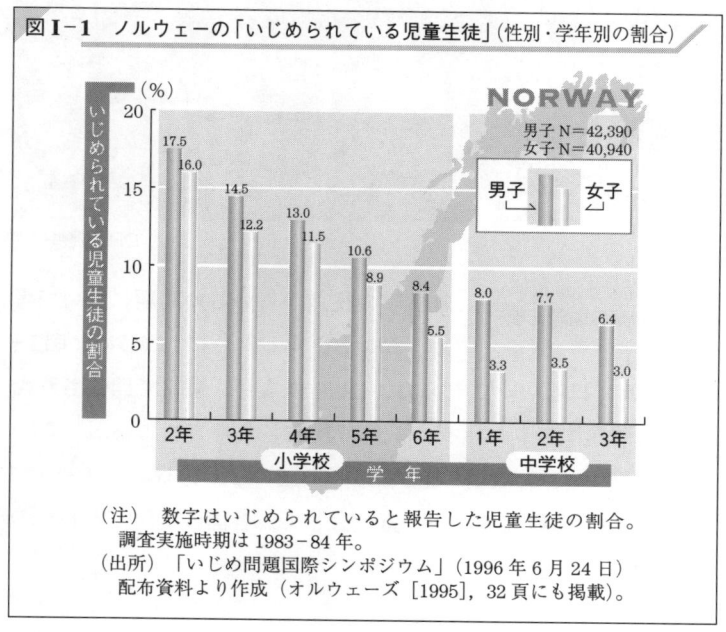

図Ⅰ-1　ノルウェーの「いじめられている児童生徒」(性別・学年別の割合)

(注)　数字はいじめられていると報告した児童生徒の割合。調査実施時期は1983-84年。
(出所)　「いじめ問題国際シンポジウム」(1996年6月24日)配布資料より作成（オルウェーズ［1995］，32頁にも掲載）。

している世界的に著名な研究者がいる。社会の同質性といった日本の文化的特質からいじめ問題を考えてきた人々には，まさに目からうろこだったに違いない。

ところで，もう一度，図Ⅰ-1，2をよくみてほしい。世界各国でいじめがあるというが，この図に出ている2つの国と，日本のいじめの発生状況は同じだろうか。参考資料として日本のいじめ統計も掲げておいたのでそれと比較してみてほしい（**図Ⅰ-3**）。どんな違いがあるだろうか。

3つの図を見比べてわかるのは，ノルウェーでもオーストラリアでも，いじめられたと報告した児童生徒は小学校の低学年に多いのに対し，日本のいじめの発生件数は中学1年生がもっとも多

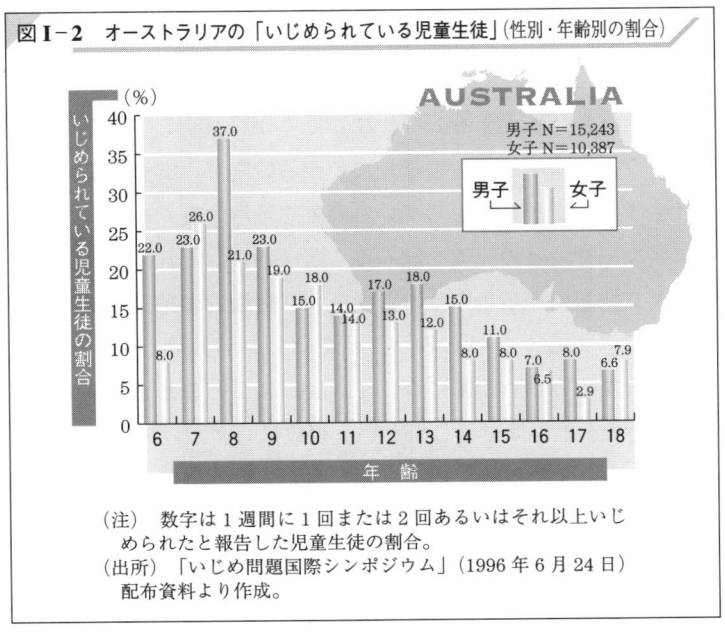

図Ⅰ-2 オーストラリアの「いじめられている児童生徒」（性別・年齢別の割合）

（注）数字は1週間に1回または2回あるいはそれ以上いじめられたと報告した児童生徒の割合。
（出所）「いじめ問題国際シンポジウム」(1996年6月24日) 配布資料より作成。

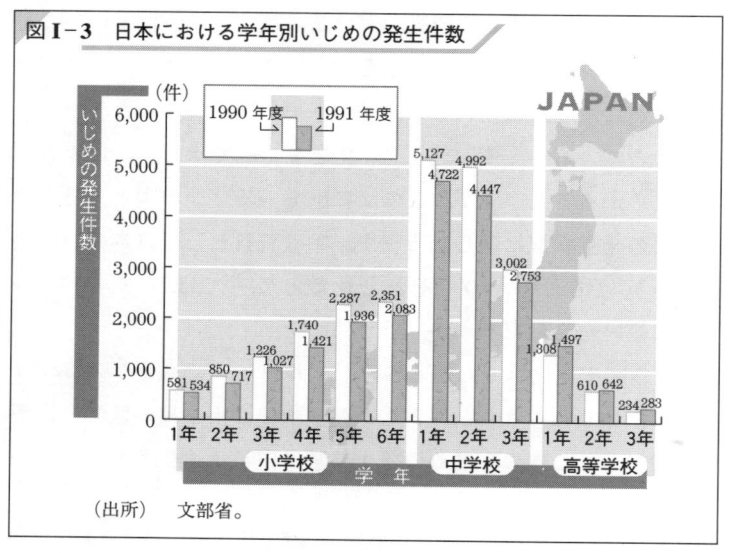

図 I-3 日本における学年別いじめの発生件数

(出所) 文部省。

いということである。しかも，前2者の国のグラフでは，いじめの発生件数は低学年をピークになだらかに減少しているが，日本のグラフは小学校から中学校に上がる段階で，突然増えている。

社会学では，そこで生じている事象を理解するために，このように異なる社会との比較を試みることが多い。それは，比較をすることで問題の深刻さやその特徴をより客観的に把握することができると考えるからである。たとえばわれわれは，図 I-1～3 から，日本のいじめ問題について，次の2つのことを理解することができた。1つは，いじめという現象は日本だけではないということ，もう1つはいじめが多く発生している学年，年齢が国によって異なっているということである。

さらに，比較という作業を通じて，問題に対する問いの立て方が変わってくることもある。いじめ問題でいえば，通常われわれ

は日本の資料だけをみて,「日本ではなぜいじめが生じるのだろうか」という問いを立てる。しかし,図Ⅰ-1〜3を見比べて考えると,そうした問いかけをするよりも,どうして他の国ではいじめは小学校低学年で多いのに,日本では中学生に多いのかという問いを立てた方がより適切だということがわかる。また,年齢的な差異はあるにしても,なぜいずれの社会でもいじめが生じるのかという問い,いいかえれば,子ども,あるいは人はなぜ他人をいじめるのかという問いを立てることもできる。われわれは比較という作業を通じて,こうした新たな問いを見出すこともできるのである。

いじめの定義

ところで,これら3つの資料をみていくと,ほかにもいくつか疑問が浮かんでくる。その1つは,いじめの定義についてである。いずれの資料でも「いじめ」と書いてある。だが,たとえばノルウェーでいう「いじめ」と,日本の「いじめ」は同じものを意味しているだろうか。いいかえれば,われわれは,本当に同じ種類の問題行動を比較しているのだろうか。

もう1つは,統計量のとり方である。図に掲載されたいじめの件数を,それぞれの国ではどうやってカウントしたのだろうか。先ほどは統計に現れた数字を単純に比較してみたが,本当の意味で比較が可能なのは同じ対象を同じ手続きで計測した場合だけである。対象が違ったり手続きが異なれば,比較することはむずかしい。

そこで,まずいじめの定義についてであるが,ノルウェーの事例を報告したダン・オルウェーズは,図Ⅰ-1のもととなっている本の中で,いじめを次のように定義している [オルウェーズ,

1995]。

☆ ある生徒が繰り返し，長期にわたって，一人または複数の生徒による拒否的行動にさらされている場合，その生徒はいじめられている（28頁）。

ここでいう「拒否的行動」には，悪口や侮辱など口頭によるもののほかに，殴るなどの暴力的な手段に訴えるものも含まれる。ただし，オルウェーズによれば，対等な2者間の争いには，いじめという言葉はふさわしくない。彼は，いじめはあくまで力の差のある2者間の争いだと考えているのである。

それでは，日本におけるいじめの定義はどのようなものだろうか。文部省は，1985年度からいじめの統計をとるようになったが，93年度までの統計では次の定義が用いられてきた。

・自分より弱い者に対して一方的に，
・身体的心理的攻撃を継続的に加え，
・相手が深刻な苦痛を感じているものであって，
・学校としてその事実を確認しているもの

以上の2つの定義を比べると，ともに，①暴力などの身体的なものだけでなく，言葉によるものなど心理的な攻撃をいじめの中に含めている，②単発的なものではなく，継続的に長期間にわたってなされているものをいじめと呼ぶ，③強い者と弱い者という力のアンバランスが前提となっている，などの点でかなり似通っている。実際，文部省もある解説書の中で，同省の定義とオルウェーズの定義には類似点が多いことを認めている［文部省いじめ問題研究会，1997］。

いじめ統計のとり方　　だが，統計のとり方については，ノルウェーと日本ではかなりの違いがある。ノ

ルウェーの数字は児童生徒を対象にしたアンケート調査にもとづくもので，図Ⅰ-1の数字は，その調査で「自分はいじめられている」と回答した児童生徒の数である。この調査では，1983〜84年にノルウェーのすべての小中学校に参加が呼びかけられ，そのうちおよそ85％が参加した。オルウェーズ［1995］によれば，それらの学校に通う児童生徒のうち，つねにいじめられる側だと答えた生徒は5万2000人であり，それはその年度の小中学生全体の9％に相当するという。

　これに対して，図Ⅰ-3にあげた文部省のデータは，学校がいじめとして確認したものの件数である。1993年度の結果によれば，小学校では6390件，中学校では1万2817件のいじめが発生したと報告されている。ちなみに，これをその年度の小中学校の在学者数（小学校858万2871人，中学校468万1166人）で割って，いじめ発生率を計算してみると，小学校では0.07％，中学校では0.27％となる。これはノルウェーの「いじめられ率」と比較すると，中学校でもわずか30分の1ほどにすぎない。

　このように2つの調査は数字のとり方がまったく違い，出てきた結果も比較にならないほどの隔たりがある。おそらく日本でも，児童生徒を対象に調査を実施すれば，その割合はずっと増えるだろう。ちなみに，東京都が1995年に，都内の小中学校に通う，小3，小5，中2の児童生徒1983名を対象に実施した調査［東京都生活文化局，1996］によれば，「友だちからいじめられたことがある」と答えたのは，全体の36％であった。つまり，この調査では，いじめの発生率はノルウェーの4倍になるわけである。また，学年別にみると，男子女子ともに，その割合がもっとも高いのは，小3であり，学年があがるにつれて減少している。

人口や土地の広さといった統計量と比べると，いじめの統計量はきわめて曖昧なものである。だれにどのようなかたちで聞くのかで，その数値は驚くほど変化する。前項では，ノルウェー，オーストラリアと日本では，学年や年齢別のいじめ発生件数に明確な違いがあると指摘した。しかし，それぞれの国のいじめ統計のつくられ方を詳細にみていくと，国と国の間で単純に比較するのは，かなりむずかしいことがわかる。日本のいじめには，先に指摘したようなさまざまな特徴が本当にあるのかもしれないが，じつはいじめの実態はどの国でも似たようなものなのかもしれない。

　統計がだれによって，どのような手続きを経て作成されたものか，それはどのような定義にもとづいてカウントされているのか。これらのこともまた，社会学ではきわめて重要な検討事項である。いじめ問題の社会問題化と臨床ブームという現在の流れの中では，ともすれば問題の深刻さが強調され，それをどう改善するかという側面ばかりに関心が集中する。しかし，これまでみてきたように，教育臨床の社会学の1つの特徴はそうした現象をそのまま鵜呑みにするのではなく，異なる社会間の比較や，事象の定義や計測の仕方などを吟味することで，われわれが対象としている現象が実際はどのような特徴を持つものかを，より正確に理解するという作業を経ることである。

　実態をとらえることのむずかしさ。社会学はデュルケムが『自殺論』を書いた19世紀末からこのことにこだわって，さまざまな見方や手法を提唱してきた。そうした議論を通じて社会学は，たとえ「問題あり」と指摘される場合でも，本当にそこに問題があるのか，またそれは指摘されるような問題なのかを判断するのは，それほど容易ではないことに警鐘を鳴らしてきたのである。

Column ❶ ノルウェーのいじめ対策

いじめの実態が社会により違うかどうかは判然としな(い)が多いが、いじめに対する対策は明らかに社会によって異(なっ)ている。ノルウェーでは、オルウェーズ教授により、学校レベル、クラスレベル、個人レベルの3つのレベルでいじめ対策が考案されている［オルウェーズ，1995］。このうち、学校レベルでは、いじめアンケート調査、全校会議、全校的体制づくりといった対策があげられ、個人レベルでは教師といじめ両当事者（および双方の親）との突っ込んだ話し合い、中立的な児童生徒からの支援のとりつけといった対策があげられている。日本の学校でもこれらの対策はしばしばもちいられるものであるが、もっとも違うのは、クラスレベルの対策であろう。ノルウェーの場合、このレベルの対策で強調されているのは、いじめに関するクラスルールづくりである。

さらに、オルウェーズは、このルールを運用する際の留意点として、以下の3点を指摘している。

①それぞれのルールがどのような種類の行動に適用されるのかについて、児童生徒たちにはっきり示す。②児童生徒がルールに従った好ましい行動をした場合には、児童生徒個人、グループ、あるいはクラス全体を惜しみなくほめてやる。③ルール違反の行動には一貫した罰をもって臨む。罰は、いじめの「行為」を対象とし、行為をした「人」を対象にしないようにする。

ルールをつくり、賞罰を設けて児童生徒をコントロールするという考え方は、他の欧米の国々でもしばしばみられる学級経営の方法である。いじめについても、この考え方が前提となって対策が考案されているのである。

これに対し、日本のいじめ対策では、このような考え方は採用されないことが多い。

文部省いじめ問題研究会［1997］は、Q&Aの形式で、学校としてのいじめ対策のあり方を説明しているが、この中で強調されているのは、「子どもの立場に立った学校運営」であり、そ

の視点からの学級経営の見直しである。また，いじめる児童生徒への指導として指摘されているのは「いじめている児童生徒にもそれなりの事情があることを認めなければなりません」（129頁）ということであり，さらに続いて強調されているのは，彼らを理解するためのカウンセリングである。現在，いじめ問題が1つのきっかけになって，スクールカウンセラーの導入が叫ばれている。この動きを支えているのは，問題に対するこうした解決法への志向である。

実態主義と定義主義

社会問題に対して，社会学がこれまでに提起してきた分析・解釈の視点は大きく2つに分けられる。徳岡［1997］は，それを「実態主義」と「定義主義」というネーミングで分類した。徳岡によれば，問題に対する社会学者のアプローチは，マートンの"機能分析"に代表される「実態主義」と，キツセらの"構築主義"に代表される「定義主義」とに2分されるという。

あらゆる社会問題は，その実態に関する客観的要素と，それを問題だとする人々の主観的要素で構成される。徳岡の指摘を簡潔にまとめると，実態主義は人々がその問題をどうみるかにまどわされることなく，実態を直視せよという態度である。これに対して，定義主義はある問題を「問題だ」とする人々のまなざしや定義づけに着目する。

これをここまでのいじめ問題の検討作業にあてはめれば，比較分析による実態の客観的把握という前半の作業は，徳岡のいう実態主義の立場に立つ作業だといえる。これに対して，いじめの定義や統計のとり方を問題にした後半の作業は，定義主義の流れに

位置づけられるものである。社会学では、長年、この2つの流れが競い合い、理論的な深まりをみせてきた。

問題の解決を期待する現在の臨床ブームに照らしてみると、両者の立場の違いは際立っている。定義主義、その中でも構築主義という理論的立場は、「問題解決策よりも、むしろ解決策をも含めた社会問題化の過程全体を淡々と記述すること」[徳岡, 1997, 78頁] にその役割を認めようとする。もっとも徹底した立場になると、問題がそこに実態としてあるかどうかは無視し、人々が何をどう問題とするかという主観的側面だけに焦点をあてようとする。徳岡が指摘するように、そうした姿勢は問題に対する冷静な見方を提供するものの、人々を冷静にさせすぎて問題解決への無力感や脱力感を与える危険性がないわけではない。これに対して、実態主義は、実態を把握し、その原因を追究することで、解決への具体策の提言を志向する。ただし、そこには、研究者が、(世間一般の人々が気づいていない) 実態までも正確に把握できるのだという「独善」もひそんでいる (➡ 知識編)。

中学校のいじめ問題

以上のことをふまえたうえで、以下ではあえて実態主義の立場からいじめ問題について考えていきたい。なぜなら、ここでは、臨床ブームの背後にある、問題解決への社会的な期待の高さに何らかのかたちで応えることを志向しているからである。もちろん定義主義に立つ研究も最終的には、この期待に何らかのかたちで応えることをめざしているのかもしれない。しかし、先のまとめにみるように、定義主義は、その立場を徹底させていけばいくほど、実態への関心が希薄となっていく傾向がある。それゆえ、ここでは、より関心をストレートに反映しうる実態主義の立場からいじめ問題につい

て考えてみよう。

　だが，実態主義の立場をとるといっても，先に述べたように，同じ日本でなされた調査でも，学校からの報告をもとに作成された文部省の統計と児童生徒を対象とした東京都の調査結果ではかなりの相違をみせている。まず考えなくてはならないのは，このギャップをどう理解し，いじめの実態をどう把握するのかである。

　この点に関しては，森田・清永 [1994] の研究が参考になる。小学6年と中学2年の児童生徒を対象に，いじめた経験，いじめられた経験の有無をたずねた結果によれば，いずれもそれらの経験率は東京都の調査と同じく小学生の方が多かった。しかし，その一方で，中学生は小学生に比べて，特定の子どもにいじめが固定化する傾向がみられること，いじめが長期にわたり，かつ集団でのいじめの形態が多くなることも見出している。これらの調査結果をふまえると，文部省のいじめ統計と東京都の調査の違いはある程度納得がいく。すなわち，これだけいじめという言葉がはやっている中では，子どもは何か小さないざこざでもいじめととらえがちである。東京都の調査では36％の子どもがいじめられたと答えているが，その割合のいくぶんかはこうしたことでふくれた数字だといえよう。これに対して，学校側が把握しうるいじめは，長期にわたって特定の個人になされるような重大なケースしかありえない。したがって，2つの調査結果の差異は，小さないざこざを含んだ児童生徒の報告と，とくに問題となるようなケースだけがカウントされがちな学校側の報告の違いだと考えられるのである。

　以上の検討にもとづけば，文部省の統計には，より問題性の高いケースが報告されており，それは中学生に多く発生していると

考えられる。しかも、その多くは中学1, 2年に生じている。また、生徒の問題行動として、いじめとともに高い関心を集めている不登校も、中学生になるととたんに増加する。このことを考えあわせると、中学校に上がる段階で、子どもたちが問題を抱えてしまう何らかの要因があるものと考えられる。以下では、このように実態をとらえ、その要因を考えてみたい。

> 受験競争原因論の妥当性

本パートのイントロダクションで指摘したように、いじめ問題を生み出す要因として、中教審の答申などでしばしば指摘されてきたのは、日本社会の同質性や過熱する受験競争のストレスであった。しかし、これまでの議論にもとづけば、そのいずれもかなり疑わしいといわざるをえない。まず、いじめは日本社会の同質性の反映という分析であるが、これは誤りである可能性が高い（➡ **Part IV**, *Column* ⓰）。

なぜなら、国際シンポジウムで報告されたように、日本のいじめと類似の事象が、他の多くの国々でも問題となっているからである。少なくともノルウェーの調査に用いられたいじめの定義は、文部省の定義とかなり近い。ノルウェーと日本では、調査の仕方が違い、いじめが多発する学年も異なるとはいえ、少なくとも近似の定義で計測した結果、同国とも総量としてかなりのいじめがあると報告されていることは無視できない。実際、この調査を実施したオルウェーズが例にあげたいくつかのいじめ事例は、日本で問題とされているいじめとよく似たものが多い。以上のように考えると、日本社会の同質性ゆえに日本の学校にはいじめが多いという説明図式を選択することはかなりむずかしいといえる。

では、受験競争原因論についてはどうだろうか。この説では、

受験競争のプレッシャーが，さまざまな児童生徒の問題行動を引き起こすと想定する。具体的にそこでイメージされているのは，日ごろから受験のことで悩み，イライラして問題行動に走るといったタイプ（＝悩んでイライラタイプ）や，希望の高校にみあった成績がとれない不満が鬱積して周りにあたるといったタイプ（＝不満爆発タイプ）である。だが，それぞれ中学生のころを考えてみてほしい。みなさんが受験のプレッシャーを感じるようになったのはいつごろからだろうか。みなさんは，希望の高校に行けないと中学入学直後から，鬱々していただろうか。こうした説の疑わしさはさまざまな調査の結果からもうかがえる。たとえば，前者のタイプについては，秦［1982］が，悩みのトップに進路のことがあがるようになるのは中3になってからであり，中1では，むしろ友だち関係やクラブや勉強の悩みが多いことを明らかにした。ある中学校で長期にわたり観察調査を行った西田［1991］も，生徒が受験生であることを意識しはじめるのは，2年の終わりか，3年生に進級してからだと指摘している。中学生の最初の1，2年は，受験よりも，むしろ学校内のことに関心が向いているのである。

また，後者の不満爆発タイプについても，中学生の実態とはかなりかけ離れている。この仮説では，中学生が実力以上に偏差値の高い高校への進学を希望していることが前提となっているが，苅谷［1986］によれば，実際の中学生は入試よりもずっと以前に，自分の期待値を下げてしまうという。彼によれば，高校のランクが可視的で，そのうえ，何度も模擬試験が繰り返されるため，中学生も自分の分をわきまえてしまうというのである。同様に三者面談の調査をした山村ら［学校社会学研究会編，1983］も，多くの

Column ❷　1994年度のいじめ統計

　いじめ統計を読み解くうえでの問題点をもう1つあげよう。下の図をみてほしい。このグラフでは，1993年度と94年度の間が途切れていて，いずれの学校段階でも，件数が倍以上にふくらんでいる。文部省の説明によれば，これは，94年度から同省が，自分の学校にもいじめがあるのではないかという問題意識をもって積極的に実態を把握するように事前指導を行った結果だという。また，この指導にそって，本文中に示したいじめを構成する4つの要件のうち，4番目の「学校としてその事実を確認しているもの」という文言も削除され，個々の行為がいじめにあたるかどうかの判断は，いじめられた児童生徒の立場

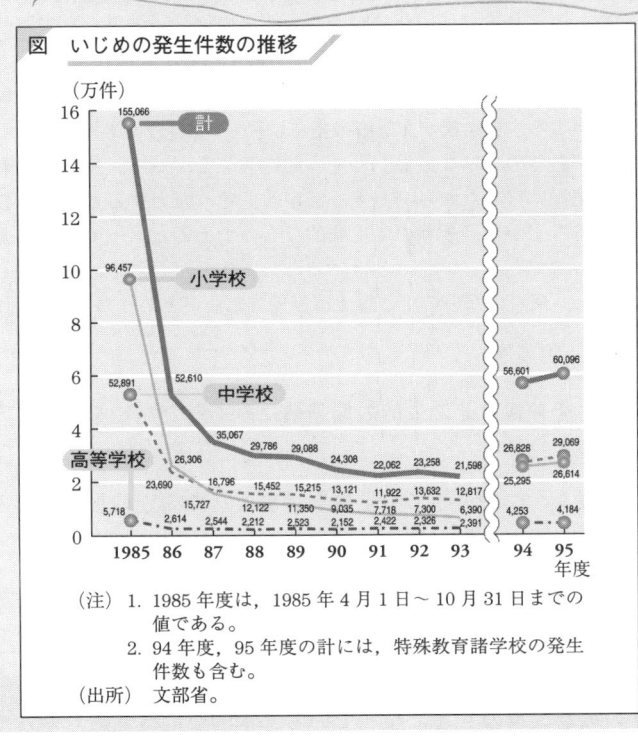

図　いじめの発生件数の推移

(万件)

計 155,066 / 小学校 96,457 / 中学校 52,891 / 高等学校 5,718 (1985年度)

52,610, 35,067, 29,786, 29,088, 24,308, 22,062, 23,258, 21,598 (中学校 86-93)
26,306, 23,690, 16,796, 15,452, 15,215, 13,121, 11,922, 13,632, 12,817 (小学校系列)
15,727, 12,122, 11,350, 9,035, 7,718, 7,300, 6,390
2,614, 2,544, 2,212, 2,523, 2,152, 2,422, 2,326, 2,391

1994年度: 計 56,601, 26,828, 25,295, 4,253
1995年度: 計 60,096, 29,069, 26,614, 4,184

年度: 1985, 86, 87, 88, 89, 90, 91, 92, 93, 94, 95

(注) 1. 1985年度は，1985年4月1日～10月31日までの値である。
　　 2. 94年度，95年度の計には，特殊教育諸学校の発生件数も含む。
(出所) 文部省。

に立って行うものと指導がなされた。こうした指導の結果、いじめの件数は、中学では1993年度から94年度の間に1万2187件から2万6828件へ、小学校でも6390件から2万5295件へと増えたのである。

しかし、ここでも少し立ち止まって考えてみよう。いじめの定義から第4の要件を削除することは、いじめの件数をカウントすることに、実際どのような影響を及ぼすのだろうか。

ここで考えなくてはならないのは、いじめの件数は、学校を通じて文部省に報告されるということである。したがって、いじめの存在は学校によって確認されなければ、数字にはあがってこない。つまり、4番目の要件の有無にかかわらず、現在の統計のとり方では、学校がかならずそのいじめの事実を確認しなければ、いじめ統計にはのらないのである。

こう考えると、1994年度にいじめ件数が倍増したのは、結局のところ、各学校が文部省の指導に従い、「自分の学校にもいじめがあるのではないか」という問題意識をもって、積極的に実態把握に努めたからだろう。しかし、そうだとすると、この数字はみずから、きわめて主観的なものであるといっているようなものである。いじめとは、そこにあるのだと思えばみえてくるし、反対にないのだと思えばみえてこないというのだから。

場合、生徒や親はその生徒の偏差値にみあった高校を志望すると指摘した。

以上のように、実際に中学生を対象とした調査結果をみてみると、政府の答申などでしばしば登場する通説的な原因論は、かなり疑わしいことがわかる。臨床という言葉に、実践への寄与が含意されているとすると、以上の検討作業はきわめて重要である。なぜなら、日本社会同質性説にしろ受験競争原因論にしろ、それは今の教育改革のもとになっている基本的な危機意識だからであ

る。かりにいじめが本当に受験競争や日本社会の同質性によるものでないとしたら，同質性を打破するための個性化の推進や受験競争のプレッシャーを緩和しようというさまざまな施策の正当性は，根底から崩れてしまう。教育臨床の社会学はこうした意味で，問題への対処策に対しても鋭くメスを入れ，再考を迫るのである。

Think Yourself

1. 図Ⅰ-1〜3をもう一度みて，3国間の違いを指摘してみよう。また，より適切な比較のためのデータを得るには，どんな工夫が必要か考えてみよう。
2. 文部省のいじめ統計と東京都の調査結果の違いは，ほかにどのような理由で説明できるだろうか。いじめの件数が各学校によってカウントされ，それが文部省に報告されていく過程とアンケートで子どもたちにいじめの体験を聞くという調査の過程をそれぞれ思い描きながら考えてみよう。
3. 篠田正浩監督の「少年時代」という映画がある。そこでは，ある少年が太平洋戦争下に疎開先の小学校で遭遇した壮絶ないじめが描かれている。機会があったらこれをみて，今のいじめと比べてみよう。

Stage 2 中学生になることのむずかしさ

中学生の人間関係

毎日新聞社提供

強まる教師への反発

ステージ1でみたように、いじめ問題に関する通説的な理解があやしいとなると、ほかにどのような説明が考えられるだろうか。ここではもう一度、日本におけるいじめが中学生の、とくに中1、中2に多発していることに注目したい。このことは、現代日本においては、中学生になるということに多くの困難が伴い、そのことがいじめ問題の背景にあることを示唆している。いったい子どもたちは、中学生になる過程をどのように経験しているのだろうか。ここでは各人

がそれぞれのおかれた状況の中でどのような意味世界を構築し，他者と相互作用を営んでいくのかという**解釈的アプローチ**〔★〕の立場を意識しながら，中学生になることのむずかしさについて考えてみたい（➡ **Part II**・知識編）。

さまざまな調査から明らかなのは，まず，中学生になると教師や学校に対する態度が大きく悪化することである。先に紹介した東京都の調査結果によれば，「担任の先生とよく話す」と答えた子どもは，小3，小5では5割を超えているのに対して，中2ではそれより15％近く低い。また，「先生の言うことはだいたい正しいと思う」と答えた子どもの割合も，中学生になると大きく低下している［東京都生活文化局，1996］。

この変化の理由の1つとして指摘できるのは，発達論的な立場からみて，中学生が思春期にあたるということである。心理学では，この時期人間は第2次反抗期を迎え，既成の権威に反発することで，みずからの個別性を主張し，独立を確認しようとすると考えられている。

中学生が期待する教師　しかし，この説明もけっして十分とはいえない。なぜなら，発達の速度は生徒によって差があり，小学校高学年で思春期にさしかかっている者もいれば，中学生になってもまだ児童期に近い者もいるからである。したがって，思春期だからという説明で考えると，統計上は数字の変化はなだらかに生じるはずであるが，実際は小6と中1の間にきわめて顕著な差が生じている。

日本の小学生と中学生で，認識や態度に大きな断絶があることは，教師観に関する国際比較調査の結果からもうかがえる。図 I-4 によると，日本の子どもたちは，中学に入ると教師に対するイ

図Ⅰ-4　教師観の国際比較

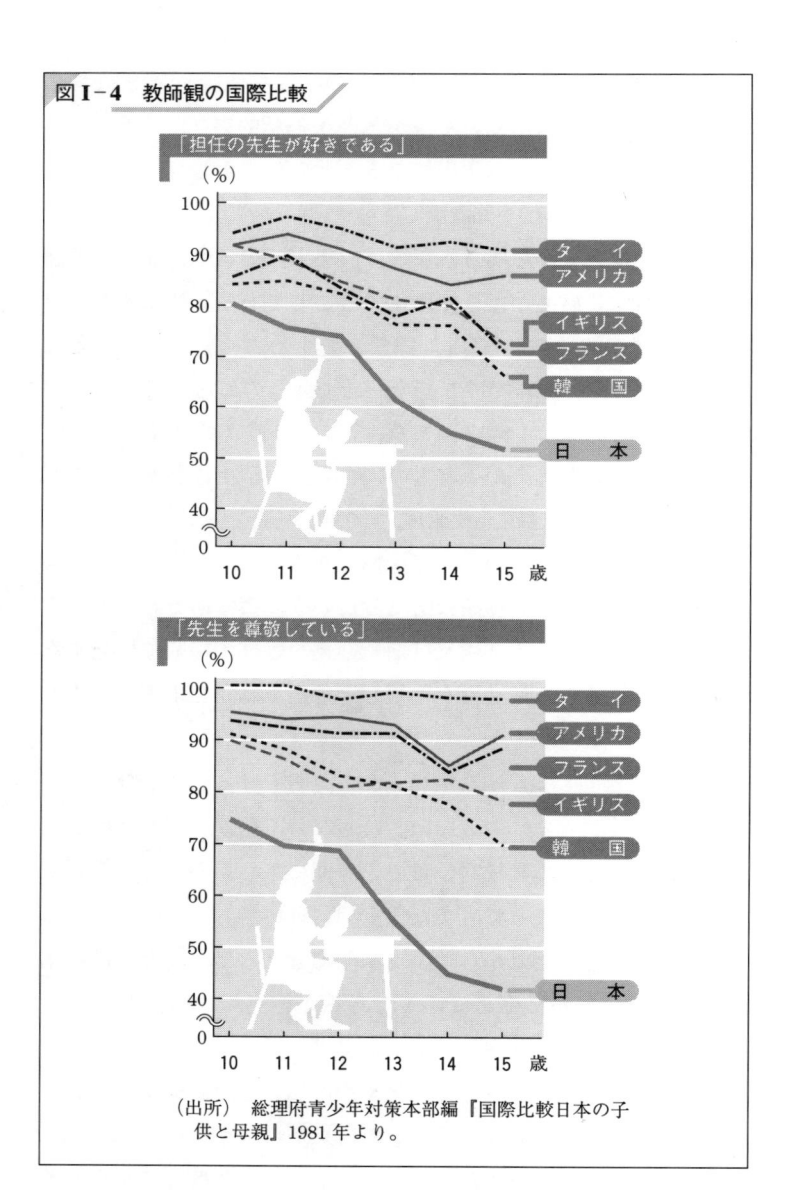

「担任の先生が好きである」
(%)

（縦軸：0, 40, 50, 60, 70, 80, 90, 100／横軸：10, 11, 12, 13, 14, 15 歳）

凡例：タ　イ／アメリカ／イギリス／フランス／韓　国／日　本

「先生を尊敬している」
(%)

（縦軸：0, 40, 50, 60, 70, 80, 90, 100／横軸：10, 11, 12, 13, 14, 15 歳）

凡例：タ　イ／アメリカ／フランス／イギリス／韓　国／日　本

（出所）　総理府青少年対策本部編『国際比較日本の子供と母親』1981年より。

メージが極端に低下するようだ。小学校から中学校への移行に伴って，教師に対する生徒の態度が急変するのは，たんに反抗期になったからというのではなく，中学校教師が生徒からは疎遠なものに映ってしまう，何かほかの理由があるからだろう。そこで，このことを考えるために，まず日本の子どもたちが小学生時代に教師とどのようなかかわりを培ってきたのかをみていこう。

小学校教師がしばしば強調するのは，子どもを好きになることの大切さである。小学校に上がると，教師がまず努力するのは，子どもたちが楽しく学校生活を送れることである。多くの担任教師が，授業だけではなく，クラスの子どもと一緒に給食を食べ，掃除をし，また各種の学校行事に取り組んでいる。さらに，休み時間にも子どもと遊んだり，雑談したりする教師も少なくない。とくに現在は「心の教育」が強調され，生徒指導面への比重が高まっているから，こうした指導がよりいっそう求められている。われわれが日本とアメリカの小学校で実施した観察調査によれば，これは日本の学校文化の大きな特徴である。アメリカの教師はより権威的であろうとし，子どもとの間に距離を保とうとするが，日本の小学校教師は，むしろそうした権威的なふるまいを避け，子どもに親しまれる教師になろうと努力する [Shimahara & Sakai, 1995]。

小学校を経て中学校に上がってきた生徒は，中学校の教師にも小学校の教師と同じ対応を期待しようとする。ちなみに千石ら [1987] が日米の中学生を対象に調査した結果によれば，担任になってほしい教師のタイプとして，アメリカの中学生が筆頭にあげたのは「授業に熱心な先生」である。これに対して，日本の中学生が筆頭にあげたのは「子どもの気持ちを理解できる先生」

「なんでも気楽に相談できる先生」であった。このことからも日本の中学生が小学校時代に培われた教師観をその後も強く抱き続けていることがわかる。

　だが、日本では、2つの学校間の文化的な差異は大きく、こうした生徒の期待はなかなかかなえられない。そもそも、教科担任制をとる中学校では、教師とコミュニケーションをとる機会は制限されている。また、小学校では服装や行動の規制が比較的ゆるやかだったのと比較すると、中学校では校則により詳細に規定されている場合が多い。こうした中で、中学生になると生徒は学校によって管理統制の対象とみなされるようになり、問題行動を起こすのではないかという目でみられることも多くなる。小学校から中学校に上がってきた生徒の多くが、多大のストレスを感じるのは、制度によって規定された教師役割と生徒が期待する教師役割との間の構造的な矛盾を反映しているともいえるだろう。このことは、日本の中等教育が抱える大きな困難の1つといってよい。

> 同輩との緊密化、友だちとの親密化

　中学生になると、生徒同士の関係も大きく変化する。まず、きわめてあたりまえの事実を確認したい。それは、中学生になると同輩と一緒にすごす時間が格段に長くなり、関係が緊密化することである。われわれが愛知県の春日井市で実施した調査によれば、学校からの帰宅時間は、小学6年生では4時ごろと答えた者が全体の64%を占めたが、中学1年生では6時ごろと答えた者がもっとも多く、全体の過半数を超えた。また、帰宅後も、中学生の多くは塾に通い、多くの同輩と出会う。大都市は別にして、多くの場合はここで会うのもたいていは、同じ中学の生徒である。われわれの実施した調査によれば、中学生の場合、塾から

の帰宅時間は夜10時という者が多い（図I-5）。したがって、中には朝7時すぎから真夜中まで、起きている時間のほぼすべてを、同輩集団の中ですごす生徒も出てくることになる。

このように、中学生になると1日の生活の中に占める親とのかかわりは小学校よりも格段に小さくなり、反対に同輩とのつきあいが増えていく。一見何でもないことのようだが、いじめなど生徒同士のいざこざは、一緒にいる時間が短ければそれだけ起きにくい。互いにかかわりを持たずにいられるからである。いじめを考えるためには、まずこの基本的な人間関係の構造上の変化を押さえておくことが必要である。

第2に指摘できるのは、友だち関係の親密化ということである。小学校中学年くらいまでの友だち関係は、遊ぶために集まった遊戯集団であることが多い。一般に、思春期に入り青年期へと移行していく中で、しだいに生徒たちは共通の関心事で結ばれた親密な集団を形成し、その中で秘密や悩みを打ち明けあうようになるといわれている。

友だちとの親密なかかわりを強く求めるこのような傾向は、日本の若者にはとりわけ強いようだ。総務庁が行った国際比較調査（総務庁青少年対策本部編「第5回世界青年意識調査細分析報告書」1995）によれば、他の多くの国では、若者であっても、悩みの相談相手となると、親やきょうだいなどに相談を持ちかける者が多い（図I-6）。これに対して日本は韓国とならんで、「友だち」に相談すると答えた者が圧倒的に多かった。また、別の調査によれば、日本でも小学生は比較的親とよく話をする者が多いが、中学生になるとその割合はしだいに減っていく（図I-7）。こうして、日本では中学生になると、相談相手はもっぱら友だちという者が

図 I-5　塾やおけいこごとからの帰宅時間

	午後5時まで	6時ごろ	7時ごろ	8時ごろ	9時ごろ	10時ごろ	11時ごろ	無回答
全体 (1,029人)	8.6	18.7	23.9	12.7	10.8	21.1	2.9	1.3
小5 (311人)	17.7	32.8	33.8	12.9	2.3	0.0	0.3	0.2
小6 (288人)	9.4	28.5	39.6	18.8	2.1	0.3	0.0	1.3
中1 (148人)	2.7	8.1	11.5	27.0	42.6	3.4	2.7	2.0
中2 (139人)	5.0	9.4	23.0	52.5	7.9	0.7	0.7	0.8
中3 (143人)	5.6	4.9	18.2	55.9	9.1	1.4	2.1	2.8

(出所)　春日井市安全なまちづくり協議会『安全なまちづくりに関するアンケート調査報告書』1997, 15頁。

図 I-6　悩みの相談相手

(%)

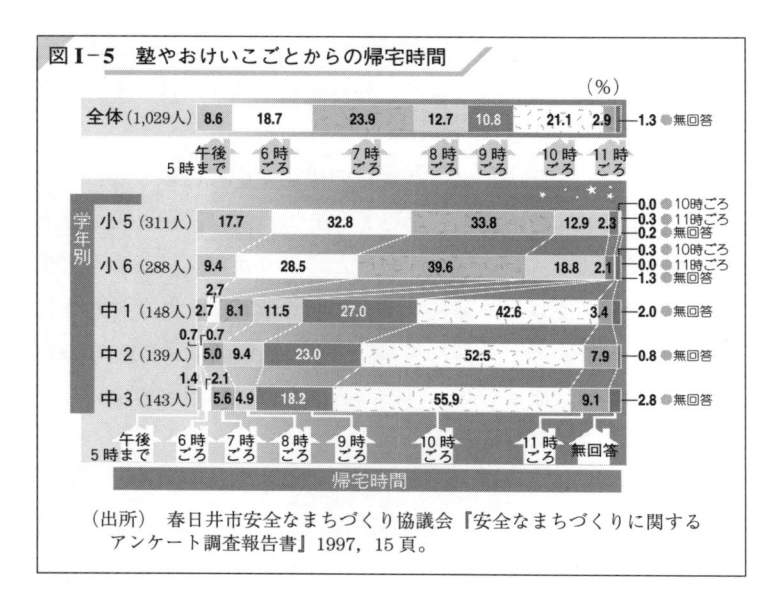

	日本	アメリカ	イギリス	ドイツ	フランス	スウェーデン	韓国	フィリピン	タイ	ブラジル	ロシア
父親	18.8	30.1	27.9	28.2	22.5	47.3	13.4	50.7	60.0	16.5	19.6
母親	37.7	54.9	53.5	50.0	53.8	67.9	29.6	77.2	72.2	43.0	53.1
きょうだい	17.7	29.5	26.7	21.6	28.8	35.8	24.6	33.3	26.5	17.6	14.1
恋人	21.2	39.2	37.2	45.4	35.4	27.7	6.8	9.3	11.1	23.6	16.5
友だち	68.7	49.6	47.8	37.0	47.5	55.7	71.0	41.2	52.4	35.2	41.7

(注)　「友だち」とは「近所や学校の友だち」「職場の同僚」「団体・グループなどの仲間」のどれかを選択した者の割合。対象年齢は18歳～24歳。
(出所)　総務庁青少年対策本部編「第5回世界青年意識調査細分析報告書」1995。

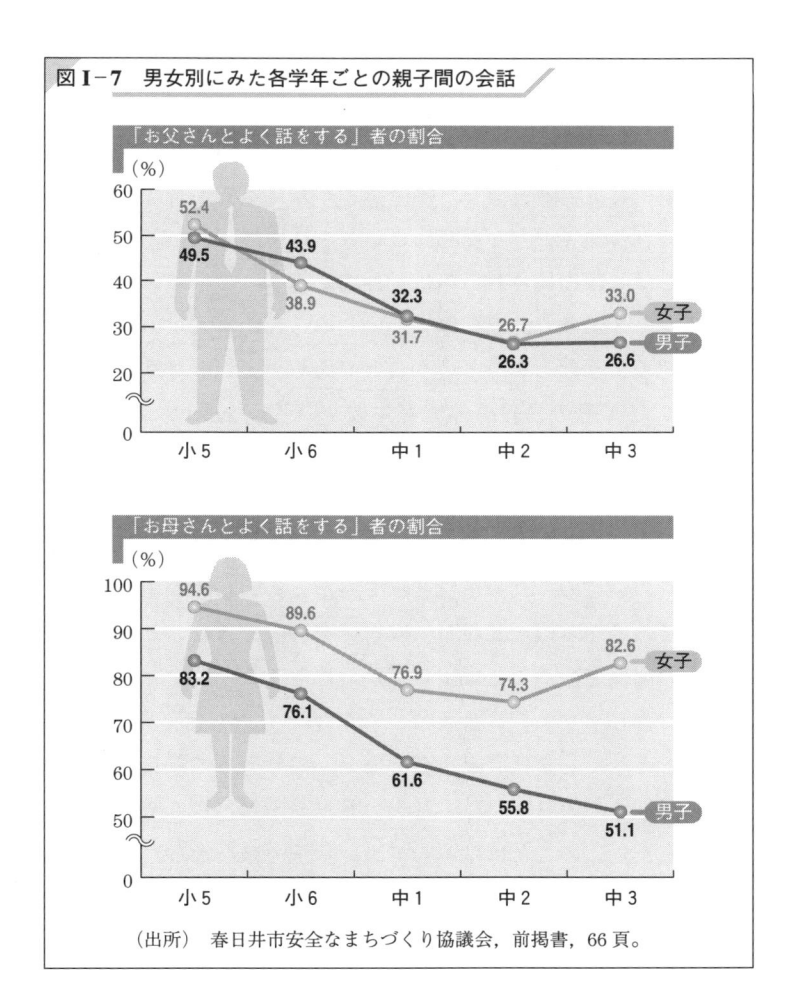

図 I-7　男女別にみた各学年ごとの親子間の会話

「お父さんとよく話をする」者の割合

	小5	小6	中1	中2	中3
女子	52.4	43.9	32.3	26.7	33.0
男子	49.5	38.9	31.7	26.3	26.6

「お母さんとよく話をする」者の割合

	小5	小6	中1	中2	中3
女子	94.6	89.6	76.9	74.3	82.6
男子	83.2	76.1	61.6	55.8	51.1

（出所）春日井市安全なまちづくり協議会，前掲書，66頁。

多くなるのである。

友だち関係のむずかしさ

だが，このような友だちとの親密化の過程は，同時にいくつかの困難をはらみつつ進行する。1つは，今日の青少年には，

Stage 2 中学生になることのむずかしさ

親密な他者の存在なしには自分が保てないという気持ちを抱く者が多いということである。中西［1997］によれば，現在の少年少女には「自分は主役として目立った存在じゃない」という不全感が広く浸透しているという。不全感をつねに抱える者は，自分を認めてくれる他者の存在なしには自分を肯定できない。いじめの問題でしばしば指摘されるのは，**仲間集団**〔★〕の中でいじめが発生するケースが多く，その場合，いじめられた本人がいじめをなかなか認めようとしないということである。イントロダクションで紹介したA君の自殺事件でも，彼がいじめを受けていた相手は，日ごろから彼と同じ仲間集団をつくっている者たちであったと報じられていた。われわれは，このことを，たんに彼が相手に脅かされていたからだといったかたちで理解してはならないだろう。多くのいじめられっ子にとって，たとえいじめの相手であっても，その者からの承認なしには自分を肯定できないという場合は，その関係を断つことは困難だからである。

また，藤田［1997］によれば，今の子どもたちは，「むき出しの個人」としてしか他者と出会えない。振り返ってみれば，高度経済成長期までの日本には，社会の貧富や階層差がみえやすい形で存在した。このことはけっしてよい状況ではなかったかもしれないが，一方で，そこでは個々人の失敗は，個人の能力や努力以外の属性的な要因のせいにすることができたのも確かである。しかし，その後，社会が豊かになるにつれ，子どもたちの属性的な差異はしだいにみえなくなっていった。また，もともと学校は子どもたちを均質的に扱う組織であるため，在学者数の拡大もまた，個々人の間の差異をみえなくさせていく。こうして，70年代半ば以降には，子どもたちは，きわめて均質的な個人として相手と

出会うようになったのである。藤田は，この状況では「能力があれば，それはその個人の特質であり，何か失敗をすれば，それもその個人の特質・責任とみなされる」ようになったと指摘し，このことを「むき出しの個人」の出会いと呼んだのである。

このように，今の子どもたちの友だち関係は，きわめてむずかしい緊張に満ちたものとなっている。中学生にとっては，高まる教師への反発とともに，こうした関係性の中でしか友だちと出会えないということもまた，ストレスとなり問題行動の引き金となっているといえよう。

> 島宇宙の寄せ集めとしてのクラス

ところで，物理的に一緒にいる時間が長くなった同輩集団の中には，友だちという関係には至らない，単なるクラスメートも数多くいる。宮台［1994］によれば，かつての教室には教室単位の一体感があったり，女子が2つに分かれて相互に対立していたのだが，現在では2～4人くらいの小さなグループに分断されていて，グループ間には驚くほどの無関心しかないという。今の若者のそうした小さなグループ化現象を彼は「島宇宙」と呼んだ。クラスとは，そうした島宇宙の寄せ集めでしかないというのである。

また，森田ら［1994］によれば，今日のいじめでは傍観者の存在が大きいといわれれるが，この傍観者の態度にも，このようなクラスメートの関係が反映されているといっていい。森田はいじめの場面を構成する担い手は，いじめっ子（加害者）といじめられっ子（被害者）のほかに，いじめをはやしたて面白がって見ている子どもたち（観衆）と，見て見ぬふりをしている子どもたち（傍観者）とが4層構造をなしているという。

Stage 2 中学生になることのむずかしさ

傍観者がいじめを糾弾するような強い態度をとれば，いじめを抑止する力となる。だが，実際の彼らは見て見ぬふりであり，そうした力とはなりえない。森田は，こうした彼らの存在が，結局いじめを黙認し，いじめっ子を支持する結果となっているのだと指摘した。彼が描く教室は，宮台が「島宇宙」と呼んだ状況にあり，たがいに無関心を装うクラスメートの関係がいじめ問題の背後にあることがわかる。

人間関係からみた中学生のむずかしさ

　以上このステージでは，日本ではいじめ問題がなぜ中学生に多発するのかという問いを立て，子どもたちが中学生になる過程をつぶさにみる中からその答えを考えてきた。

　さまざまな論者の知見を整理すると，中学生になると，生徒はきわめて緊張に満ちた人間関係におかれることがわかる。教師に対しては，一方で権威に対する反発を感じつつも，他方では心情的なつながりを求めようとしている。しかし，実際には，このつながりは構造的な制約もあって，なかなか得られるものではない。このため，多くの中学生は期待はずれと感じ，教師への反発を強めていかざるをえない。また，一方で彼らは中学生になると多くの時間を同輩とすごすようになり，その中で自己の確認を求めようと特定の仲間集団の中へと閉塞し，他のクラスメートには無関心を装おうとするのである。

　いじめという生徒間の軋轢は，こうして形成された教師との緊張に満ちた関係と，友だち間の閉塞した，抜き差しならないかかわり，およびその周りにいるクラスメートとの疎遠な関係といった複雑な人間関係の中で生じたものだと考えられる。

Think Yourself

1 自分が小学校から中学校に上がったときのことを思い出してみよう。中学校に上がったとき，どういう印象をもっただろうか。また，友だちや教師に対する印象はどう変わっただろうか。

2 次にそのときの意識の変化や友だち・教師の印象の変化を社会学的に分析してみよう。あなたがそう思ったのはなぜか。友だちや教師に対する印象が変化したのはなぜか。このことを小学校と中学校の違い，友だちや教師との具体的なかかわり方の変化，さらには自分自身の成長による認識や意識の変化といった観点から説明してみよう。

3 統計によれば，学校嫌いを理由に年間30日以上欠席している，いわゆる不登校の生徒も中学生に多い。小学校のころは登校していた子どもが，中学時代に不登校になるケースが多いということである。このことについても理由をあげてみよう。

Stage 3　教師の多忙化・バーンアウト

指導の文化のストレス

OPO 提供●

> 教師の多忙化問題

それでは、こうした中学校の現状は、教師に対してどのような影響を及ぼしているのだろうか。この点に関して、しばしば指摘されるのは、多発する生徒の問題行動が教師の多忙化をまねいているということである。たとえば、図Ⅰ-8は、大阪教育文化センター教師の多忙化調査研究会が、大阪府の小中高等学校に勤める教員2172人に対して、生徒指導（同書では生活指導）で勤務時間を超えたことが過去1カ月間にどのくらいあったのかをたずねた結果である。

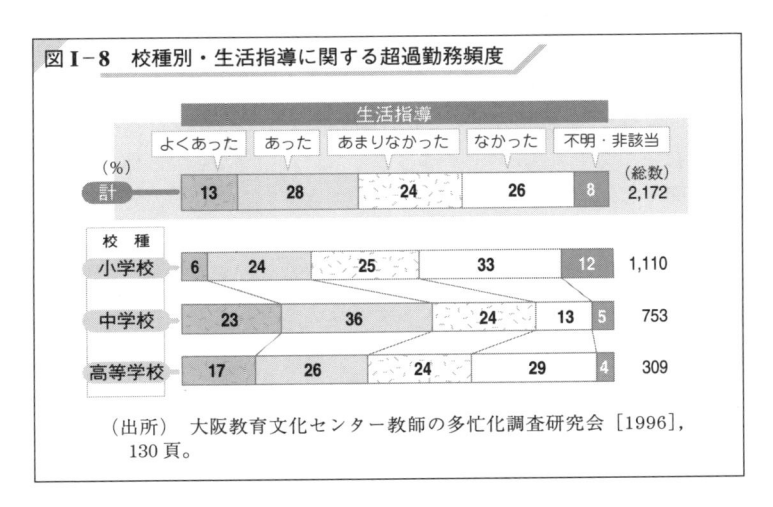

図 I-8 校種別・生活指導に関する超過勤務頻度

	よくあった	あった	あまりなかった	なかった	不明・非該当	(総数)
計 (%)	13	28	24	26	8	2,172
小学校	6	24	25	33	12	1,110
中学校	23	36	24	13	5	753
高等学校	17	26	24	29	4	309

（出所）　大阪教育文化センター教師の多忙化調査研究会［1996］，130頁。

「よくあった」「あった」と答えた者を合計した割合は小学校教師では30％，高校教師では43％だったのに対して，中学校では59％ときわだって多かった。

この多忙化の背景を追っていくと，ステージ2で指摘した，生徒の気持ちや心を理解しなければならないという暗黙の期待が強く影響していることがわかる。このため教師はいったん問題が生じると，できるだけ多く生徒とコミュニケーションを持とうとして，多忙化をつのらせている。ここでは，一例として東海地方のある公立中学校の事例を紹介しよう。筆者は，この学校で教師の職務の状況について約1年間の観察調査を行ったが，その間，何人もの教師から **生徒指導**〔★〕を円滑に遂行するためには生徒とのコミュニケーションをはかることが大切だという指摘を受けた。たとえば，ある中年の男性教師は小学校からその中学校に異動してきた際に学級経営に失敗したことから，このことを痛感したと以下のように述べている。

> （小学校から移って）最初2年生に入ったんですけど，とにかく何をしゃべっても子どもがこういうふうなんですね（そっぽを向く様子）。信頼感というか，まったく子どもが受けとめてくれないんですよ。受けとめようとしないというか。で，他の先生に聞くと，新しい先生は人間関係ができていないから，とくにこの学校の子たちは，新しい先生に対して拒絶反応が強いから，田舎の子みたいな。そういう話をきいちゃって。でもそんなことないぞとおったんですけど，でもそんなようなことですね。
> 　いまは余計にね，子ども達との人間関係をどうつくるかということが中学校の今の教育ではすごいポイントじゃないかなと。その，人間関係が教師と子どもの間にうまく作り得ない先生というのが多いのですね。

また，同校の生徒指導主事は，同校の校長が生徒と「生の言葉」で話せる人だから，生徒指導が円滑になされているのだと，次のように語っている。

> 毎年ね，何かあるんですよ。あのー，こう平和な感じがするんだけども，問題のある子はいるので，それがすごく大きくなっちゃっていくのか，あるいは先生達が早いうちに先生と生徒とのコミュニケーションをうまくやって，大きくならないうちにおさまっちゃうか。（中略）なんで良くなったかっていうと，さっき言ったように，校長先生はじめ先生達がいっきに代わったということで。今の校長先生はかなりリーダーシップをとれる人なんです。子ども達に生でしゃべれちゃう。生の言葉をね，いっぱい出すんですよね。

教師は生徒とのかかわりを持てという社会的期待は教師自身によっても支持されている。しかし，教科担任制をとる中学校では，実際問題として生徒へのコミュニケーションを密にすることはな

かなか容易ではない。また，先の教師の指摘にみられたように，生徒とどの程度コミュニケーションがとれるかは人により異なる。例にあげた教師は，現在の校長が「生の言葉」をいっぱい出せて，生徒とのコミュニケーションがうまくとれるから学校経営がうまくいっていると理解しているが，このことは同時にそうした「生の言葉」が出せない校長，教師が大勢いるという認識を裏に含んでもいる。

このように，日本の中学校では教師もまた，生徒とのコミュニケーションに対する高い社会的期待をかけられ，多大のストレスを抱え込む危険性を秘めている。生徒に何か問題が生じると，教師が自分の生徒理解のいたらなさを深く後悔するのは，このような状況におかれているがゆえである。次にあげたのは，イントロダクションで紹介したA君の自殺に対する担任教師の手記である。ここには，そうした世間の期待に応えられず，生徒を自殺にいたらしめたと自責の念に駆られる一人の教師の姿が描かれている。

> 何度おわびをしても，許してもらえない。よくわかっています。「なぜ，A君の心の叫びがわかってあげられなかったのか。自分が情けない。自分がくやしい。」…（中略）…なぜもう一歩踏み込んであなたの気持ちをくみとってやれなかったのか。自分の無力さだけを今はかみしめています［毎日新聞社会部, 1995, 32-33頁より。一部改変］。

だがさまざまな記録によれば，この教師はA君に対して，さまざまな働きかけを続けてきた。それでも自分を責めるこの教師に，われわれはどういうかたちで手を差しのべられるだろうか？

指導というマジックワード

教師の多忙化は、日本の中学校教師の役割範囲の曖昧さとも関連している。生徒に問題が生じても、どこまでが教師の仕事かの役割範囲が明確であれば、教師の多忙も一定限度を超えたものとはならないだろう。しかし、実際の教師役割は無限定なため、いったん問題が生じれば、教師はひたすら問題解決のために努力しなければならない［久冨, 1988］。

実際に中学校においてこの問題を考えてみると、まず浮かび上がるのは、日本の学校職員はほとんど教師だけで構成されており、他の職員の割合が著しく低いことである。このため、教師は授業以外のさまざまな仕事を並行して遂行しなければならない。たとえばこのことをアメリカの学校と比較してみよう。そこでは多くの場合、スクールカウンセラーが生徒の相談にあたり、事務作業のかなりの割合を学校事務員が受けもち、また清掃・営繕業務も専門の職員に委ねられている。アメリカの学校が官僚制的な機構を比較的発達させているのに対し、日本ではそれが著しく未発達なのである。

さらに両国では、この教師の役割範囲の差異に対応したかたちで、教育的な行為を表現する特定の「言葉」が共有されている。ステージ1でもふれたように、問題を考えるうえで、まず重要なのは対象としている事象がどういう言葉で定義されているのかである。言葉は事象を一定の仕方で分節化する作用を持っている。同一社会に属する人々はある「言葉」を共有することで、そうした分節化の仕方を自明なものとして受け入れ、それにそってある感情を抱いたり、行為を発動させたりする。このように「言葉」は人々が現実をどう構成するかを規定するうえで決定的に重要で

あり，それゆえに社会学では，事象がどう定義・表現されているのかに関心を持つ。

さて，このような観点から，それぞれの国の教師が，自己の役割をどのような言葉で語っているのかをみると，アメリカの教師はもっぱら teach や instruct といった言葉をもちいて，みずからの教育的行為を表現するのに対して，日本の教師は「指導」という言葉を頻繁にもちいていることがわかる。teach や instruct の後に続く目的語は特定の知識やスキルであり，アメリカの教師は，分数を teach する，作文の書き方を instruct するといった表現で，教えるというみずからの役割を表現する。また，席につかない生徒を叱ったり，ルールを守らせたりする営みは discipline と呼ばれ，teach とは別種の営みだとされている。

これに対して，日本の教師がもちいる指導という言葉は，生徒に対するありとあらゆる働きかけにおいて使用されている。たとえば，学習面の指導（学習指導）と生活面の指導（生徒指導）という具合である。ちなみに先の中学校でも，**表Ⅰ-1**にあげたようにさまざまな場面で指導という言葉がもちいられていた。指導という言葉は，官僚制化の度合いが未発達な日本の学校において，学校内のすべての営みを教育的に意味づけ，教師の本来的役割に含めてしまうマジックワードなのであり，日本の学校文化を構成する中心的な概念となっている（➡ **Part Ⅲ** · *Stage 3*）。

教師たちは，指導というマジックワードでみずからの行為を表現することにより，生徒に対する多様な営為をすべて教師の本来的役割にあたるものとして受容する。そして，同時にこの言葉を通じて，同僚教師にもそうした受容を期待する。多忙な職務の実態は，学校に広く浸透するこのような指導の文化によって維持さ

> **表 I-1　「指導」という言葉がもちいられる場面**
>
> **a. 学習面において**
> (1) 学習指導，説明文の指導，教科指導，体育指導，表現力の指導，指導案，個別指導
> (2) 合唱コン（クール）とかが迫ってる時なんかはね，やっぱり週に1回しかない（授業）時間がさらに潰れると，2週間に1回しか子どもたちを指導できなくなっちゃう。
>
> **b. 生徒指導面において**
> (1) 生徒指導，清掃指導，服装指導
> (2) 遅刻したら申し出ろという指導をして……
> (3) 複数の生徒が関係している場合ですね，多少，何人かの先生に，情報を聞いてまとめて，さらに次の指導をお願いしたいと，指示することもある。
> (4) 家庭がなんとも指導してもらえないんで。
>
> **c. 進路指導面において**
> (1) 進路指導
> (2) 今現在も公立の方も指導はしているんですけど。やっぱり重点は私立ですよね。
>
> **d. その他**
> (1) （部活の）練習の指導
>
> （出所）　酒井 [1998]，242頁。

れているのである。

バーンアウトする教師

だが，生徒に対する働きかけのすべてが指導だとはいえ，実際に教師ができることには物理的に限界がある。たとえば，生徒とのコミュニケーションの大切さが説かれているとはいえ，中学校教師はたとえ担任するクラスの生徒であっても接触の機会はなかなか確保できない。このため，彼らはなんとかして接触のための機会を設けようとしている。たとえば，先に紹介した東海地方のある公立中学では，

多くの教師たちはその期待に応えようと生徒が提出した日記に毎日コメントを書いて返すといったことを繰り返していた。多くの教師はもっぱら休み時間や授業の空き時間をこのコメント書きにあてていたのである。また，とくに不登校などの問題をかかえた生徒については，教師は頻繁に家庭訪問を繰り返し，親や生徒とのコミュニケーションを密にとるように努めていた。問題対処のためのこうしたきめ細かい生徒指導や親との連絡に追われることで，大半の教師が学校に夜9時，10時まで残り仕事を続けることとなっていた。こうして，多くの熱心な教師が社会的に課された過大な期待に応えようと，多忙をきわめながら実践にあたっているのである。

こうしたストレスの多い職場状況は，燃え尽きたように職務への意欲をなくしてしまう教師を生み出してもいる。この状態は，一般に「バーンアウト（燃え尽き）」と呼ばれ，人間相手のサービス分野の職業に発生しやすいストレスの一種であるといわれている。大阪教育文化センター教師の多忙化調査研究会［1996］が，「疲れる」「ゆううつ」「自分は駄目な人間と感じる」など21の質問項目で構成されるバーンアウト尺度をもちいて大阪府の教員のバーンアウト度を測定した結果によれば，バーンアウトの危険信号がついているとされる「バーンアウト度3」の者が3割，バーンアウトの状態にあるとみなされる「バーンアウト度4」以上の者が全体の2割を占めた。なかでも全体の6.7％の者は，強い燃え尽き状態を表すバーンアウト度5以上であり，同研究会では早急な対応を求めている。

生徒の問題が噴出する中では，ともすれば教師に対する期待だけが過剰になり，彼ら自身の精神衛生や労働条件の改善は無視さ

れやすい。しかし，さまざまな要因で教師はきわめて大きなストレスを抱えざるをえない状況に陥っている。したがって，生徒自身への対応とともに，今求められているのは，こうした状況にある教師をどうサポートし，より健全なかたちで職務にあたれるようにするにはどうしたらよいかを考察することだろう。

Think Yourself

1. もしあなたが中学校教師になったとしたら，生徒にとってどんな教師になり，生徒にどんな働きかけをしたいだろうか。具体的に紙に書いてみよう。
2. それでは，その紙をみながら，なぜそのような教師になりたいのか考えてみよう。あなたは，教師のどのような働きかけが生徒にとって有効だと考えているのだろうか。また，それは生徒に対して最善の指導方法だろうか。
3. アメリカの学校のように学校組織が官僚制化され，教師の役割が限定されている場合には，どんな問題が起きやすいだろうか。日本の学校と比較しながら考えてみよう。

Stage 4 心の時代の中で

教育臨床の社会学の課題

OPO 提供●

心 の 理 解

以上のように，中学校では今，教師も生徒も多くの困難を抱えている。それでは，この困難は，いかなる社会的な背景がもたらしたものだろうか。これまでの検討から浮かび上がってきた彼らの困難の性質を一言でいえば，他者との関係をめぐる困難だといえる。生徒は教師に自分のことを理解してほしいという期待を抱きながらも，それが得られないという葛藤を抱えている。さまざまな知見を総合してみると，いじめをはじめとする中学生の問題行動は，教師や他の

生徒との間で生じるストレスによって生み出されたり，促されたりするものが多いと思われる。

　一方教師もまた，生徒との関係の中で多くの困難を抱えている。彼らは，生徒と心情的につながり生徒を理解するということが社会的に強く期待されているのを感じており，みずからもそうしたいと強く願っている。しかし，制度的に与えられた役割はあまりに無限定的で，どこまでやっても十分な対応をしたという達成感が得られない。指導という言葉はそうした無限定的な教師役割を彼らに受容させるのに一役買っており，このことが彼らのストレスをより高じさせることとなっている。

　それでは，以上のような問題を生み出した社会的要因とは何だろうか。これまでの検討にもとづけば，その1つは制度的な要因で，小学校と中学校が制度上明確に分かれていることにある。さらに学校組織の官僚制化の度合いが低く，教師の役割範囲が曖昧なこともあげられよう。しかし，そうした制度的な要因以外で重要なのは，学校をとりまく社会全体の風潮の影響である。その1つは，問題解決のためには心の理解が重要だという認識が社会的に広まり，規範化したということがあるだろう［伊藤，1996］。いわば，「心の時代」の到来である。

　児童理解や生徒理解の必要ということは，以前から指摘されてきたことである。しかし，生徒の何をどう理解すべきかについてのかつての定義は，今とはかなり異なっていた［酒井，1997a］。戦後日本において，生徒理解の必要が最初に強調されたのは，戦後直後のガイダンス運動の中でのことである。ガイダンスとは，新しい社会の建設のために，将来の職業選択と結びつけるかたちで個々人の可能性の発見をめざすものであった。だが，そこでの

Column ❸ カウンセリング・マインド

　みなさんはカウンセリング・マインドという言葉を聞いたことがあるだろうか。教職試験のための雑誌や参考書にはかならずのっているといっていいほど，現在の日本の教育界に流布している。一説では1982年に東京都議会文教委員会でなされた，「今や，1人ひとりの教師がカウンセリング・マインドをもって教育にあたるべきである」との発言が契機になったといわれている。この言葉をキーワードとして，80年以降の教育雑誌には，教師はカウンセリング・マインドをもって児童生徒の心を共感的に理解しなければならないという主張がなされるようになった。

　ただし，この言葉は一見英語のようにみえるが，実際は「カウンセラーの心得」を漠然と意味する和製英語である。研修などでは，カウンセリング・マインドによる生徒指導の重要性が説かれるものの，そこでめざされているのは本来のカウンセリングそのものではない。きわめて漠然と，相手を共感的に理解し，受容するということを意味するのみである。

　臨床心理学者の氏原［1998］は，このカウンセリング・マインドの流行について次のような問題点を指摘している。1つは，この言葉には役割という視点が欠落していることである。彼は，教師は教師という社会的役割を通じてしか生徒と出会えないのに，その前提を無視して受容的態度とか裸のつきあいといったことを叫ぶのは誤っていると指摘する。また彼は，この言葉によってカウンセリングの専門性や独自性が曖昧になったことも，問題として指摘した。教師と生徒という役割の中で，たがいにどのような関係をとることが望ましいのか，そしてその中で教師としての専門性，また一方ではカウンセラーとしての専門性はどこにあるのかといった点が問われているのである。

生徒理解が理解の対象としたのは,生徒の心とか気持ちとかいったものではない。家庭状況や知的発達・社会性の発達の程度など,生徒に関するより客観的な情報だったのである。それにもとづいて,生徒の行動を心理学の理論にもとづいて「科学的に」予測することが,当時の生徒理解であった。

ところが,1970年代になると,こうした「科学的理解」としての生徒理解を批判し,心の理解を求める声が強まった。『児童心理』という雑誌は,75年1月号で「子どもを理解する」という特集を組んでいるが,そこではすでに後者の声が支配的となっている。巻頭論文を執筆した岡山［1975］は,それまでの児童生徒理解では「子どもについての『説明』は成り立てはするが,子どものことを『わかってやれた』とはいえない」と批判している。彼は,こうした批判にもとづいて,ロジャーズのカウンセリング理論などに依拠して「生きた子どもの心を全体的に理解する」ことの必要性を説いたのである。

教員免許法でもこうした期待をカリキュラムに反映させようと,1988年に「生徒指導,教育相談および進路指導に関する科目」が新設された。さらに98年の改正では,この科目の単位数が2単位から4単位に増加された。このように,時代の推移とともに,教師に対して心の理解ということが強く求められるようになってきたのであり,心の時代の到来が教師-生徒関係を規範化することとなった。生徒や教師の抱える悩みの一端は,この規範化された関係をめぐるものであり,その意味では,関係の規範化が問題を高じさせたともいえるだろう。

否定される教師の権威

教師に対する期待が心の理解へと傾斜していくのと軌を一にして,教師の権威が

社会的に否定されるようになったこともまた，教師-生徒関係を変質させた。このことについては，高校で教鞭をとっている諏訪 [1993] が次のように指摘する。

> 学校は共同体の日常に対しある種の超越性をもつことによって近代日本の原風景のひとつになり得ていたが，その超越性は地域住民からの権威づけと支持によって保障されていた。そうした権威づけと支持が，いま急速な勢いで崩壊しつつある。公教育の学校は親や生徒，すなわちそれぞれの地域と衝突を起こしはじめており，しかも，その衝突において必ずしも「お上」から支えられてはいない（46-47頁）。

権威とは，「他者に対して優越した価値の保持者であることが社会的に承認され，かつ他者の行為を左右する意思決定をなしうる能力のこと」（『新社会学辞典』有斐閣，1993）である。教師-生徒関係では，これまでは教師の権威が自明とされ，それにもとづいて教師は生徒と接し，また生徒もそれを前提として教師にある期待を抱いてきた。しかし，今日の教師にはそうした権威によらずに，1人の人格として生徒と向き合い，生身と生身の人間関係の中で信頼関係をつくり上げていくことが期待されている。諏訪も現在は，「教師と生徒とがそれぞれの役割を自覚した距離をおいた関係を保つのではなく，ひととひととの濃密な関係になってしまった」（49頁）と述べている。教師が生徒を理解しようと奔走するのは，こうしたかかわりでしか生徒と向き合えなくなってきたからである。また，同様に，生徒の側も教師への期待を変質させ，自分のことを理解してほしいという期待をつのらせていく。そして，このことが結果的に，それができない教師に失望を抱かせることとなり，教師への反発を促すのである。

親密さのイデオロギー　以上の変化は，セネット［1991］のいう「親密さのイデオロギー」の支配という流れともかかわっている。彼は，現代社会では，人と人との親密さが道徳的な善となり，人々は他人との親密さ，ぬくもりの経験を通じて，個性を発展させたいと強く願っていると指摘する。今や人々は，公的な生活において，しきたりや規則にのっとって期待された役割を演技することは，親密な表現を妨げるものだと考えるようになった。また，そこでは彼がいうところの「礼儀正しさ」も奪われた。「礼儀正しさ」とは，「他人をあたかも見知らぬ人のように扱い，その社会的距離の上に社会的絆を作り上げること」（368頁）である。現代においては，社会的絆はわかり合うという過程を通じて，社会的距離を狭めることでしか築きえない。セネットはこのイデオロギーが西洋社会では20世紀に，資本主義の進展に伴って支配的になったと指摘した。

　日本においては，この流れが，戦後の経済発展に伴う生活様式・生活意識の近代化を経た後に，公的生活の場としての学校にも及び，教師－生徒間の関係において親密さを重視するようになったのだと理解することができる。生徒理解の定義をめぐる転換点が高度経済成長が終息した1970年代にみられることは，その1つの証である。さらに，アメリカの学校との比較でいえば，日本はこの親密さのイデオロギーが他の国々以上に深く，公的生活場面に浸透したのだと考えられる。森田ら［1994］も，いじめの背景には，人々が公的な生活よりも私生活を重視するようになるという「プライバタイゼーション」（私事化）の趨勢があると指摘している。彼の指摘も，言葉こそ違え，セネットが問題とする状況と重なり合う。

教育臨床の社会学の意義

最後にこれまでの議論にもとづいて，教育臨床の社会学の意義についてまとめてみよう。ここでは，いじめという生徒の問題を題材に，問題をどのように理解すべきなのか，実態として問題はどこに多く生じており，それはなぜだと考えられるか，さらにこの問題を通じてみえてくる教師の側の問題は何か，そしてそれら相互に関連しあった一連の問題群の背後にはいかなる社会的背景が指摘できるのか，といった点について考察を進めてきた。その中でくりかえし問うてきたのは既存の説明図式の妥当性であり，それを吟味するために，種々の調査結果や自身の調査から得られた知見にもとづいて現象のありようをみきわめようとしてきた。イントロダクションでふれたように，「臨床」の原語である，clinical という英語には，「冷静な，客観的な」という意味が含まれている。教育臨床の社会学がまずめざすのは，現象に対するそうした冷静な視点である。学校現場ではさまざまな問題が指摘され解決が急がれている。それだけに，議論はホットに展開されるわけだが，そうした中にあって教育臨床の社会学は，まず事象を冷静にみつめなおし，われわれが暗黙のうちに抱いている仮説を批判的に吟味する態度を要請する。

こうした要請を達成するための1つの方法として有効なのは，**仮説生成**〔★〕という考え方である。教育臨床の社会学では既存の枠組みにはない新たな視点からの分析が求められており，従来の仮説検証型の研究には納まりきらない豊かな発想や着眼が必要となっている。また，この仮説生成ということを重視するのであれば，従来の量的方法とともに，1つひとつの事例がおかれた状況を丹念に追い，成員に共有されている意味世界の解明をめざすエ

スノグラフィーなどの質的方法も有効である。

　さらに，教育臨床の社会学がもう1つ重視するのは，問題は社会的に構成されたものだということである。しかも，ステージ3でふれたように，われわれは，それに対処しようとする教師の営為も社会的に構成されていることに注目する。問題が何であるか，それはどういう問題か，それへの対処はどうあるべきかは，人々によりあらかじめ定義されている。教育臨床の社会学は，まずこれらの自明視された定義を相対化し，本当は何が問題で，それはどのような性質のもので，どのような対処が可能なのかを吟味しようとする。

　この相対化の作業を通じて，教育臨床の社会学は新たな問題群を発見し，さらにその問題を学校制度の分断といった制度的要因や親密化の進展といった社会全体の変容といったミドルレベル，マクロレベルの事象に関連づけて分析しようと試みる。教育臨床の社会学では，こうした一連の営みこそが，現状を「診察する」ことだととらえている。つまり，クリニカルの「冷静な，客観的な」という意味と「診療所の」という2つの意味はまったく別物ではなく，相互に密接に連関したものととらえるのである。

　じつは問題に対するこうした視点は，社会学ではけっして新しいものではない。ステージ1でふれたデュルケムは，19世紀後半から20世紀初頭にかけて活躍した，教育の社会学の創始者といわれる人物であるが，彼の著した『自殺論』の中に，ここで述べてきた一連の検討課題がすでに指摘されている。彼は，自殺という問題を各人の病理的性向に結びつけるそれまでの見方を退け，当該社会のありようが一定の自殺傾向を生み出すものととらえ，いかなる社会的要因が自殺率を規定しているのかを問題にした。

自殺に関する憶測的な理解を退け,入手可能な資料から徹底的にみつめなおそうという彼の姿勢には,今なお学ぶべきことが多い。また,同時に彼は自殺という行為が社会により異なった評価を下されていたことも指摘しているが,これもまた問題の社会的構成についてふれたものだといえる。結局のところ,教育臨床の社会学とは,デュルケムによって先鞭をつけられた社会学の基本課題と方法論をあらためて強調しているだけだともいえる。一見,新しい課題領域のようにみえるが,そうした意味では教育臨床の社会学は,教育の現場で起きている諸問題,諸事象に対し,きわめてオーソドックスな社会学のスタンスでアプローチすることをめざす営みだといえるだろう。

Think Yourself

1. 最近では親子の間でも,友だち親子といわれるように,権威関係が希薄になっているという。権威が喪失された中で,親が子どもをしつけようとする場合,どんな困難が伴うか考えてみよう。また,権威だけに依存してしつけようとするとどんな問題が生じるかについても考えてみよう。
2. 学校内の諸問題を理解し,解決をめざそうとするうえで,ここで述べた教育臨床の社会学はどのような有効性と限界があるかについて話し合ってみよう。
3. 機会があったら1950年代,60年代に著された生徒指導に関する本や論文を読んでみよう。今の生徒指導を貫く思想とどう違うだろうか。また,なぜそのような変化が生じたのだろうか。

知識編 「逸脱」の社会学・入門

問題行動・非行・逸脱

　青少年による「問題的な」行動については，海外でも日本でも，さまざまに社会学的分析が試みられている。いずれの社会においても，問題のとらえ方はその時々の社会全体の風潮や，問題をとらえるのはだれかという立場の問題に大きく規定されている。ここでは，とくに1970年代後半以降の日本において，青少年の行為がいかなる立場から，どのようにとらえられ分析されてきたのかを簡単に振り返ってみたい。

はじめに問題をとらえる立場の違いということについて，少し整理しておこう。青少年をとりまく人々といえば，まず学校の教師があがるだろう。また街で万引きなどをすれば店員に呼び止められ，警官に補導されることもある。このように青少年の行動は多様な人々・機関により監視・統制の対象となっているわけだが，その見方は，どのような立場の者・機関によるものかで大きく異なっている。たとえば，髪形や制服のことを考えてみればいい。中高生の茶髪やルーズソックスは，一部の学校の教師からみれば大問題であり，生徒指導の対象となる。しかし，同じ中高生が街を茶髪で歩いても，警官に補導されることはない。また，未成年の大学1年生がコンパで酒を飲んでいても周囲の大人や店員は何もいわないことが多いが，法的にみればこれは違法である。

　このように立場の違いで，青少年のどのような行動が問題視されるのかは大きく異なる。さらに興味深いことに，この違いを反映して，問題行動を指示する概念も異なっている。たとえば，警察が法的な取締りの対象として青少年の行動をみる場合は，非行という概念がもちいられる。法的概念としての非行は，成人による犯罪（＝法律によって定められた行為で，刑罰による制裁を加えることが必要だと判断された行為）と対をなすもので，14歳以上20歳未満の少年による犯罪のほかに，13歳以下の少年による犯罪構成要件に該当する違法な行為や，少年によって行われる不純異性交遊や夜遊びなどの虞犯（将来犯罪を行う危険性が高い状態）を含む。法的概念としての非行は虞犯を含むなどの点で「犯罪」より曖昧であり，成人によってなされた場合には法律違反とはならない行為も含まれる。そうした少年の行為が非行とみなされるのは，その行為自体によるのではなく，違反者の少年としての地位

によるものである。

　一方，青少年の行動が学校による生徒指導の対象として問題視される場合は，問題行動と呼ばれることが多い。問題行動とは，学校・教師からみて「青少年の健全な発達を妨げるおそれがある」と予測される行動や態度をさす概念である。先にあげた例からもわかるように，何が問題行動とされるのかは，学校によってもまちまちで，きわめて恣意的である。

　社会学では，恣意的にしか把握されえない，こうした青少年の「問題的な」行動をきわめて相対的に，当該社会に流布した社会規範から逸脱した行為としてとらえ，逸脱と呼ぶことが多い。また，非行という概念も，社会学や心理学などでもちいられる場合は，この逸脱とほぼ同義である。

　このように，青少年の問題行動を表す概念は立場によってさまざまであり，曖昧さを多分に含んでいる。したがって，定義主義の視点に立てば，たとえば問題行動の実態に関する言明は，いずれもきわめて恣意的な要素を含むものと批判することが可能である。また，こうした批判は法的概念としての非行においても免れない。虞犯のカテゴリーに象徴されるように，法的な処遇においても，青少年の行動に対しては，とりわけ曖昧さが多く含まれている。それゆえ，たとえばその社会が歴史的に何を法的な意味で非行と定義してきたのか，またそれに対してどのような処遇を課してきたのかは，きわめて重要な社会学的テーマである。

少年非行の動向

　それでは，いくつかの統計資料をもとに，公的機関がとらえたかぎりでの青少年の問題的な行為の実態をみていこう。まず，図Ⅰ-9は戦後の少年刑法犯の検挙人員の推移である。法的概念としての非行の動向は，

しばしばこの刑法犯の推移により説明される。

　図からわかるように，少年犯罪の件数は，1951年，64年，83年の3つのピークがある。ただし，ここに現れているのは警察が把握しえた非行件数でしかなく，その背後には膨大な数の**暗数**〔★〕が存在することを忘れてはならない。たとえば，他人の自転車を盗んだとしてもだれにもみつからなければ少年刑法犯として検挙されず，したがって統計にはのらない。また，たとえみつかったとしても発見者が警察に届けなければ，これも統計には出てこない。軽微な非行は暗数になりやすいのとともに，取締りしだいで件数は容易に変化する。たとえば街中の巡回パトロールを増やせば，それだけ自転車盗や万引きの件数は増えるだろう。

　また，近年，少年非行の増加や凶悪化が指摘されることが多い

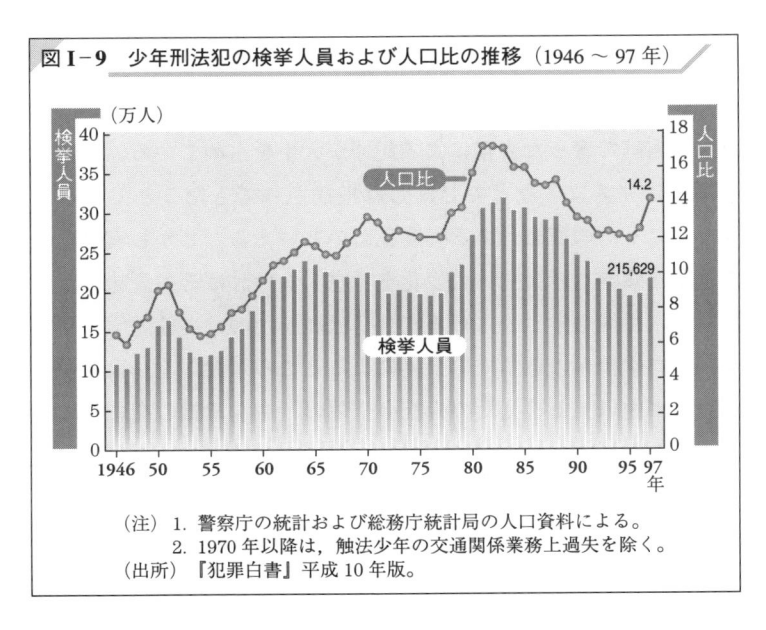

図I-9　少年刑法犯の検挙人員および人口比の推移（1946〜97年）

（注）1. 警察庁の統計および総務庁統計局の人口資料による。
　　　2. 1970年以降は，触法少年の交通関係業務上過失を除く。
（出所）『犯罪白書』平成10年版。

が，こうした社会的なイメージがどこまで現実を的確に反映したものかは慎重な吟味が必要である。少年刑法犯の検挙件数は，全体でみても，1983年をピークに95年までは減少傾向にあり，その後96年からは増加傾向に転じたものの，未だピーク時を超えるまでには至っていない。このことは人口比でみても同様である。凶悪化ということについていえば，凶悪犯，粗暴犯が多かったのはむしろ1964年前後の第2のピーク時である。83年の第3のピークは，大部分が初発型非行であり，粗暴犯の割合は低かった。なお，96，97年になって強盗が急増していることは確かであるが，殺人事件は微々たる数でしかない（図Ⅰ-10）。

それでは，非行を犯した少年の属性にはどのような傾向がみられるだろうか。表Ⅰ-2は，非行を犯した少年の各種の属性を，戦後の各時期ごとに比較したものである。これをみると，少年非行は低年齢化傾向にあること，生徒や学生の占める割合が著しく高くなってきたことがわかる。また近年では，生活程度が「中」以上の家庭で育った少年による犯罪が大半を占めている。これらの傾向はマスコミなどでしばしば指摘されてきたことであるが，統計的にもその認識はある程度正しいといえる。しかし実際には，こうした傾向も社会全体の変化を考慮しなければその意味はわからない。生徒や学生の占める割合が激増したのは高校進学率や大学，専門学校への進学率の上昇によるところが大きく，大半が生活程度が中以上と答えたのも社会全体の「中」意識の高まりによる部分が大きい。

また，生徒・学生の割合の増加ということは，青少年の非行問題が学校問題化したことを意味する。1960年代までの少年非行は，どちらかといえば学校に通っていない有職少年や無職少年と

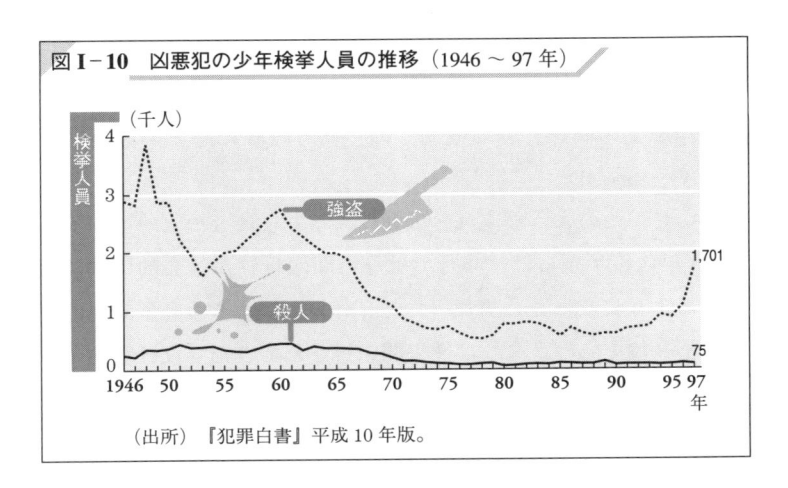

図 I-10　凶悪犯の少年検挙人員の推移（1946〜97年）

（出所）『犯罪白書』平成10年版。

表 I-2　刑法犯少年の内訳

(%)

内訳	1955年	1965年	1980年	1991年	1997年
年長少年（18, 19歳）	47.9	32.2	16.7	17.2	17.7
中間少年（16, 17歳）	29.6	38.4	35.1	38.0	40.4
年少少年（14, 15歳）	22.5	29.4	48.3	44.8	41.9
女子	6.1	8.0	18.9	20.5	25.1
学生・生徒	39.2	55.7	75.3	77.0	80.0
実父母健在者	45.1	71.9	75.8	72.7	69.9*
生活程度「中」以上	30.6	74.2	86.6	93.5	92.0*
粗暴犯	15.3	35.8	12.0	10.2	11.8
刑法犯による検挙人員に占める少年の比率	18.2	27.0	42.4	50.5	48.7

(注)　*は1995年度の数値。
(出所)　各年度『犯罪白書』『警察白書』などによる。伊藤茂樹「欠乏と非行，子ども観」渡部・伊藤［1994］，132頁などを参照。

知識編　「逸脱」の社会学・入門

いわれた人々の問題として語られてきた。だが，70年代以降になると高校進学率の増加などに伴い，非行は生徒の問題となり，生徒指導上の問題行動の概念との差異を曖昧にしていった（➡ **Part IV** ・ *Stage 3*)。

しかし，このような流れとは別に，とくに第3のピークがすぎた80年代後半からは，非行ではない問題行動が社会的に問題視されるようになった。柳原［1992a，1992b］はその典型的問題として不登校をあげ，これは従来問題視されてきた「反社会的」行動ではなく，「非社会的」行動だと指摘した。彼女はこうした状況の推移を「してはならないこと」を問題視する視点から，「するべきことをしない」ことまで問題視する視点への変化ともとらえている。

緊張理論とツッパリ集団

わが国の青少年の非行や問題行動の分析には，欧米の非行理論の影響が強い。それらは，人格特性に焦点をおく心理学系の理論と社会状況に焦点をおく社会学系の理論に大別される。このうち，実態主義的な社会学理論の代表的なものに緊張理論の流れがある。この系譜の理論では，ある一群の人々は他の多くの人が求める目標の達成を阻まれ，欲求不満をつのらせるといった緊張状態にさらされるがゆえに，非行や犯罪に走るのだと考える。

たとえばマートン［1961］は，貧しい階層の人々や民族的マイノリティが非行や犯罪に走るのは，金銭的成功という目標が強調されるアメリカ社会において，彼らがその目標に到達するための正当な制度的手段を持たないために，極度の欲求不満（彼はこれをアノミー〔★〕と名づけた）に追い込まれるからだと説明した。

また，コーエンは，映画「ウエストサイド・ストーリー」に出

てくるような少年のギャング集団の発生を同じような視点で説明しようと試みた。彼はまず,少年たちは同年齢集団の中でより高い地位をめぐる競争関係にあるとする。この地位体系は社会全体に支配的な中流階級的価値にもとづくものであり,ギャング集団に加入するような労働者階級の文化の中で育ってきた少年たちにはなじめないものである。このため彼らは,この地位体系の中で低位におかれてしまい,欲求不満をつのらせることとなる。コーエンは,少年たちはこれに対する反動形成として,支配的な価値体系を否定する新たな価値体系を築き,みずからの地位を高めようとするのだと説明した [Cohen, 1955]。

日本においては,1980年代に,この緊張理論が当時の中高生の問題行動を理解するための理論枠組みとしてしばしばもちいられた。周知のように,日本では高校が偏差値によって輪切りされている。しかも,どの高校に進学するかでその後の生徒の進路は大きく規定される（➡ **Part IV** ・ *Stage 1*）。こうした,いわゆるトラッキング〔★〕の構造下において,下位ランクの高校では「ツッパリ」と呼ばれる反抗的な生徒集団が多数みられた。この状況を反映して,耳塚 [1980],岩木・耳塚 [1983] は彼らの態度や意識を説明するために,コーエンの理論をもちいたのである。耳塚らによれば,日本では各高校の偏差値が社会的な地位を表し,下位ランクの高校に通う生徒は低い地位に押し止められることになる。このため,彼らは欲求不満を増大させ,それを解消させるために,反抗的な態度をとるようになるのだという説明が付されたのであった。

また,秦 [1988] は学業成績自体が地位を意味しており,中高生全体がこの地位をめぐる競争にさらされていると仮定した。秦

〔, 成績の低い生徒は低い地位に押しやられ, なおかつ将〔 〕も暗い見通ししか持てない。秦は, そうした生徒はそれゆえに否定的なアイデンティティを形成し, それがひいては非行や問題行動に結びついてしまうと指摘したのである。

> 統制理論といじめ・不登校

日本の中高生の非行や問題行動を理解するうえでもう1つ有力な説明理論は, 統制理論の系譜である。この理論の代表的な研究者であるハーシ [1995] は,「ある一群の人々がなぜ犯罪や非行に走るのか」を問題にするよりも,「多くの人はなぜ犯罪や非行に走らないのか」を説明すべきだと説いた。そのうえで, 彼はこの「走らない理由」を, 社会との絆（ボンド）に求めた。絆とは, 家族や友人への愛着, それまでの自分がなしてきたことを失う恐れ, 社会規範への信頼感のほか, 物理的に勉強やクラブ活動などの諸活動にまきこまれ忙殺されるといったことも含んでいる。彼は, こうした有形無形の社会とのつながりが希薄になったときに, 青少年はしばしば非行に向かうのだと考えた。このようなハーシの考え方は, ステージ4で紹介したデュルケムの立場を受け継いでいる。デュルケムは近代社会において自殺や犯罪が多いのは, 伝統的な社会が培ってきた社会的な連帯が弱まってきたからだと考えた。

日本では, 森田 [1991a] がこの統制理論の考え方を下敷きに, 1980年代後半からクローズアップされはじめた **不登校** 〔★〕問題について説明を試みている。まず森田は, <u>現代では特定の生徒だけが不登校を起こすと考えるよりも, 生徒全体に不登校気分が蔓</u>延していると考えた方が適切であり, そうした現状を分析するにはハーシと同じように「なぜ問題行動を起こす（＝学校に行かな

い）のか」ではなく，「なぜ多くの生徒は起こさない（＝学校に行く）のか」を問うべきだと主張する。そのうえで彼は，現代の私事化社会において生徒を学校につなぎとめられるかどうかは，学校の中に彼らが自分らしさを感じられるような空間が確保されているかどうかだと述べた。私事化とは，「公」よりも「私」を重視する傾向であり，社会や集団へのかかわりを弱め，私生活へと引きこもる傾向や他者への無関心を生み出す傾向を含んでいる。森田は社会全体に私事化が強まる中で，生徒たち自身が希求する学校とのつながりは質的に変化しているのに，学校側はそうした生徒の希望に追いついていないと説く。そして彼は，それゆえに生徒たちは学校に意味を感じとれず学校との絆を弱め，不登校へと促されていくと説明した。また，森田はこれと同様にいじめ問題についても，社会の私事化という視点から新たに発生した現代的ないじめのありようについて分析を行っている［森田・清永，1994］。

　先に指摘したように，青少年の問題行動に対する関心は，1980年代前半までのツッパリに象徴される反社会的行動から，80年代後半から注目されはじめた不登校などの非社会的行動へと推移した。問題行動に対する説明も，それに合わせて，そのつどもっとも適合的な枠組みが提示されてきたのである。もちろん，これは80年代前半までの問題行動は緊張理論で説明できて，80年代後半以降は統制理論が有効だということをいっているのではない。現代においても緊張理論の方がより説明力を持つ問題行動があるだろうし，不登校やいじめについても統制理論以上に有効な説明が他にあるかもしれない。また，ここではふれていないが，このほかにも非行や問題行動を説明する理論は数多い。たとえば，

その1つは逸脱文化学習理論である。これは，犯罪や非行は，生育環境の中で仲間集団などとの相互作用から学習されたものだととらえるもので，コーエンの理論にもこの考え方は含まれている。

また，もう1点留意すべきは，森田にしろ耳塚にしろ，日本の先行研究は，海外の理論をそのまま持ち込んだわけではないということである。たとえばコーエンが問題にしたギャング集団の逸脱的 **下位文化** 〔★〕は階級的性格を色濃く反映させたものであったが，耳塚らはそうした階級文化論的色彩を薄め，日本の高校生の問題行動を説明しようとした。また，ハーシは少年非行という反社会的行動の説明枠組みとして絆の理論を打ち出したのに対し，森田はむしろ非社会的行動についてそれを応用しようとしている。しかも，ハーシは，きわめて具体的なレベルでさまざまな絆の存在の有無がどの程度非行の発生を説明できるかを実証的に分析しているが，森田は私事化をキーワードにマクロな社会変容と結びつけてハーシの理論をもちいている。

ラベリング理論

次に，定義主義の流れに立つ分析を紹介しよう。ステージ1でも説明したように，定義主義はある問題を「問題だ」とする人々のまなざしや定義づけに着目する。この立場の理論としてアメリカで1960年代後半から脚光を浴びるようになったのは，ラベリング理論である。ラベリングとは，ラベルを貼ること，つまり，ある行為をした青少年を「非行少年」とか「不良」と呼び表すことである。

ラベリング理論を唱える論者は，非行や逸脱は，非行・逸脱を犯したとされる者の問題としてとらえるのではなく，規則をつくり出してそれを適用する側と，彼らによって非行少年とか逸脱者だと非難される側との相互作用の問題として探究されるべきだと

主張した。ベッカー［1978］の言葉をもちいれば、「社会集団は、これを犯せば逸脱となるような規則をもうけ、それを特定の人々に適用し、彼らにアウトサイダーのレッテルを貼ることによって、逸脱を生み出す」（17頁）と考えられたのである。

この理論では、逸脱者が生み出される過程は次のように説明される。まず、ある個人が仲間集団の圧力などにより規則に反した最初の行動を起こす（第1次的逸脱）。すると社会は、その個人に規則違反だとして逸脱者という否定的なラベルを貼る。いったんこのラベルを貼りつけられてしまうと、その者に対する周囲の見方や態度は一変し、自身の自己イメージも悪くなっていく。こうしてその者は、社会の与えた逸脱者というラベルにそったアイデンティティを形成し、さらなる逸脱行動へと向かうのである（第2次的逸脱）。

種々の逸脱や問題行動を理解するうえで、ラベリング理論は2つの指摘をした。1つは、逸脱のカテゴリーは社会的につくられ、それがある個人に貼られることではじめて逸脱者が成立するということである。もう1つは、こうした社会的な反作用の中で、ある者が逸脱者として否定的アイデンティティを形成していくことである。

このようにみると、ラベリング理論は一方ではたしかに定義主義的なスタンスをとりながらも、もう一方ではなぜ逸脱者が生まれるのかという原因を追究しようとする実態主義的なスタンスにも足をかけていることがわかる。1970年代になると、こうした多様な理論的性格をあわせ持つラベリング理論は、実態主義的な視点から非行の原因を追究する立場からも、定義主義をより徹底させるべきだという立場からも批判されていった。

ハーシの理論がアメリカで受け入れられたのは 70 年代後半から 80 年代とされているが，この理由の 1 つは実態主義的な立場からラベリング理論に対する疑義が強まったことにある［森田, 1995］。なお，日本でもラベリング理論は一時かなり注目されたが，経験的な研究はわずかしかなされなかった。

構築主義

一方，キツセらは定義主義的な視点をより徹底させる立場から，社会学者は逸脱の原因論よりも，人々がある事象を問題だと定義するようになるプロセスを問うべきだと主張し，構築主義の立場を表明した。いじめ問題を例にとって説明すると，構築主義が注目するのは，ある個人や集団がいじめという事象を問題だとしてクレイムをつけていく活動（クレイム申し立て）である。彼らは，社会問題の理論の中心課題とは，こうした「クレイム申し立て活動とそれに反応する活動の発生や性質，持続について説明することである」［キツセ゠スペクター, 1990, 119 頁］と述べている。

問題をとらえるスタンスで構築主義が実態主義的な立場と大きく異なるのは，人々が問題だとする状態や内容に対する評価に無関心な態度をとることである。いじめ問題でいえば，いじめということが本当に問題なのかどうかということについては判断しないということである。また，社会問題とは，それが問題だとクレイムが申し立てられてはじめて存在するのであって，クレイム申し立てがないかぎり問題は存在しないと考える点でも実態主義とは大きく異なる。したがって，構築主義者にいわせれば，徳岡［1997］がもちいた実態と定義という二分法も誤りだということになる。実態といわれる客観的な社会の状態が，クレイム申し立てという言説活動から独立して存在するとは考えないからである。

日本においては，この構築主義の考え方は，教育の社会学にかなりとり入れられ，多くの理論的・経験的研究が発表されている。この背景には，情報化の進む現代社会ではわれわれはマスコミから発信される情報を通じてしか現象を把握できないという事態がある。構築主義はいずれの「問題」もそうしたプロセスを経て「作られた」ものだということに警鐘を鳴らし，教育問題に対する人々の認識に再考を迫ろうとする。この意味で，構築主義は現代社会における逸脱現象を理解するうえでは不可欠の視点といってよい。

伊藤［1996］のレビューによれば，それらは①逸脱や非行現象が教育問題として構築されるプロセスをとりあげたもの，②諸集団のクレイム申し立てによって構築されるような種類の問題を扱ったもの，③教室などのミクロな場面で，何らかの問題カテゴリーが構築され，使用されるプロセスを分析したもの，④教育事象をめぐるカテゴリーや意味付与の歴史的変遷を対象とするもの，の4つに分類される。彼も指摘しているように，今では構築主義は青少年や子ども，学歴主義や近代教育など教育事象に関する一般的なカテゴリーを相対化する方向に拡大しており，すでに非行や問題行動の研究領域には収まりきらなくなっている。

臨床的な社会学理論の構築へ

以上のように，青少年の問題行動に関するわが国の研究には，アメリカの研究の影響が強く，その時々に彼の地で流行した理論がそのつど導入され，日本の実態の解釈にもちいられてきた傾向が強い。もちろん，さまざまな理論に学ぶことは重要なことである。しかし，ステージ4で述べた「教育臨床の社会学」の立場を重視すると，今求められているのは，より的確に日本の状

況をふまえた新たな説明理論の構築だろう。

そのためには、諸外国の現状と比較しながら日本の特徴を明確に把握したうえで、それを日本の社会や学校のありかたと結びつけて独自の仮説を生み出していく必要がある。ステージ2ではこうした点を意識し、日本の小・中学校間の接続関係という要因に着目した。今後、現実から仮説を生み出すためには、具体的に現状をどのような方法で分析するのかについて、よりつっこんだ検討が必要である。その1つとして、近年、教育の社会学では現状をつぶさに観察し、行動のパターンやその背後にある成員の価値意識を明らかにしようとする **エスノグラフィー**〔★〕の方法論が注目されている［箕浦，1999］［志水，1998］（➡ **Part III** ・知識編）。

また、構築主義にみられるように、非行や問題行動に関心を持つ研究者の関心は現在急速に多様化しつつある。だが、この中で臨床という立場には、やはり「病床の、診療所の」ということが社会的に期待されていることに自覚的でなければならない。構築主義を標榜する一部の研究者は、「社会をよくすることに無関心だ」という彼らへの批判を、「ないものねだり」だと切り捨てる［中河，1999］。しかし、臨床という立場はそういう割り切りができない。もちろん、ステージ4で述べたように、それは社会が問題だとしていることをそのまま受け入れるということを意味するのではない。むしろ、積極的に現代社会に隠された問題を指摘し、その解決を志向する点にこそ教育臨床の社会学のオリジナルな視点があるのである。

引用・参考文献

ベッカー, H. S. [1978], 『アウトサイダーズ——ラベリング理論とはなにか』村上直之訳, 新泉社 (原著1963)。

Cohen, A. K. [1955], *Delinquent Boys*, New York : The Free Press.

藤田英典 [1997], 「子ども同士の世界——その展開基盤の現代的特質」『季刊子ども学』vol.16。

学校社会学研究会編 [1983], 『受験体制をめぐる意識と行動』伊藤忠記念財団。

ハーシ, T. [1995], 『非行の原因——家庭・学校・社会へのつながりを求めて』森田洋司・清水新二訳, 文化書房博文社 (原著1969)。

秦政春 [1982], 「学校環境と教育病理——中学生の実態を中心に」『福岡教育大学紀要』第32号第4分冊。

秦政春 [1988], 「思春期の学校生活——生徒の立場」松本良夫・北村陽英編『親と教師のための思春期学4 学校』情報開発研究所。

星野周弘ほか編 [1995], 『犯罪・非行事典』大成出版社。

伊藤茂樹 [1996], 「『心の問題』としてのいじめ問題」『教育社会学研究』第59集。

伊藤茂樹 [1996], 「『教育問題』研究のマトリクスと今日的意味」『聖徳学園岐阜教育大学紀要』第32集。

岩木秀夫・耳塚寛明 [1983], 「概説・高校生——学校格差の中で」岩木・耳塚編『現代のエスプリ 高校生——学校格差の中で』至文堂。

苅谷剛彦 [1986], 「閉ざされた将来像——教育選抜の可能性と中学生の『自己選抜』」『教育社会学研究』第41集。

キツセ, J. I., スペクター, M. B. [1990], 『社会問題の構築——ラベリング理論をこえて』村上直之ほか訳, マルジュ社 (原著1977)。

久冨善之編 [1988], 『教員文化の社会学的研究』多賀出版。

毎日新聞社会部編 [1995], 『総力取材「いじめ」事件』毎日新聞社。

マートン, R. K. [1961], 「社会構造とアノミー」『社会理論と社会構造』森東吾ほか訳, 青木書店 (原著1949)。

耳塚寛明 [1980], 「生徒文化の分化に関する研究」『教育社会学研究』第35集。

箕浦康子編 [1999], 『フィールドワークの技法と実際——マイクロ・エスノグラフィー入門』ミネルヴァ書房。

宮台真司［1994］,『制服少女たちの選択』講談社。
文部省いじめ問題研究会［1997］,『いじめ問題から学校を変える——いじめ問題質疑応答』第一法規。
森田洋司［1991a］,「私事化社会の不登校問題——プライベートスペース理論の構築に向けて」『教育社会学研究』第49集。
森田洋司［1991b］,『「不登校」現象の社会学』学文社。
森田洋司［1995］,「解説 ハーシの社会学的絆の理論——あとがきにかえて」T. ハーシ『非行の原因——家庭・学校・社会へのつながりを求めて』文化書房博文社（原著1969）。
森田洋司・清永賢二［1994］,『いじめ——教室の病い』（新訂版）金子書房。
中河伸俊［1999］,『社会問題の社会学——構築主義アプローチの新展開』世界思想社。
中西新太郎編［1997］,『子どもたちのサブカルチャー大研究』労働旬報社。
西田芳正［1991］,「大人になる——生徒の目から見た中学生活」志水宏吉・徳田耕造編『よみがえれ公立中学——尼崎市立「南」中学校のエスノグラフィー』有信堂高文社。
尾高邦雄編［1980］,『デュルケーム・ジンメル』（中公バックス 世界の名著58）中央公論社。
大阪教育文化センター教師の多忙化調査研究会編［1996］,『教師の多忙化とバーンアウト——子ども・親との新しい関係づくりをめざして』法政出版。
岡山超［1975］「『理解』の心理学的考察——子ども理解を中心として」『児童心理』1月号。
オルウェーズ,D.［1995］,『いじめ：こうすれば防げる——ノルウェーにおける成功例』松井賚夫ほか訳,川島書店（原著1993）。
酒井朗［1995］,「選抜機関としての中学校——小学校との接続関係に注目して」木原孝博編『中学校教育の新しい展開 第3巻 社会的自立をめざす生徒指導』第一法規。
酒井朗［1997a］,「"児童生徒理解"は心の理解でなければならない——戦後日本における指導観の変容とカウンセリング・マインド」今津孝次郎・樋田大二郎編『教育言説をどう読むか——教育を語ることばのしくみとはたらき』新曜社。

酒井朗［1997b］,「文化としての『指導/teaching』——教育研究におけるエスノグラフィーの可能性」平山満義編『質的研究法による授業研究——教育学・教育工学・心理学からのアプローチ』北大路書房。

酒井朗［1998］,「多忙問題をめぐる教師文化の今日的様相」志水宏吉編『教育のエスノグラフィー——学校現場のいま』嵯峨野書院。

千石保・鐘ヶ江晴彦・佐藤郡衛［1987］『日本の中学生——国際比較でみる』日本放送出版協会。

セネット, R.［1991］,『公共性の喪失』北山克彦ほか訳, 晶文社（原著1977）。

Shimahara, N. & Sakai Akira [1995], *Learning to Teach in Two Cultures: Japan and the United States*, NY: Garland Publishing Inc.

志水宏吉編［1996］,「臨床的学校社会学の可能性」『教育社会学研究』第59集。

志水宏吉編［1998］,『教育のエスノグラフィー——学校現場のいま』嵯峨野書院。

諏訪哲二［1993］,『学校の終わり』宝島社。

徳岡秀雄［1997］,『社会病理を考える』世界思想社。

東京都生活文化局［1996］,『大都市における児童・生徒の生活・価値観に関する調査：第7回東京都子ども基本調査報告書』。

氏原寛［1998］,「教師かカウンセラーか」氏原寛・村山正治編『今なぜスクールカウンセラーなのか』ミネルヴァ書房。

渡辺真・伊藤茂樹［1994］『生徒指導の理論と実践』樹村房。

柳原佳子［1992a］,「『非行問題』のボーダーレス化」『犯罪社会学研究』17号。

柳原佳子［1992b］,「なんにもしない子どもたち」芹沢俊介編『少年犯罪論』青弓社。

図書紹介 — Book Review

○ H. S. ベッカー『アウトサイダーズ——ラベリング理論とはなにか』村上直之訳, 新泉社, 1978 (原著1963)。

　ラベリング論の宣言書として1963年に刊行された本の翻訳。逸脱研究の方法論的考察のほか, マリファナ使用に対する社会統制やジャズ・ミュージシャンの逸脱的文化が参与観察の方法により活写されている。

○ P. ウィリス『ハマータウンの野郎ども——学校への反抗, 労働への順応』熊沢誠ほか訳, 筑摩書房, 1985 (原著1977)。

　イギリスの労働者階級の青年たちが学校文化に反抗しながら, みずから社会の底辺に入っていく過程を描いた労作。文化的再生産論の立場から, 学校文化と地域の下位文化の葛藤の中に生きる少年たちに焦点をあてている。

○ 森田洋司・清水賢二『いじめ——教室の病い』(新訂版) 金子書房, 1994。

○ P. K. スミスほか編, 森田洋司監修『世界のいじめ——各国の現状と取り組み』金子書房, 1998。

　統制理論にもとづいて, 今日の生徒の問題行動の多くが社会の私事化現象を背景に生じているものととらえる森田氏のかかわったいじめに関する著作である。前者は生徒集団におけるいじめの4層構造を提示した。後者は世界各国のいじめ問題の現状と対策の報告とともに, 各国のいじめの定義やこの問題に対する社会認識のあり様についてもふれている。

○ 朝倉景樹『登校拒否のエスノグラフィー』彩流社, 1995。

　前半は構築主義の立場からの登校拒否問題の構築過程が分析され, 後半は不登校の子どもたちが通う東京シューレという施設の様子とそこでの子どもたちの自己意識が丹念に描かれている。

- 松本良夫・河上婦志子編『逆風のなかの教師たち』東洋館出版社，1994。

    さまざまな問題が多発する学校現場で多大のストレスを抱え込む教師に，教育社会学の立場からスポットをあてた論文集。

- 藤田英典『子ども・学校・社会』東京大学出版会，1991。

    急激に変容する現代社会の中で，子どもの生活や学校の存立が危機を迎えている。その危機の実相とその社会的背景について，洞察に富む考察がなされている。

- 恒吉僚子『人間形成の日米比較——かくれたカリキュラム』中央公論社，1992。

    日米の初等教育現場の丹念な観察と両国で教育を受けたみずからの経験をあわせながら，それぞれの社会に支配的な子ども観，学校内のかくれたカリキュラム，集団への同調行動にみる特徴を描いている。

- 志水宏吉編『教育のエスノグラフィー——学校現場のいま』嵯峨野書院，1998。

    教育研究におけるエスノグラフィーの入門書。方法論に関するパートと具体的な研究成果が報告されたパートの2部で構成されており，さまざまなエスノグラフィーの考え方やデータ分析の仕方が分かる。

- 箕浦康子編『フィールドワークの技法と実際——マイクロ・エスノグラフィー入門』ミネルヴァ書房，1999。

    文化と心理のかかわりに関心を持つ編者によるマイクロ・エスノグラフィーの入門書。東京大学教育学部での編者自身のゼミのカリキュラムをもとにしている。後半は指導した学生の手によるエスノグラフィーであり，データをどう論文にまとめ上げるかを学ぶ上でも参考になる。

Part II

幼児教育の変化

Part II

Introduction

何もしない幼児期
Part II

　そのとき，ほおづえをついて，じっと下の世界をながめていたクリストファー・ロビンが，またきゅうに，「プー！」と，大きな声でいいました。
「え？」と，プーがいいました。
「ぼく－あのね，ぼく－プー！」
「クリストファー・ロビン，なに？」
「ぼく，もうなにもしないでなんか，いられなくなっちゃったんだ。」
「もうちっとも？」
「うん，少しはできるけど。もうそんなことしてちゃいけないんだって。」
　プーは，つぎのことばをまっていましたが，またクリストファー・ロビンがだまってしまったので，
「クリストファー・ロビン，なに？」と，力づけるようにいいました。
「プー，ぼくが－あのねえ－ぼくが，なにもしないでなんかいなくなっても，ときどき，きみ，ここへきてくれる？」

（ミルン『プー横町にたった家』石井桃子訳，岩波書店，1962〔原著，1928〕）

ここに紹介したのは、イギリスの作家A.A.ミルンが、息子のクリストファー・ロビンのために書いたといわれる『プー横町にたった家』の終わりの部分である。クリストファー・ロビンは、大の仲良しのぬいぐるみのクマのプーさんに、「もうなにもしないでなんかいられなくなっちゃったんだ」と告げる。本文には書かれていないが、おそらくこれは、クリストファー・ロビンが小学校へ上がり、なにもしないでいられる幼児期と別れを告げるということだと考えられないだろうか。

　「学校」という組織的・体系的な教育機関による教育がまだはじまらず、おとなから「これをしなさい」「あれをしなさい」と指示されることなく、自然の中で自由に自分の世界をつくって遊ぶことができ、おとなからみれば「何もしない」でいるようにみえることができる人生におけるすばらしい時期。くまのプーさんの世界には、そのような幼児期が描かれている。

何もしないではいられない幼児期　Part II

　ところが日本の幼児期にいる子どもたちは、何もしないではいられないのが現実ではないだろうか。日本では普通教育がはじまるのは小学校からである。しかし、子どもに対する教育的な働きかけは、小学校まで行われないのではけっしてない。

　まず第1に子どもたちは、親からさまざまな教育的な働きかけを受ける。その1つは、身辺自立や基本的生活習慣、そして善悪の区別を身につけさせるといったいわゆる「しつけ」といわれる働きかけである。それに加え、

Introduction

日本の母親は一般的に，子どもに文字や数字に自然に関心を持つように仕向けているといわれ，このことが，小学校入学時の子どものほとんどがすでに平仮名の読み書きができることにつながっているという指摘もある。

さらに最近では，幼児の知的・情緒的発達を考えたドリルやおもちゃ，ビデオなどがたくさん売り出されており，それらを家庭での子育てに積極的に使っている母親も多い。現代の就学前の子どもたちは，家庭においても多くの教育的働きかけの中で生活しているといえる。

第2に，日本の就学前の子どもたちのほとんどは，すでに幼稚園や保育所といった正規の就学前教育機関に通っている。とくに5歳児では95％以上が幼稚園か保育所に在籍しているのが現状である。保育所は制度的には児童福祉施設であり学校教育ではないが，そこでの3歳児以上の保育の実態は，幼稚園でのそれときわめて近いものになっている。日本の子どもたちは，小学校入学以前に，すでに学校的な空間の中ですごしているのである。

第3には，おけいこごとや塾といった幼稚園，保育所以外での教育機関に通っている場合もある。ピアノやバイオリンなどの音楽教室や，水泳，体操などのスポーツ教室，知的教育を行う塾や入学試験のある小学校への入学準備のための塾など，正規の教育機関以外で就学前の子どもたちを対象にした教育機関も多くみられるようになっている。

日本の子どもたちはこのように，何もしない幼児期をすごすことはまずできなくなっている。現代の日本では，

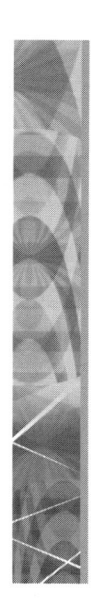

就学前教育に対し強い関心が持たれ，親も教育関係者も教育産業関係者も，就学前教育に対して大きなエネルギーを注いでいるといってよいだろう。その傾向の特徴をあげるならば，1つは，人生のできるだけ早い時期から（いや人生がはじまる前からも）教育を開始しようとする傾向であり，もう1つは，就学前教育へのエネルギーを幼児教育産業が主導するかたちが進行しているという傾向である。そしてこの傾向の背後にあるのは，ひとえに子どもをよりよく育てたいという親の願いではないだろうか。この章では，こうした日本の就学前教育の現代的傾向を検討しながら，そこから日本の社会や教育のどのような特徴がみえてくるのかを考えたい。

Stage 1 子どもをよりよく育てること

日本の家庭教育の特徴

日本の家庭における母親と子ども

　就学前の子どもたちの基本的な生活の場は、いうまでもなく"家庭"であろう。日本の家庭での母親と子どもの姿を描いてみなさいといわれたら、どのような光景を描くだろうか。子どもがまだ赤ちゃんだとしたら、お乳をあげたりおむつを替えたり、だっこしている光景だろうか。子どもが2, 3歳になっていたらどうだろう。トイレでの排泄の仕方や、遊んだ後のおもちゃの後片づけ、寝る前に歯磨きをしたりすることを教えているだろうか。

4,5歳の子どもはどうだろう。きょうだいやお友だちと仲良く遊んだり，親のいうことをきくことを教えられているだろうか。母親は子どもとどのような遊びをしているだろう。絵本の読み聞かせ，カルタやしりとりなど，文字や数が出てくるものとはふれさせているだろうか。

じつは日本の家庭における母親の子どもとの接し方は，日本論，日本人論の中でふれられることの多い項目である。それは外国の人たちからみると，日本の母親の子どもとの接し方に特徴があると思われるからである。いずれもアメリカの人たちによるものだが，日本の母親の家庭教育に関する比較的新しい調査研究を2つ紹介しよう。

まず，外国からみた日本教育に関する公式の調査報告書としては戦後3つ目といえる，日米教育協力研究である。2年半の協力研究の成果をまとめた報告書において，アメリカ側は「家庭，家族，就学前教育」という章を設け，日本においては子どもの就学前においても，学校教育の全期間においても，家庭と家族が重要な役割を果たしており，それが日本の教育を成功に導いた基本的な要因であるとしている［天城，1987］。少し紹介しよう。

> 母と子の結びつきの強さと日本の文化や両親が有している教育に対する関心の深さのおかげで，母親は子供が小学校に入る前の段階でも強大な影響力を行使するのである。
> 母親は幼年期の子供に自宅で絵を描かせたり，紙やノリ，ハサミを使って簡単なオモチャをつくらせたり，あるいは基礎的な読み方や数え方などを伴う種々の学習を施してやる。正規のプログラムを用いて子供に読み書きを教えている母親はほとんどいないが，大多数の母親は子供が文字と数字に自然と関心を持つように

仕向けている。質問に答えてやったり，幼児用の雑誌やゲームの本をみせたり，またカルタという文字と読み方を学ぶ伝統的な子供の遊びをしてやったりしながら，母親は子供が基礎的な読み方の能力を身につけるようにしているのである。多くの小学校1年に入学したての子供がすでに平仮名の48文字を読み書きできるということは，この就学前の家庭環境が大きく影響しているといえる。

もう1つは，日本での数年間の経験と観察をもとに日本の子どもと親，そして学校や教師について考察を行ったアメリカの教育社会学者ホワイト [1992] の観察である。彼女は，日本の母親は，絵を描いたり，物語を読んだり，読み書きゲームをするなどして，子どもと一緒に長い時間をすごす中で，またさまざまな知的なおもちゃやドリルを与えることによって知的な教育を行っていることを指摘している。これをホワイトは学校教育への準備のための家庭訓練と位置づけ，この母親たちの努力のおかげで，ほとんどの子どもは，1年生になる前に100まで数えたり，ひと桁の数を使った簡単な計算ができるようになったり，いくつかの歌や詩を歌ったり，暗唱したりすることができるようになるのだという。

この2つの研究はいずれも1980年代後半に行われたものである。20世紀も終わりに近づこうとしている現在でも，ここに描かれた母親の姿はおおむね一般的なものと考えてよいだろう。両研究はいずれも，日本の母親が子どもの教育に熱心なこと，とりわけ知的な面での家庭教育に配慮していることを強調している。

人間にとっての家族の重要性

ところで，人間にとっての家族の重要性は，文化的な差異を超えて人間社会に共通のものであるという面はないだろうか。

人間にとっての家族の役割や子どもと家族との関係はどのように考えられるだろうか。この点を考える際には、人間の生まれ方の特徴を考えてみるとよい。

人間は、生まれながらにして人間であるのではないといわれる。もちろん、一定の自然的条件が与えられるならば、生まれたばかりの赤ちゃんでも身体的成長をしていくことは可能である。しかし、人間らしい能力や行動様式を習得した人間的存在となるためには、ある特定の社会的・文化的条件、すなわち人間の集団の中で育つことが不可欠である。

というのは、直立歩行をしたり言葉を話すといった、人間と他の動物を区別する大きな特徴を、わたしたちは誕生してほぼ1年後に獲得するからである。他の高等ほ乳類と比べ、人間の子どもはきわめて未熟で無力な状態で生まれてくることを、スイスの生物学者ポルトマン［1961］は **生理的早産**〔★〕と呼んだ。生まれたばかりの人間の子どもは1人では生きていくことができない。人間には育て、世話をする養育者が絶対に必要なのである。そこで人間はふつう家族の中に産み落とされ、両親をはじめとする人々に育てられ、人間としての基盤をつくっていく。したがって家族は、人間が生まれて最初にかかわる、もっとも身近な集団であるといえるだろう。

> 社会化としつけ

このように、そこに産み落とされた人間をまずは養育するということが、家族の持っている重要な"働き"（社会学では「機能」という）である。このことを含めて人間社会において、家族はどのような機能を持ってきたのだろうか。社会がまだ近代化する以前では、家族は物を生産する機能、宗教的な機能、娯楽的な機能、教育の機能、扶

Stage 1 子どもをよりよく育てること

養の機能など,さまざまな機能を持っていたといわれている。近代社会になって,家族の持っていたこれらの機能はしだいに,企業,教会,学校,国家などの専門的な働きをする制度に移されてきた。しかしこれは,家族の存在意義がなくなったことを意味しているのではない。

アメリカの社会学者のパーソンズは,現代の家族とりわけ核家族が担う基本的な機能は,①人間が真に自分の生まれついた社会の構成員になりうるための基礎的な社会化と,②成人のパーソナリティの安定化,の2点に集約されるという。パーソンズは,家族の機能を社会のための直接の機能としてだけでなく,パーソナリティのための機能として理解すべきだし,基礎的社会化の機能が,種々の機能を手放した後にも残る現代の家族の重要な機能であるとしている[パーソンズ=ベールズ,1970]。

ここで「社会化(socialization)」という新しい言葉が出てきた。この言葉の代表的な定義を紹介すると,社会化とは「個人がある特定の社会集団の生活様式を学習し,その正規の成員にしあげられる過程」[青井,1973]といわれる。人間がさまざまな集団に所属しながら,生まれ落ちた社会の文化を習得し,その社会の成員になっていく過程ということであり,人間の発達や成長を「社会的なもの」としてとらえているのである。家族や親が子どもを育てることを,このような学問用語(概念)をもちいて表現することによって,家族や親が子どもを育てるというきわめて個別的なことが,全体社会の中でどのような役割を担うかということや,子どもがその後所属するさまざまな社会集団との関係を考えることができるようになるといえないだろうか。

そしてこの過程は,人が幼いときだけでなく,その一生を通し

て展開していくものと考えられる。図Ⅱ-1は，その過程において，どのような集団が，社会化のエージェント（社会化する主体＝socializer）としての役割を持つかということを示したものである。この中でとくに人間が最初に所属する集団である家族における社会化は，もっとも基礎的なものであり，人間のパーソナリティを形成するうえで重要な意味を持っているといえる。

家族における社会化は，社会の規範や文化を教え込む主体（socializer）＝親と，それを受けとめ内在化する客体（socializee）＝子どもとの相互作用として展開される。しかしすぐれた学習能力を持って生まれてくる人間の子どもは，親が教えようとしないもの，あるいは教えたくないものまで身につけてしまうし，また，無意識のうちに多くのものを学習していたりする。このように考えると，社会化は，親の側と子どもの側がそれぞれ意図している場合と，意図していない場合の組み合わせによって，4つの形態に分類されることになる。

では「しつけ」はこの中でどこに位置づけられるかを考えてみよう。「しつけ」という言葉の成り立ちから考えて（*Column* ❹），それは，親が意図的に教え，子どもも意図的に学習するものである。したがって「しつけ」の位置は図Ⅱ-2のようになるであろう［森岡・望月，1997］。

このステージのはじめに，家庭の中での子どもと母親の姿を想像してもらった。授乳，排便，離乳，就寝などからはじまり，やがて自分の持ち物の整理整頓，顔や手を洗う，きょうだい仲良く，親のいいつけに従うなどといった日常生活での基本的な習慣の育成があがったかと思うが，これらがまさにしつけの中心である。そしてさらには言葉づかい，礼儀作法，物を大切にする，金の使

図 II-1 社会化過程と社会化のエージェント

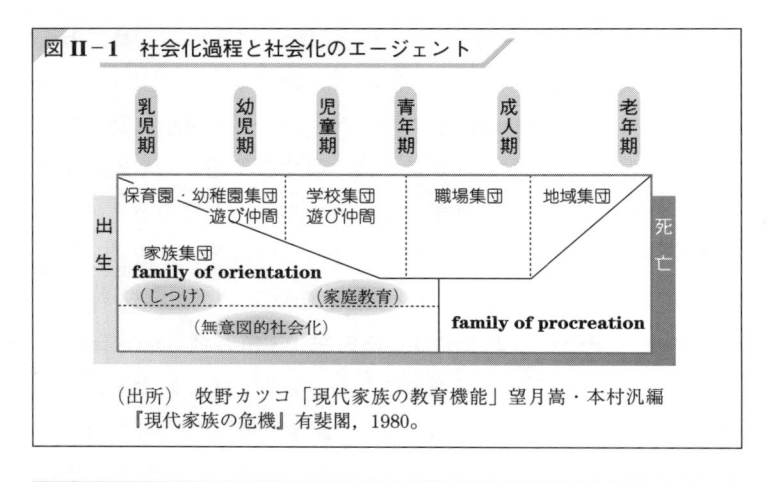

	乳児期	幼児期	児童期	青年期	成人期	老年期	
出生		保育園・幼稚園集団 遊び仲間	学校集団 遊び仲間	職場集団	地域集団		死亡
	家族集団 **family of orientation**						
	（しつけ）		（家庭教育）				
	（無意図的社会化）			**family of procreation**			

（出所） 牧野カツコ「現代家族の教育機能」望月嵩・本村汎編『現代家族の危機』有斐閣, 1980。

図 II-2 社会化の諸形態

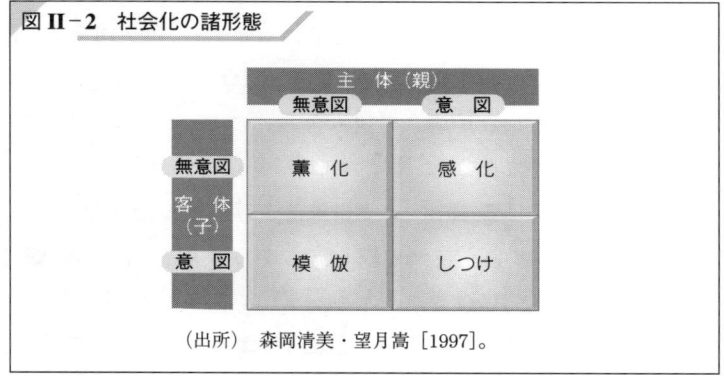

		主　体（親）	
		無意図	意　図
客体（子）	無意図	薫　化	感　化
	意　図	模　倣	しつけ

（出所） 森岡清美・望月嵩 [1997]。

い方など，家庭生活の内外で最小限に必要な社会的慣習への馴致（なじませること）がつけ加わっていくといわれる［篠原, 1984］。家庭では子どもを養育する中で，このように基本的生活習慣を身につけたり，家庭の内外で生きていくために必要な事柄を教えていくことが行われるのである。

Column ❹ 「しつけ」という言葉

　しつけという言葉はもともと,「作物のしつけ」「着物のしつけ」「しつけ奉公」などというように,さまざまな場面でもちいられていた。たとえば稲のしつけというのは,ひととおり下ごしらえをすませた田に,きちんと苗を植えつけることであり,着物のしつけ糸というのは,縫い目が整い仕立てがくずれないように,縁を縫っておく糸をさしている。また長野県下伊那郡などで,「しつけ約束」と呼ばれたのは,一人前にしてやるという約束で子どもを引きとるということであった。広く「しつけ奉公」と呼ばれるのも,やはり一人前にしてもらうために,よその家に仕えるということであった。

　いずれにしても,もともと「しつけ」というのは,広く一人前にしあげる意味に用いられていた。そしてそのやり方としては,あらかじめ何らかの手本があって少しずつこの型にはめこんでいくのであるが,はじめからその手本を教え込むのではなくて,むしろこの型からはずれるような場合に,厳しくそれを戒めさとすというものであった［大島,1988］。

よりよく子どもを育てること

　しつけや家庭教育は,社会学では一般的に以上のように説明される。しかし,しつけの実際の中身やそこでの強調点のおかれ方には,時代と文化によって差異が出てくるのも事実である。

　先に紹介した2つの研究ではいずれも,日本の母親の教育熱心さ,とりわけ知的な面での家庭教育への配慮が強調されていた。日本の母親が知的な面に気を配る背景には,小学校に入学してから困らないように,他の子どもに比べて遅れをとらないようにという気持ちがあると考えられる。さらにはホワイトが指摘するように,きたるべき激烈な入試競争で勝つチャンスを増やそうとい

Stage 1 　子どもをよりよく育てること

う意識的作戦のはじまりかもしれない。いずれにせよ日本の母親の場合，とりわけ「よりよく」子どもを育てようとするという側面が強いといえるのではないだろうか。

親が子どもをよりよく育てることに価値がおかれる社会というのは，日本でいつごろから出現したのだろう。じつは第2次世界大戦が終わるまでの日本社会では，農村でも都市でも，多くの親たちはしつけや家庭教育に必ずしも十分な注意を払ってはいなかったといわれている [広田, 1999]。そんな中で大正期，すなわち1910年代から20年代にかけて，新しく社会に現れてきた新中間層と呼ばれる人々の中に，人並み以上によりよく生きていける子どもを育てることを親の務めとする教育意識を持つ家族すなわち **教育家族** 〔★〕が誕生してきた [沢山, 1990]。

新中間層というのは，資本主義の発展の中で資本家と労働者の中間に新たに誕生した階層で，それを形成していったのは，農家や士族の二，三男が多かった。生産手段を私有しない彼らは，共同体を離れ，旧来の地縁，血縁によらず個人的努力，学業，能力によって地位を切り開かねばならぬ存在であった。したがって彼らは，よりよい生活を切り開く新しい世代としての子どもの「教育」に熱意を持ち，教育する対象として子どもを強く意識したのである。そこでは子どもをよりよく育てる親の教育責任が強く意識されるようになり，「人並み以上」に育てることに子育ての目標がおかれるようになった。

このような教育家族は，戦後の1960年代以降あらゆる階層に広がっていく。農村人口の都市への流出と兼業化の進行，そして産業別人口構成に占める第1次産業人口の比率の低下は，子どもにより高い教育をつけさせることをめざす行動を，さまざまな階

層の親にとらせることになったのである［広田，1996］。子どもの教育に対し家族が最終的な責任を持つということがどの階層でもみられるようになり（教育家族の汎化），子どもをよりよく育てることが，日本の親，とりわけ母親の一般的な子育て目標となってきたということができる。

　家族，親が子どもの教育に責任を持ち，子どもを教育的なまなざしのもとに育てる社会，しかも子育ての目標が人並み以上によりよく育てるということが一般的になった社会，このような社会の成立は，就学前教育をどのようなものにしていったのだろう。以下のステージではこの点を検討していきたい。

Think Yourself

1. 人間はなぜ家族の中で育つことが必要なのだろう。もし家族がなかったら子どもは育たないのだろうか，考えてみよう。
2. 家族や親が子どもを育てることを，「社会化」という概念で説明することによって，どのようなことがみえてくるだろうか。
3. 日本の母親の子どもの育て方にはどのような特徴があるとみられているかをまとめてみよう。そしてそのような特徴が出てきた背景に，家族のあり方のどのような変化がみられるのかもまとめてみよう。

Stage 2 早くからの教育

幼児教育の普及と早期化

共同通信社提供●

普及した幼稚園，保育所

　よりよく子どもを育てようとする親たちは，家庭の中だけで子どもを教育するのではなく，家庭外にも子どもの教育の場を持とうとする。現在の日本の子どもたちのほとんどは，小学校入学前にすでに家庭以外の教育の場に身をおいているのではないだろうか。その1つがいわゆる公的な幼児教育，もしくは保育機関である幼稚園と保育所である。

　現在日本には，幼稚園と保育所がどのくらいあるかをみてみよ

う。1997 (平成9) 年度では, 幼稚園数は, 全国で1万4690, 保育所数は2万2401で, 園児数は幼稚園が178万9523人, 保育所が164万2741人にのぼる。今日日本の正規の就学前教育機関の普及はめざましいといえる。

では日本の子どもたちは, 何歳ごろから, どのような教育・保育機関に入るのだろうか。子どもの年齢別の在籍率を, 表 II-1 に示した。この表からどのようなことが読みとれるかを考えてみよう。まずは右の計の欄をみると, 3歳, 4歳, 5歳の現在 (1997年) の在籍率がわかる。3歳児では6割弱, 4歳児では9割, 5歳児ではなんと95%を超える子どもが, 幼稚園か保育所のいずれかに在籍していることがわかる。日本の子どもたちは, 小学校に入学する前に, すでに家族以外の教育 (保育) の場に身をおいているわけである。この状況を背景に, 義務教育就学年齢を1歳引き下げて5歳にしたらどうかという意見や, 5歳児の幼稚園教育を義務化したらどうかという意見が出されたりしている。

次に1965年から97年までの在籍率の変化に注目してみよう。一番伸び率が大きいのは3歳児であることがわかる。そして次が4歳児, もっとも伸び率が小さいのが5歳児である。4, 5歳児は以前から在籍率は高かったが, 3歳児は65年から75年までの間に急激に在籍率が高くなり, この13年 (85年から97年の間) にまた著しく伸びている。正規の教育 (保育) 機関に早くから子どもを入れる傾向が強くなっていることがわかるだろう。

さらに幼稚園と保育所の在籍率を比較してみよう。3歳児では, 1985年までは保育所の方が在籍率が高かったが, 97年にはわずかではあるが幼稚園の在籍率の方が高くなった。4, 5歳児では以前から幼稚園の在籍率の方が高く, この傾向は現在も変わらな

表 II-1 幼稚園，保育所の年齢別在籍率

(％)

		幼稚園	保育所	計
3歳	1965年	2.9	5.6	8.5
	1975	6.5	18.5	25.0
	1979	8.4	24.5	32.9
	1985	14.0	23.9	37.9
	1997	29.8	27.7	57.5
4歳	1965年	24.9	10.3	35.2
	1975	48.6	23.7	72.3
	1979	50.9	28.1	79.0
	1985	53.8	32.3	86.1
	1997	56.8	33.9	90.7
5歳	1965年	43.7	18.2	61.9
	1975	64.2	22.9	87.1
	1979	65.7	24.2	90.0
	1985	64.9	31.6	96.5
	1997	63.0	33.0	96.0

(注) 在籍率は，在園（籍）者数を該当年齢人口で除したものである。1965年，75年，79年の数値は，文部省『昭和55年度　我が国の教育水準』8頁より。85年，97年の数値は，学校基本調査および社会福祉施設調査の在園（籍）者数を，国勢調査の該当年齢人口で除したものである。

い。3歳児の在籍率の伸びは，幼稚園の在籍率が大きく伸びたことに起因しているとみることができる。

　幼稚園と保育所は制度的に別の機関であり，その目的や対象も異なっているが，実際はその差異はわかりにくくなってきているといわれている（*Column* ❺）。保育時間や保育内容の点で差がみえにくくなってきている中で，とくに低年齢の子どもを幼稚園に入れようとする親が多くなっているのだろうか。そこに何か幼稚園の事情があるのだろうか。

Column ❺ 幼稚園と保育所の制度比較

　戦後日本の幼児教育は，文部省と厚生省という二元行政によって整備され確立していくことになった。幼稚園は，学校教育法に定める学校であり，保育所は児童福祉法に定める児童福祉施設として位置づけられ，同じ幼児を保育するにもかかわらず，2つの異なる行政機関が管轄している。

　幼稚園の目的は「幼児を保育し，適当な環境を与えて，その心身の発達を助長することを目的とする」（学校教育法第77条）と定められ，対象は満3歳から小学校就学の始期に達するまでの幼児である。一方保育所は「日日保護者の委託を受けて，保育に欠けるその乳児又は幼児を保育する」（児童福祉法第39条）ことを目的とし，対象は保育に欠ける乳児（満1歳に満たない者）および幼児である。

　保育内容の面については，幼稚園においては，保育内容の基準として「幼稚園教育要領」が1964年に文部省告示として出されている。89年の改訂によって，保育内容が従来の6領域から「健康，人間関係，環境，言葉，表現」の5つの領域に分けられることになり，さらに98年の改訂で教師の役割の明確化，道徳性の育成の重視，預かり保育の位置づけなどの変更が行われている。保育所においては，65年に「保育所保育指針」が厚生省児童家庭局から通達され，保育内容の基準が示されていたが，幼稚園教育要領の改訂を受けて，90年に保育所保育指針も改訂され，養護的機能の明確化，乳児期の保育内容の詳細化，幼稚園にならって5領域の考え方の導入などの改訂が行われている。

　現在幼稚園も保育所も，多様な保育ニーズに対応することが求められており，幼稚園の3年保育の増加，保育時間の長時間化は，保育所との違いをわかりにくくする傾向に働いている。二元行政に対し，日本では幼保一元化の運動が戦前期からあったが，今日では幼稚園と保育所，そして幼児教室や塾といった3種類の就学前教育機関の境界がむしろ曖昧になっており，親の必要性に応じて選択される時代になってきているといえる。

> 園児数減少のインパクト

そのためには幼稚園, 保育所の実数の変化もみてみる必要がある。

幼稚園, 保育所はともに, 戦後めざましい量的拡大をとげた。幼稚園の場合, 1956 (昭和 31) 年には在園児数が約 65 万人, 園数約 6000 であったが, それ以降増加を続け, 73 年に園児数 200 万人を超えた。もっとも多かったのは 78 年で 250 万人近くまで達した。しかしこの年をピークに, 出生率の低下などのために園児数は減少を続け現在に至っている。

就園率 (小学校第 1 学年児童数のうち, 幼稚園修了者の占める比率) の推移でみると, 1956 (昭和 31) 年には 21.8 ％にすぎなかったものが年々上昇し, 79 年には 64.4 ％に達した。しかしこれ以降ほぼ頭打ちとなり, 就園率は低下傾向にある (97 年は 62.5 ％)。

保育所についてみると, 50 (昭和 25) 年には入所児童数 29 万人余であったものが, 戦後の経済復興とともに著しい増加をみせ, 55 年には 65 万人余まで増加した。その後も量的拡大は続き, ピーク時の 81 年には 198 万人余と 200 万に近くなった。その後は漸減傾向が続き, 94 (平成 6) 年には 150 万人台にまで減少したが, 最近は再び 160 万人台となっている。

このようにみると, 量的な面からみれば日本の正規の就学前教育機関の普及は一段落し, 出生率の低下とともに実数は減少傾向にあるのが実情である。

保護者が直接入園手続きをとる幼稚園, とりわけ園数で 58.2 ％, 園児数で 79.5 ％を占める (1997 年度) 私立幼稚園にとって, 園児数の減少は, 深刻な事態となっている。私立幼稚園の園児獲得競争, 必死の生き残り戦略は, さまざまな試みとなって現れている。その 1 つが 3 歳, 4 歳からの入園を増やす方向であ

る。先の表II-1においても，3歳児の幼稚園在籍率の増加が著しいことが出ていたが，2年保育，3年保育は今後ますます増加していくことが予想される。

　第2には，従来1日4時間の保育時間を標準とし（「幼稚園教育要領」），春，夏，冬期に長期休暇を設けていた運営体制を見直し，長時間保育，休暇中の開園などを行って，母親の就労にも対応していけるようにすることである。いわば保育所に近い体制をとることで，女性の職場進出といった社会情勢に対処し，幼稚園離れを防ごうというものである。1996年7月に発表された中央教育審議会第1次答申において，「女性の社会進出等が進む状況に対し，幼稚園においても保育所の目的・機能との差異に留意しつつ，預かり保育等の運営の弾力化をはかっていくことが必要となっている」とされており，これを受けて文部省は97年度から預かり保育の促進に関し予算化している。実際，文部省の調査によれば，預かり保育を実施している私立幼稚園は，97年度で46.0％に達している［全国保育団体連絡会・保育研究所，1998］。

　そして第3が，特色ある保育を行うことにより，積極的に園児を獲得しようとするものである。従来給食，送迎バス，長時間保育というのが，幼稚園の三種の神器といわれてきたが，これらに加え温水プールや体育館などいっそうデラックスな施設・設備を整えてハード面で園児を獲得しようとする園や，保育内容の面でいわゆる「目玉保育」を実践している園もみられる。さらには「早期教育」や「才能開発教育」を積極的に行っている園も増えている。具体的には文字，漢字，算数，英語，体操，絵画，音楽などの教育に力を入れる園，それに対ししつけを重視する園，またむしろ自由遊びを目玉にする園と，さまざまな特色を持たせる

努力が行われている。

　幼稚園の目的は，学校教育法において，「幼児を保育し，適当な環境を与えてその心身の発達を助長することを目的とする」（第77条）と規定されており，具体的な知識を授けることは目的とされていない。むしろ，小学校以降にはじまる普通教育を受けるための心身の健全な準備状態をつくることにあるとされている。このことに関しては，日本の幼稚園と小学校の境界には，他国ではみられない亀裂と断絶があるということもいわれている。

　しかし現実には，公的な就学前教育の量的な普及が達成された今，幼稚園教育はそれぞれの園の特色を出すために多様になっており，中には早期教育に力を入れるところも増えてきている。

早期教育ブーム

　よりよく子どもを育てようという親たちは，できるだけ早くからわが子に教育をはじめようとする。日本の現代の就学前教育を特徴づけることの1つは，人生のできるだけ早期から教育をはじめようという傾向であるといえるのではなかろうか。前述したように，幼稚園をとりまく社会環境は，何らかの知的な教育に向かわせる傾向になってきている。また現代では，ことさら早期教育と呼ばないまでも，子どもが家庭で接するものは，多かれ少なかれ教育的意味を持っているといえる。絵本やおもちゃ，テレビ番組やビデオ，CDなどには，知的な刺激を与えるものが多く含まれている。さらに積極的に，才能開発教室やおけいこ塾に通ったり，また幼児向け通信教育や玩具，絵本，ビデオ，CDなどが利用されているというように，きわめて多岐にわたっている。内容の点でも，文字，数だけでなく，音楽や英語，体操，コンピュータと多方面に広がっている。

ここで「早期教育」という言葉を整理しておこう。この言葉は「人生の早期，学齢前，就学前の幼児期に，一般にすべての幼児を対象にして行われる教育」とされる［竹内，1981］。ではこの「早期」という言葉はなにをさすのであろうか。藤永［1996］の整理を参考にしながらまとめてみると，次のようになる。

　相対的早期：常識的な「教育適期」よりも早いという意味での
　　　　　　「早期」
　　　たとえば従来小学校からはじまる漢字教育を就学前から行
　　　うとか，中学校で行われる外国語教育をそれ以前から行う
　　　といったもの。
　絶対的早期：ある年齢を特定して教育適期とする考え
　　　たとえば井深［1971］は，幼稚園入園以前に知的教育を
　　　はじめるべきとしている。
　変種1：できるだけ早くからとする「早期説」
　　　出生直後あるいは胎児からの教育が主張される。2歳以
　　　前から開始される早期教育を「超早期教育」と呼ぶ。
　変種2：ある特定の発達期や発達段階を適期とする「臨界期
　　　　　説」
　　　必ずしも早ければ早いほどよいと主張するのではなく，
　　　特定の発達期を強調する。

早期教育の背景　　乳幼児期からの知的教育というテーマについては，それなりの理論的裏づけとなる研究がなされており，早期教育の問題は1960年代以後世界的な傾向としてクローズアップされてきた。

　1つは，発達心理学の分野における動向である。1950年代まで

は，成熟を発達の基礎と考えるゲゼルなどの古典的な発達概念が主流であったが，しだいに，経験，学習，環境，文化などが発達の要因として重要な課題になり，初期の環境が重視されるようになった。60年代以後70年代にわたって，乳児を対象とした初期経験，認知の発達などの実験が多く行われている。最近では発達研究の対象が，新生児から胎児へとさかのぼり，新生児の知覚や学習能力が今まで考えられていたよりも高度なものであることも指摘されてきている。

　さらに最近の大脳生理学の知見は，人間の脳の仕組みを明らかにしつつある。脳の中には　ニューロン（神経細胞）と呼ばれる細胞があって，それが連なりあって回路をつくっており，脳の中にはニューロンが約1000億個もあるという。ニューロンどうしをつなぐのはシナプスと呼ばれる突起で，1個のニューロンには数十個から数万個のシナプスがある。このニューロンの数は胎児期には分裂して増えるが，生後に分裂することはなく，またどのニューロンがどのニューロンにシナプスをつくるかは遺伝で決まっているのだという。そして新しいことを学習するとシナプスの数が増えて，神経情報が伝わりやすくなる，つまり，学習によって，神経回路の結合が強くなって，学習されたことを伝える神経情報がニューロン間に伝わるようになる。いいかえると学習するということは神経情報を伝える経路ができるということであるが，この経路は生まれたときからあった回路に，あるニューロンを働かせることでできあがるということになる［久保田，1996］。赤ちゃんは生まれたその日から（いや胎児のときから），脳のあらゆる領域が刺激を受容して運動することでシナプスの数が増え，回路ができるのであるとしたら，これは超早期教育の根拠となる理論

である。

　もう1つは小児精神衛生からの動きも指摘できる。1962年のWHO（現・世界保健機関）で母子関係の研究の推進が提案され，イギリスの精神科医ボウルビィによって世界各国の母子関係の研究がまとめられた。それは主に施設児の問題（ホスピタリズム），すなわち母子分離による心身発達遅滞や性格形成面での精神病理学的諸現象に関する諸問題をとりあげたものであった。その後，現代社会では施設にかぎらず一般家庭においても，精神的な面での母子分離が起こりうるとし，乳児の愛着行動（アタッチメント）などに焦点をあわせた研究が数多くなされるようになった。母親不在という病理現象から出発し，乳児期の子どもに対する母親の働きかけがその発達を促すのだという点に研究の視点が発展していったのである。

相対的早期教育をめぐる議論

　・○○○○のこども英会話——始めるのが早いほど上達がはやいから
　・吸収力の強い今，遊びながら英語にふれられてよかった——○○○○ちゃん（3歳）のお母さまより
　・柔軟で吸収力のある今が，英語を始めるチャンスです（小学校2年生コース）
　・英語の基礎づくりは9歳以前から始めるのがよいとされています。英語に慣れ親しむのに，小4こそ絶好のスタートの機会（小学校4年生コース）

　上に紹介したのは，幼児もしくは小学校から英語をはじめることをすすめた，相対的早期教育のキャッチフレーズである。いずれも従来の英語教育開始年齢より早い時期の方が，上達が早いことを謳っている。

しかし英語教育の効果については，現在のところめぼしい体系的研究はみあたらないのが現状であり，何となく早期教育に効果がありそうだというのが通念となっていると考えられる。

　漢字教育については，週1回保育時間中に石井方式（幼児期における漢字教育の必要性を唱える石井勲が実践している漢字教育）によって漢字を教えられた幼稚園児と，一般の園児の読字力を比較した研究がある。それによれば漢字教育を受けた子どもほど多くの漢字が読めるが，その後も継続した学習が行われなければ，小学校入学後ではその差は消失してしまうという結果であった［黒田，1972］。漢字を覚えたということが子どもの成長発達にとって何を意味するのか，知的な発達にどのようにかかわるのかということも十分にわかっていない。しかしこの方式は，既成の国語教育の常識，先入観（たとえば「読み」の教育と「書き」の教育は同時に行われるべきであるといった）をうち破る示唆を与えたことに意義があるといわれている。

　そもそも言語教育については，それを開始するのがなぜその年齢なのかということが厳密な学問的検討を経て決定されているわけではない。実際，英語教育は，2002年からスタートする新学習指導要領で，小学校の「総合的な学習の時間」の中で国際理解の一環として実施されることになっており，今後教科の1つとなる可能性も十分考えられる。開始時期の決定は相対的であるがゆえ，時代や社会の要請によって変化していくことは当然考えられる。ともかく言語の教育については，言語を学ぶ意味，人間にとっての言語の意味といった原理的な問題がまず検討されていかねばならないであろう。

絶対的早期教育をめぐる議論

ふたたびキャッチフレーズを紹介しよう。下にあげるのは，いわば絶対的早期教育に分類されるいくつかの幼児教室のものである。

- 0歳からのスタート──ゼロに無限大のプラスアルファを
- 0歳以降の才能発達は胎児の時からすでにスタートラインに立っています
- 幼児・児童頭脳開発──持続集中力のある，1人でコツコツと勉強して何事にも対応できる強いかしこい子供に育ちます

ここでは絶対的早期教育の効果が謳われている。2歳台で本の1人読みができるようになったとか，小学校入学前に中学生が学習するような方程式はおろか高校課程の内容まで学習しているといった例などが，早期教育の最大手の教室の出版物などに紹介されていることもある。しかしこれらのことがその教室の教育を受けた子どものどの程度にみられるのか，そしてこのような子どもたちがその後どのような人生を歩んでいるのかは，じつはあまり明らかではない。

逆に，早期教育の弊害が指摘されることもある。古くは父親から徹底した早期教育を受け，20歳で強いうつ状態に陥ったイギリスの思想家 J. S. ミルの有名な話がある。また最近では，アメリカの児童心理学者のエルキンド［1991］は，早期教育が天才をつくるという考え方を裏づける結果は何一つ出てきていないばかりか，下手な早期教育は子どもが大切な発達課題を乗り越えていくのを妨げる可能性があるという手厳しい警告を行っている。

日本でも，汐見［1993］は早期教育が知識と経験のアンバランス，感情と論理のアンバランス，子どもの自主性，自発性との矛

盾といった難しい検討課題を含んでいることを指摘している。最近ではもっと激しく早期教育に反対する立場から、最大手の早期教育教室の問題点を告発した本なども出されているのが現状である。

低年齢化する進学準備教育

早期教育に関して現在のところ、その効果に関する確たる証拠が出されているわけではなく、賛否両論がうずまいているわけであるが、できるだけ早くから子どもに教育的働きかけを行っていこうという流れは強まるばかりである。このような状況を生みだしている1つの大きな要因が、少子化とからんだ受験年齢の低年齢化である (*Column* ❻)。

数年前、小学校受験をテーマにした「スイートホーム」というドラマが、高い視聴率で話題になった。その後、中学や高校そして大学への受験と幼稚園や小学校への受験を区別する言葉として、「お受験」という言葉がよく使われるようになった。

子どもの数の減少により、とくに私立幼稚園の生き残り競争が厳しくなっていることは前に紹介した。しかし一部の有名国公立・私立幼稚園、小学校には、入園（学）をめざす親子が殺到しており、受験ガイドブック、ワークブック、受験準備のための幼児教室、塾などが大変な盛況である。1998年度の小学校の入試倍率をみると、お茶の水女子大学附属小学校の55倍を最高に、国公立大学の附属小学校や私立で名門といわれる学校は、10倍以上という学校がめずらしくない。倍率だけからいえば、小学校受験はおそらくもっとも入ることがむずかしい入学試験であろう。子どもの数の減少などどこ吹く風といった人気である。

国公立大学附属小学校、私立小学校受験熱の1つの理由は、と

くに私立小学校にみられる各学校独自の個性ある教育方針の魅力である。公立学校のどちらかといえば画一的な教育に対し，外国語教育をはじめさまざまなかたちで特色を出している私立学校に人気が集まるわけである。それに加え少人数の学校が多く，教員と子どもの人間関係が密であり，1人ひとりに目が行き届くことも魅力となっている。

人気のもう1つの理由は，上級学校への進学に有利ということである。小学校受験のためのガイドブックをみると，上級学校への進学状況が紹介されている。中には中学進学状況だけでなく，系列の高校に進学した際の大学進学実績まで書かれているものもある。この有利さということには，難関大学への受験に有利とい

Column ❻　少子化の現状

　日本の合計特殊出生率（15歳から49歳までの女子の年齢別出生率を合計したもので，1人の女性がかりにその年次の年齢別出生率で一生の間に子どもを産むとした場合の平均子ども数）は，戦後の第1次ベビーブームの時期をすぎた1950年ごろから急速に低下をはじめ，50年代半ばに2をやや超えるくらいまで下がったのち，70年代半ばまでは安定的に推移していたが，その後再び低下をはじめ，現在まで基本的に下がり続けている。96年現在の合計特殊出生率は1.43と，人口を維持するのに必要な水準である2.08を大幅に割り込んでいる。

　出生数も同様に1950年ごろから急速に低下をはじめ，50年代後半から60年代前半にほぼ安定的に推移したのち，60年代後半から70年代前半には，第1次ベビーブーム世代が出産期を迎えたため増加したが，74年からふたたび減少をはじめ，現在に至っている。年間出生数は，第1次ベビーブームの頂点で270万人，第2次ベビーブームの頂点で209万人を記録したが，96年では121万人まで減少している。

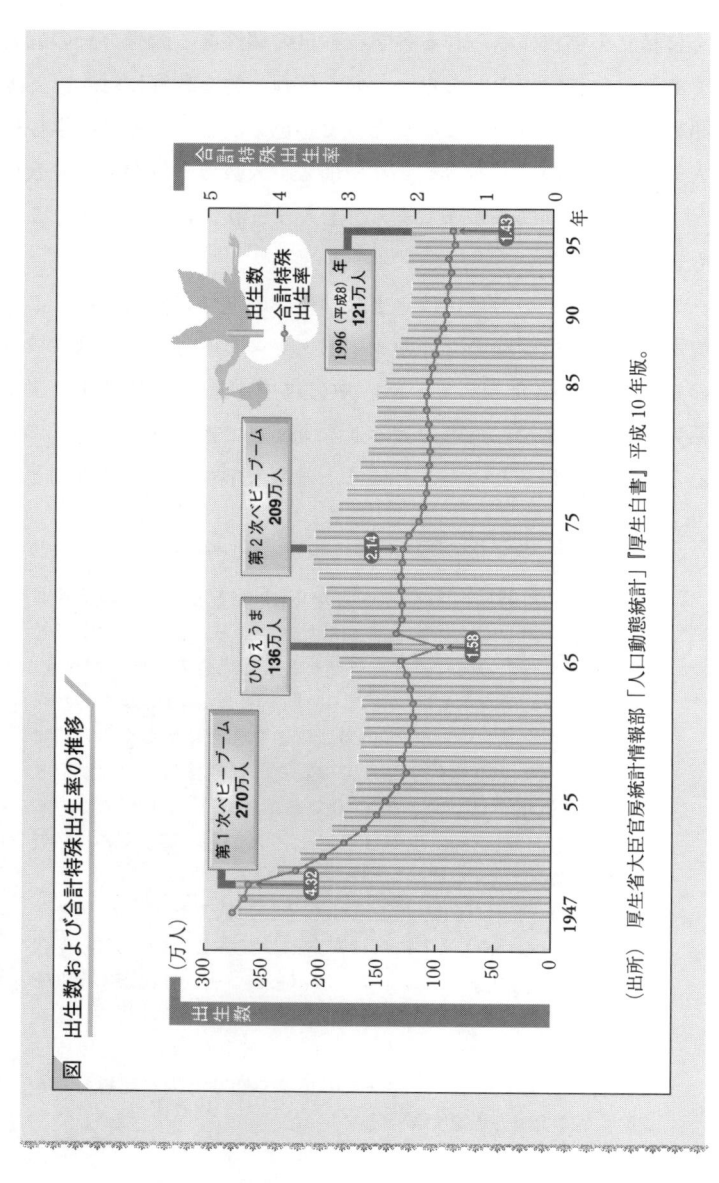

図 出生数および合計特殊出生率の推移

合計特殊出生率

出生数（万人）

第1次ベビーブーム 270万人

ひのえうま 136万人

第2次ベビーブーム 209万人

出生数
合計特殊出生率

1996（平成8）年 121万人

4.32
1.58
2.16
1.43

(出所) 厚生省大臣官房統計情報部「人口動態統計」『厚生白書』平成10年版。

う面と，小学校（もしくは幼稚園）に入ってしまえばエスカレーター式に大学まで行けるという2つの魅力がある。少子化は受験競争をより限定化，早期化していくといわれている［耳塚，1995］。高等教育という器全体としてみれば，少子化によってそこへの入学は容易になっていくが，エリート大学をめざす受験競争は衰えることなく，むしろますます低年齢の子どもをまきこんでいくことになると予想される（➡ **Part IV** · *Stage 3*)。

受験競争の低年齢化の問題

小学校入試がどのような選抜方法をとっているかを少し紹介してみよう。おおまかには実技（運動，制作など），行動観察，口頭試問，筆記試験，面接などが行われている。内容をみると，話を聞かせた後設問に答えさせる問題，数の多少，和や差，分割の問題，仲間分けや季節・行事，道徳・しつけなどの常識をみる問題，系列完成や科学性といった推理や思考をみる問題，絵やスライドをしばらくみたあとで設問に答える記憶の問題，図形合成や同図形・異図形発見といった構成力・観察力をみる問題，課題制作，模写などをさせる巧緻性をみる問題，課題遊びをさせ社会性をみる問題，口頭試問のかたちでお話をつくらせたり，同頭語・同尾語・反対語をいわせる言語に関する問題，運動機能の発育状態や模範演技をみて指示どおり行動する力をみる問題など，じつに多様である。

このような難関を突破するための対策として，ガイドブックは幼児教室や塾の徹底活用とワークブックによる復習，公開模擬テストの有効活用，制作・実技・運動機能を遊びの中にとり入れての練習，そして保護者の準備をすすめている。中学校以降の学校への受験勉強と変わらない方法であるが，とりわけ保護者の受験

に対する姿勢が強調される。したがって小学校入試は親の入試でもあるといわれている。

それでは，受験競争の低年齢化は，どのような問題をはらんでいるのだろう。ここでは3つの問題を指摘しておこう。1つは，これは首都圏という，きわめて限定された地域で行われているということである。関西圏にも小学校受験はみられるが，首都圏に比べればそれをめざす人口の点でも，熱意の点でも首都圏にはとうてい及ばない。現在子どもをめぐる情報環境は，地域差をむしろ少なくする方向に動いており，テレビやビデオ，絵本，おもちゃ，通信教育などは，日本のどこにいてもふれることができる。ところが受験競争は地域格差が大きく，このことはエリート大学への接近可能性の地域格差が大きいことにつながっていくことになる。受験競争が低年齢化することは，教育機会の平等性の面で好ましくない傾向をもたらすといえるのではなかろうか。

教育機会の不平等は，階層的な不平等の問題というかたちでも現れる。小学校入試の選考方法を先に紹介したが，たとえば筆記試験は知能検査に近いものが多く，口頭試問や実技を含め，塾などに通って準備することがどうしても必要になる。そのためにかかる費用，そして私立の場合には40万から100万円という初年度納付金を考えると，保護者の費用負担はかなり大きいものである。また親の入試でもあるといわれる小学校入試では保護者にも面接を行うところが多く，なかには子どもと同様に行動観察がなされたり，アンケートやレポートを提出させる学校もある。このようなことに時間と労力を割くことのできる保護者の階層というのは，おのずと限定されてくる。

第3は，受験というものが子どもの人間形成にどのような問題

をもたらすかということである。その国の試験のあり方というのは、子どもたちの教育や人生に対する姿勢をつくっていくといえる。日本の入学試験のあり方は、「やった」か「しまった」かしかない。選抜試験である入学試験はみなそうではないかといわれるかもしれないが、たとえばイギリスの大学入学資格試験であるGCSE試験は、科目ごとに合格が決定され、競争試験というよりはむしろ資格試験に近いものである。日本の子どもたち、そして保護者を追い込んでいる強い感情は、「他の人に遅れてはいけない」「入学試験で失敗したらろくな人生しか用意されていない」といった脅迫観念のようなものである。人生の早期に競争試験を経験するということは、このような心性をより強固にしてしまうことにつながっていないだろうか。

Think Yourself

1. 現在幼稚園と保育所の在籍率を合わせると、5歳児で95％を超えているが、義務教育開始年齢を1年早めることについて、あなたはどのように考えるか。
2. 早期教育の効果というものは、学問的にはかならずしも明らかになっておらず、むしろ弊害も多く指摘されるのに、それに傾倒する親が出てくるのはなぜだと思うか。
3. 受験年齢が低年齢化することは、教育機会の平等性の面でどのような問題をもたらすかをまとめてみよう。

Stage 3 商品としての子ども・子育て

幼児教育の産業化

共同通信社提供

わが国の育児支援と育児産業

子どもの教育に対して親が責任を持たねばならない社会というのは，子どもに対して社会的に注意が払われる社会である。このことは産業界の側からいえば，子どもや子どもの教育が商品化される可能性を意味する。育児の商品化はすでに，粉ミルク，おもちゃ，子ども服，児童書，理想の子ども部屋というようなかたちで，教育家族が成立したとされる大正期に起こっていたという［沢山，1990］。

しかし，日本で育児に対して社会の側からの新たな育児支援の動きが起こってきたのは，1990年代である。汐見［1996］は，育児支援をその担い手や目的によって，3つに類別している。

　1つは国や自治体がみずからの責任で，主として税金を使って行う社会的な支援で，保育所や保育ママへの行政上の整備や財政負担，公の機関が行っている育児相談，保健所などが行う両親学級・母親学級などである。2つ目は，「子どもの虐待防止センター」の活動にみられるような，民間で自主的に育児を支援しようとする動きである。3つ目は，最近急速に増えている乳幼児のためのおけいこごと教室や育児雑誌の発行など，民間業者による営利的な商業ベースの支援である。

　この中でわが国は，第3の**育児産業**〔★〕による商業的支援に依存する比重が高い国であるということができるだろう。先に紹介した早期教育や進学準備教育を具体的に行っているのも，公的な就学前教育機関よりも産業として行われているものが圧倒的に多い。汐見は育児産業を「出産または乳幼児の育児に関係のある財貨やサービスを提供する産業」と定義し，その内容を次のように分類している。

　　①育児必需品産業——おむつ，ベビーベッド，乳母車，ベビー食料，子ども用寝具など，とくに新生児・乳児期に必要な育児用品を製造・販売する産業
　　②子ども用品産業——玩具，子ども用衣類，子ども用クツなど，ある程度育ってきた子どもの生活に関係する品物を製造・販売する産業
　　③子ども教育産業——習い事，能力開発の教室，受験準備のための教室など。なお子ども用図書や通信添削，教育用玩具なども

この中に入れるとわかりやすい
　④育児情報産業——育児書，育児雑誌，育児用ビデオの制作・販売などの産業
　⑤育児援助産業——保育園，ベビーシッター派遣業，ベビーホテルなど
　⑥子どもレジャー産業——子ども用旅行あっせん，子ども用レストランなど
　⑦子どもサービス産業——子ども用美容室，子ども用フィットネスクラブなど
　⑧その他

　この中でとくに最近注目されるのが，③，④，⑤すなわち育児雑誌の隆盛と子ども教育産業の流行，および民間の育児支援サービス業の急速な成長である。また②もパソコンの家庭への普及とあいまって，いわゆる電子おもちゃが業者の関心を集めつつあるという。

　育児産業というものを通して，現在の日本の親の育児困難や子育ての問題点がみえてくる。以下では日本の育児産業の現状とそこからみえることを検討したい。

子ども教育産業の興隆

　育児産業の中でとくに興隆の著しい子ども教育産業について少しみてみよう。ある調査によると，「習い事をしている」子どもは，年少児（幼稚園年少児クラスと保育園3歳児クラスの子ども）で36.2％，年中児（幼稚園年中児クラスと保育園4歳児クラスの子ども）で57.7％であり，年長児（幼稚園年長児クラスと保育園5歳児クラスの子ども）では67.4％にのぼるという［ベネッセ教育研究所，1998］。1人あたりにすると年少児が1.5個，年中児，年長児で1.7個の習い事をしていることになる。習い事の内容をみると，「スイミングス

クール」がもっとも多く，年少児では次に「月1回教材が届く通信教育」，そして「スポーツクラブ，体操教室」「バレエ・リトミック」「教材を一度に購入する通信教育・教材」となっている。年長児になると，「スイミング」の次が「楽器の個人レッスン」「スポーツクラブ，体操教室」「月1回教材が届く通信教育」，そして5番目に「幼児向けの音楽教室，英会話などの語学教室や個人レッスン」が登場する。平均開始年齢を計算すると，「スイミングスクール」が4.0歳，「楽器の個人レッスン」が4.8歳，「幼児向けの音楽教室，英会話などの語学教室や個人レッス

Column ⑦　習い事をはじめる理由

　子どもが習い事をするのは何歳ごろから，どのような理由ではじめるのだろうか。次の図は，主な4つの習い事について，その平均開始年齢とはじめた理由を示した調査結果である。

　"スイミングスクール"は「体力づくり」，"楽器"（ピアノやバイオリンなどの個人レッスン）は「情操・音感育成」「子どもの希望」「知力・能力・技能育成」，"英会話などの語学教室や個人レッスン"は「国際化時代のため」「将来の勉強や仕事に役立つので」などをあわせた「将来役立つ」と「知力・能力・技能育成」，"月1回程度，定期的に教材が届く通信教育"は「子どもの希望」と「実績があり安心なシステムなので」「費用が適切なので」などの理由をあわせた「手軽さ・安心」が高くなっている。

　ここで「人づきあい」とされているのは，「子どもの友だちづくりのため」「友だちと一緒なので」「自分（親）の友だちと出会うため」「親子で楽しみたいから」をさしている。数値はそれほど高くないが，4つの習い事のいずれにも共通した理由としてあげられている。子どもと親の双方にとって，習い事が人間関係をつくるきっかけとして用いられていることがわかる。

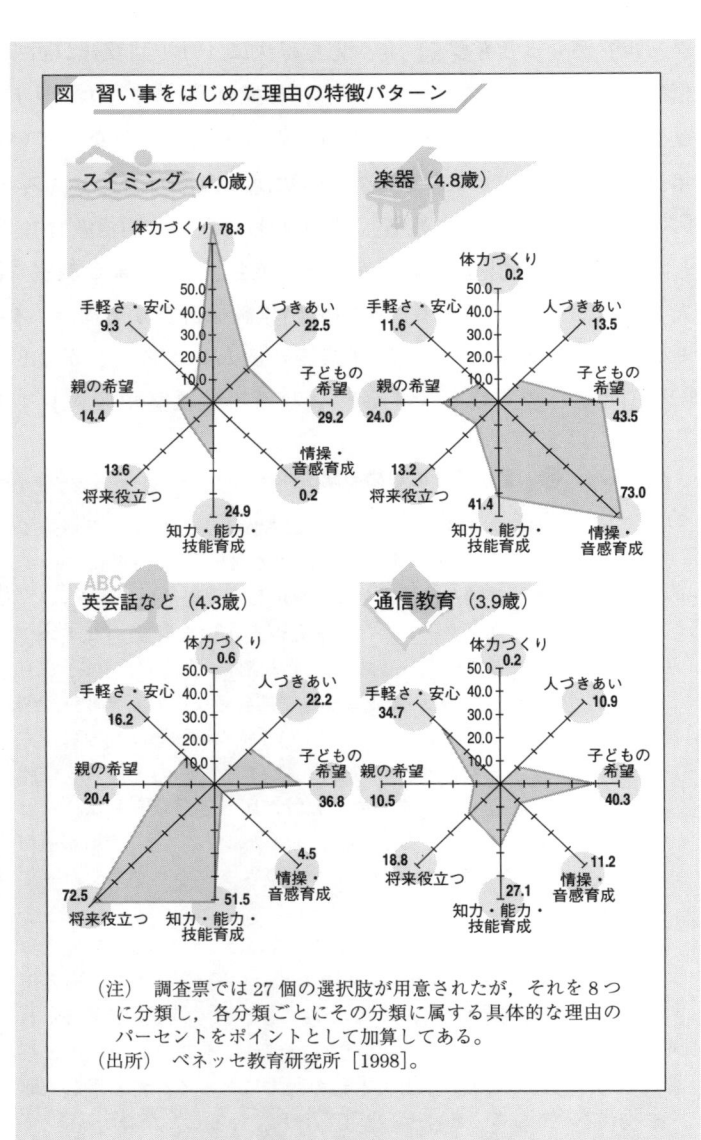

図　習い事をはじめた理由の特徴パターン

スイミング（4.0歳）
- 体力づくり 78.3
- 人づきあい 22.5
- 子どもの希望 29.2
- 情操・音感育成 0.2
- 知力・能力・技能育成 24.9
- 将来役立つ 13.6
- 親の希望 14.4
- 手軽さ・安心 9.3

楽器（4.8歳）
- 体力づくり 0.2
- 人づきあい 13.5
- 子どもの希望 43.5
- 情操・音感育成 73.0
- 知力・能力・技能育成 41.4
- 将来役立つ 13.2
- 親の希望 24.0
- 手軽さ・安心 11.6

英会話など（4.3歳）
- 体力づくり 0.6
- 人づきあい 22.2
- 子どもの希望 36.8
- 情操・音感育成 4.5
- 知力・能力・技能育成 51.5
- 将来役立つ 72.5
- 親の希望 20.4
- 手軽さ・安心 16.2

通信教育（3.9歳）
- 体力づくり 0.2
- 人づきあい 10.9
- 子どもの希望 40.3
- 情操・音感育成 11.2
- 知力・能力・技能育成 27.1
- 将来役立つ 18.8
- 親の希望 10.5
- 手軽さ・安心 34.7

（注）調査票では 27 個の選択肢が用意されたが，それを 8 つに分類し，各分類ごとにその分類に属する具体的な理由のパーセントをポイントとして加算してある。
（出所）ベネッセ教育研究所 [1998]。

ン」が4.3歳,「月1回教材が届く通信教育」が3.9歳になる(*Column* ❼)。

これらの活動にどのくらいの費用がかけられているかをみてみよう。文部省が1994年度から隔年で実施している「子どもの学習費調査」の96年度の結果によると,幼稚園(4,5歳児)に子どもを通わせている保護者の年間の「学校外活動費」は,公立で約10万4000円,私立で約16万8000円となっている。学校外活動費は「補助学習費」(家庭内学習費,通信教育を含む家庭教師費など,学習塾費,その他)と「その他の学校外活動費」(体験活動・地域活動,芸術文化活動,スポーツ・レクリエーション活動,教養・その他)からなっており,補助学習費に公立で年間約3万9000円,私立で5万7000円,その他の学校外学習費に公立で約6万5000円,私立で約11万1000円かけられている[文部省,1998]。幼稚園児については,補助学習費の占める比率よりも,その他の学校外活動費の占める比率が6割以上と大きくなっている。

4歳児と5歳児を比べると,公立の4歳児の学校外教育費が年間約8万円,5歳児が約12万1000円,私立の4歳児が約13万4000円,5歳児が約20万円となっており,5歳児になると学校外教育費に多く支出されるようになる。また5歳児になると,補助学習費の占める比率が大きくなり,知的な教育に力が入れられる傾向もある。

育児産業の興隆を支えるもの

現在日本では,子育て全体が育児産業が提供するサービスぬきには成立しなくなっているといえる。もちろんこのことの背景には,本格的な産業構造の転換を迫られてきた企業が,新し

い産業分野を求めて育児・子ども関連業を模索しているという状況もあるが，ここでは家庭や親の側からみえてくることを検討してみよう。

　第1に，育児に対する商業的援助が興隆しているということは，産業の側からいえば育児あるいは子どもが商売の対象になるということである。現在少子化が進行しているが，親は少ない子どもに集中的にお金をかけられるようになっている。

　子どもにお金をかけるためには，親に経済的余裕ができることが前提である。日本の高等学校への進学率そして少し遅れて大学や短大などの高等教育への進学率が急激に上昇したのは，わが国の高度経済成長期であった1960年代であった。また97年度の国民生活選好度調査によると，世帯の年収が上がるにつれて，子どもに高い教育を受けさせたい者の割合も上がっている（図Ⅱ-3）。子どもの教育に対して親がお金をかけられるようになることが，教育産業が成立する前提であろう。

　しかし年齢の低い子どもを対象とする教育産業については，だれでもある程度お金をかけることが可能である。なぜならば就学前の習い事や通信教育などは，後の教育にかかる費用などと比べればそれほど高くないからである。先のベネッセの調査の結果であるが，世帯の年収と習い事にかける費用との関連をみると，たしかに年収が高くなるほど1万円以上支出する割合が高くなっているが，年収が2000万円未満の家庭では，どの年収層においても習い事の月額の中心ゾーンは，5000円から1万円であるという結果になっている。家計に占める割合が多少高くなっても，習い事にかける費用は削られていないようなのである。習い事や通信教育については，どの年収層もある程度のお金をかけているこ

図 **II-3** 世帯年収と子どもに受けさせたい教育の程度

(%)

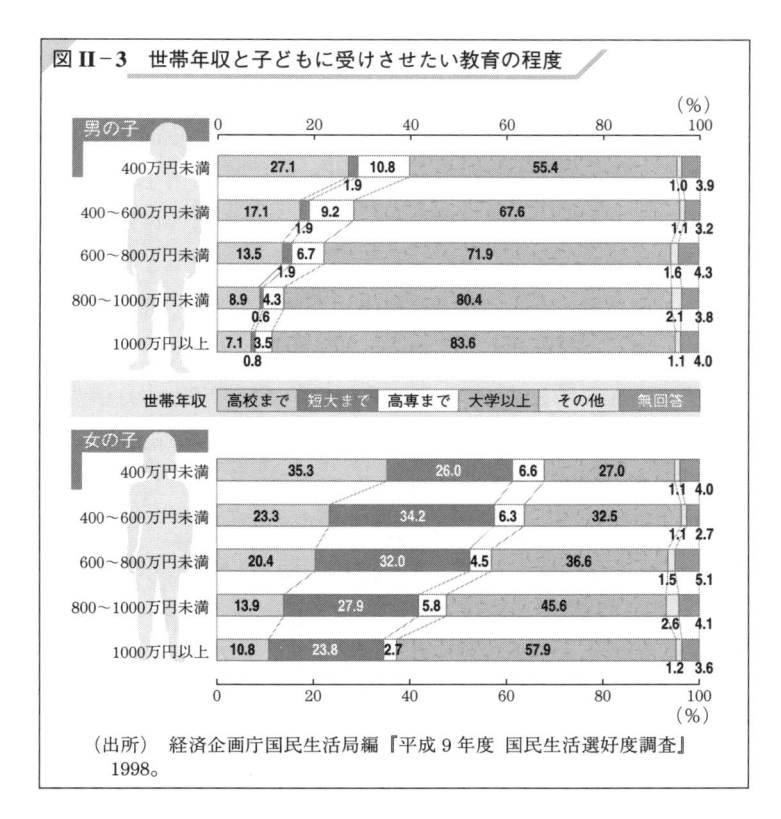

男の子

世帯年収	高校まで	短大まで	高専まで	大学以上	その他	無回答
400万円未満	27.1	10.8	1.9	55.4	1.0	3.9
400〜600万円未満	17.1	9.2	1.9	67.6	1.1	3.2
600〜800万円未満	13.5	6.7	1.9	71.9	1.6	4.3
800〜1000万円未満	8.9	4.3	0.6	80.4	2.1	3.8
1000万円以上	7.1	3.5	0.8	83.6	1.1	4.0

女の子

世帯年収	高校まで	短大まで	高専まで	大学以上	その他	無回答
400万円未満	35.3	26.0	6.6	27.0	1.1	4.0
400〜600万円未満	23.3	34.2	6.3	32.5	1.1	2.7
600〜800万円未満	20.4	32.0	4.5	36.6	1.5	5.1
800〜1000万円未満	13.9	27.9	5.8	45.6	2.6	4.1
1000万円以上	10.8	23.8	2.7	57.9	1.2	3.6

(出所) 経済企画庁国民生活局編『平成9年度 国民生活選好度調査』1998。

とがわかる。乳幼児を対象とする子ども教育産業が興隆する背景には，このような費用の点での手軽さ，接近可能性がある。

親の自己実現としての子育て

　もう1つ指摘できるのは，乳幼児対象の教育は親にとって成果がみえやすいということである。このことの背景には，親にとって子どもを育てることがどのような意味を持つのかという大きなテーマが広がっている。

　サラリーマン家庭が増え，子どもの教育が家族の中心的な仕事

となったとき，親にとって子どもを育てることの意味は変わったといってもよい。労働力として期待されず，家業を継ぐ者でもない子どもを育てるということは，子どもは育てている間，親に楽しみを与えてくれる存在すなわち消費財になったことを意味する。いいかえると子育ては親に生きがいを与えてくれるものとなった。

　子育てが親の生きがいとなったとき，子どもはよりよく育てられることが必要になる。なぜならば，子どもをうまく育てることによって親の満足も高まり，親の生き方それ自体が肯定されたような感覚が生まれるからである。この意味では，子どもは消費財になったというより，子どもをよりよく育てることが親の「名誉」となって返ってくるという意味で，「名誉財」になったと考えるべきかもしれない［山田，1997］。子どもをよりよく育てることは，子どもにとってというより，親とりわけ母親自身が自己充足感，達成感を持つことにとって重要なことになったのである。

　子どもをよりよく育てることの成果がもっとも実感しやすいのは乳幼児期である。小学校，中学校あるいはそれ以上に進んでいくにしたがい，子どもの勉強のでき・ふできやそれ以外の子どもの能力などが目にみえるかたちで示されてくるし，親がかかわることができる部分は少なくなっていく。しかし乳幼児期はできないことが多い分，子どもの可能性はまださまざまな方向に開かれている（ように思える）し，この時期子どもにいろいろやらせてみることによって，子どもを一所懸命育てているという気になる。早期教育なども実際の効果はまだ明らかになっていない面が多く，その弊害が指摘されることもあるにもかかわらず，とりあえずいろいろなことができるようになることに親は満足を感じる面が大きいと思われる。育児産業の興隆の背景には，「子どものため」

というよりも「自分（親）のため」によりよく子どもを育てたいという事情がある。

> 現代の母性的養育の欠如

最後に，育児産業の興隆の背景にはもう少し切実な事態もひそんでいる。それは現代において母親が子育てを行っていくことのむずかしさである。

現在の日本では，母親が子どもを育てることに不安感や忌避感を強めているといわれる。大阪府南部のある市で，1980年に生まれた約2000人の子どもを，乳幼児健診，小学校入学後健診と6年間にわたり追跡調査した研究がある。一般に「大阪レポート」と呼ばれているこの調査結果では，現代日本の親子関係には「母性的養育の欠如 (maternal deprivation)」がさまざまな側面でみられることが明らかになった［服部・原田, 1991］。ここでいう母性的養育の欠如というのは，乳幼児期に，母親またはそれに代わる母性的養育者との関係が密接かつ持続的で，しかも両者が満足と幸福感によって満たされるような状態が子どもの精神的健康の基本には必要であるが，それが欠如した状態をさしている。

レポートでは，母性的養育の欠如には，母親の育児に対する不安からくるものと，母親の体罰や厳格さ，または虐待の傾向を持つものの2つがあるという。このうち**育児不安**〔★〕は，育児への関心の高さや熱心さがあるゆえに生じてくる現象であり，育児不安をもたらす要因としては，①子どもの要求がわからないこと，②具体的心配ごとが多いこと，③その心配ごとが解決されないこと，④子どもとの接触経験や育児の手助け経験などが不足していること，⑤夫の協力が少ないこと，などがあるという。育児に熱心であるがゆえに，育児を知的に理解しようとしたり，社会のめ

Stage 3 商品としての子ども・子育て

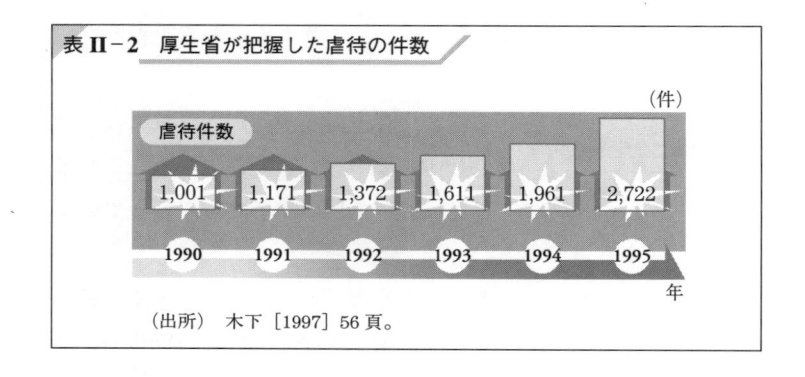

表 II-2　厚生省が把握した虐待の件数

虐待件数						(件)
1,001	1,171	1,372	1,611	1,961	2,722	
1990	1991	1992	1993	1994	1995	年

(出所)　木下 [1997] 56 頁。

まぐるしい変化と多くの情報源の中で育児知識を遅れずにとり入れようと懸命になり，子どもとの自然な親しみが育たず，相談する相手がないままに不全感や焦燥感を高めているという姿が浮かんでくる。

　もう1つの虐待につながるものについては，データを示そう。「子どもをしかるとき，打つとか，つねるとか，しばるというような体罰を用いますか」という問いに「はい」と答えた率は，10カ月健診で32％，1歳半健診で58％，3歳半健診で67％，入学後健診で66％という高率になっている。これは **児童虐待** [★] の土壌が日本でもできつつあるということで警戒すべきこととして指摘されている。実際に児童虐待については，厚生省が1990年から全国175の児童相談所で把握した虐待ケースを集約するようになった。件数の推移を示した**表 II-2**によると，その数は確実に増加している。しかもこの数は実際の数値のうちの，ほんの一部にすぎないと多くの関係者はみている [木下, 1997]。

　現代は母親が子どもを育てることに，強いストレス，疲労感が伴うようである。このような傾向が強くなってきていることに対

して，現代の女性に母性そのものが欠如してきているとか，仕事を持つ母親が増えて子どもとの十分な愛着関係がつくられていない，という説明を持ってくることは適切ではない。なぜならば育児不安の多くは，育児を放棄しているからではなく，育児に熱心だからこそ生じてきていると考えられるからである。また「大阪レポート」では，母親の就労は子どもの発達に悪影響を与えないことを明らかにしている。現代だからこそ生じてきている育児のむずかしさは，何が原因なのであろうか。

子育てに対する支援の必要

日本がまだ近代化する以前の伝統社会では，子育ては地域全体で行われていた。子どもは産みの親だけが育てるのではなく，出産のとき子どもをとりあげてくれた人（取上親），お乳をくれた人（乳親），子どもに名前をつけてくれた人（名付親）などの仮の親がつくられた。現在でも日本各地に残っているさまざまな産育習俗行事（宮参り，食初め，七五三など）は，人間だけでなく神々まで参加してもらって子育ての協力関係がつくられていた時代をうかがわせるものである。子どもを育てることはもともと私事ではなかったのである。

ところが現代では，子育てはもっぱら各家庭，親にその責任があるようになっている。また子どもを育てる環境としての地域はほぼ解体しているに等しく，親とくに母親は密室に近い環境で育児に奮闘するしかない。汐見［1996］は子どもの成長に必要な社会化を，家庭での養育やしつけなどによって遂行される1次的社会化，地域や近隣の人間関係や遊び，親の仕事への参加などによって遂行される2次的社会化，そして学校教育の中で実現される3次的社会化に区分し，今日の社会ではこのうち2次的社会化が

うまく実現できておらず,そのため従来自然に遂行されてきた2次的社会化の内容を,家庭と学校とが分担して引き受けねばならなくなっており,それが家庭での育児を過重にして育児疲労感や育児忌避感を生み出していると主張している。

早期教室やおけいこに子どもを通わせる母親たちの動機の1つには,実際のところ狭い家庭の中で1日中子どもと接するという密室の育児から脱したいということもあるのではないかと思われる。通信教育の教材とともに送られてくる母親向けの冊子には,子どもの教育や子育てをめぐってから嫁−姑関係の悩みに至るまで,自分の考えを出し合ういわば紙上井戸端会議のようなコーナーがかならずある。育児産業は母親の育児上の不安やストレスを軽くすることにうまく働いている側面があるといえる（➡ **Part III** · *Stage 2*）。

このように考えると,今日ほど母親の育児あるいは家庭教育に対して支援が求められている時代はないといえる。商業的支援に対しては,現在家庭は最後に残された教育という機能さえも外へ放り出そうとしている,たとえば子どものことばかりに時間をとられたくない母親の育児の手抜きやしつけ放棄を促進するものだといった批判も可能である。たしかに育児サービスを買うのは母親の方であるから,母親の都合で商品が選ばれるという面は否定できない。

しかし今日母親は子どもを育てることにほとんど全責任を負い,その失敗も責められる立場にある。子どもの問題行動が多発していることをとりあげ,その原因に「家庭の教育力の低下」や「親が子どもをしつけられなくなった」ことをあげる一般的な議論がその典型である。しかしこの議論は,子どもの教育責任を担いき

れない母親にさらに育児不安やストレスを強めることになったり，早期教育や受験準備教育熱にますます拍車をかけることになりかねない。現在必要なのは，個々の家庭や母親が商業的援助に頼るのではなく，社会全体として育児支援をすすめていくことであろう。

具体的には，親の側としては，母親が密室状態で1人悩みながら子育てをしないですむようなネットワークづくりが大切である。また子どもの側としては，崩壊したに等しい2次的社会化の場を，家庭と学校の教育力を強化するというかたちではなく，どのようなかたちで保障していくかが重要になると思われる。ただしこの場合留意しなければならないことは，ここで用意される場は最初はおとなの側が用意したものであり，また途中でおとなが介入するべき場面が出てくるかもしれないが，基本的には子どもがつくる社会であるべきだということである。イントロダクションで紹介したくまのプーさんが私たちに教えてくれるのは，子どもだけの時間，子どもだけの社会が持つ子どもの育ちにとっての重要性である。子どもに自分たちのつくる世界の中で育つ時間を保障することが何より必要なのであろう。

問い直される教育家族

あわせて考えねばならないことは，親にとっての子どもの位置づけの問い直しである。今日就学前教育をはじめとして教育をめぐる問題の多くは，母親が子どもをよりよく育てようとしているがゆえに生じてきている問題であるといえる。「子どものために」イデオロギー［山田，1997］にもとづいた子育ては，子どもにとってもまた母親にとっても多くの問題をもたらすようになった。自分の子どもさえよければよいという考え方では，もう子どもはうまく育たなくな

ってきているのである。

　今日さまざまな分野で，近代社会が生み出してきたもののほころび，機能不全が目立ってきている。教育家族もまさにこの状況下にある。子どもをよりよく育てたいという親の願い，これがじつは現在子ども自身の育ちをむしろ阻害する方向に働いていないか。親の自己実現の追求が子どもの自己実現の可能性を妨げていないか。このことが厳しく問われなければならない。強烈なわが子意識に裏づけられた教育家族は，今日大きな問い直しを迫られているといえるのではないだろうか。

Think Yourself

1　育児産業がさかんになり，子育てが産業化する背景についてまとめてみよう。

2　最近家庭の教育力が低下してきている（親は子どもをうまく育てられなくなってきている）という指摘がされることが多いが，あなたはそれについてどう考えるだろうか。

3　ステージ1もあわせて，「教育家族」とはどのような特徴を持った家族かをまとめてみよう。そして教育家族における子育てはどのような特徴と問題点を持っているかもまとめてみよう。

知識編 幼児教育の社会学・入門

社会化に関する理論：「家族と社会化」研究

社会化（socialization）は，社会学の中の重要な概念であり，パーソナリティ，社会，文化の全体的関連を考える際の有効な概念である。社会化の一般的な定義は，本論の中に紹介したとおりである。社会化の言葉の定義は実際は論者によって多少の食い違いがみられるが，共通しているのは，①社会化は成員性の習得である，②社会化は，それゆえに基本的に学習の過程である，③社会化は，他者との相互作用を通してパーソナリティを社会体

系に結びつける過程である、という見方である [柴野, 1997]。

社会化に関する代表的な理論をいくつか紹介しよう。

まずは個人の集まりである社会が途絶えることなく存続し、更新されるという社会の機能に重点をおいたデュルケム [1976] の考え方である。彼は、社会が組織的に行う社会化作用によって社会が維持存続されると考えた。そして教育はその際重要な役割を果たすと考え、教育を「若い世代に対して行われる一種の組織的ないし方法的社会化（socialisation méthodique）」とした。

デュルケムが「人間が社会によってつくられる」という側面を強調し、人間の側の動機づけ過程を重視しないのに対し、フロイトは、エゴ（自我）が外的対象を取り入れる内面化のメカニズムに注目した。

精神分析の創始者であるフロイト [1969a] は、独特の心理的な力（性的エネルギー）の理論を展開する。彼は、個人の心理は"意識"と"無意識"の2つに分かれ、両者の間に検閲のメカニズムが働いていると考えた。その際無意識には、情緒生活においてより基本的で、本質上きわめて性的な諸要素を含んでおり、それをリビドー（抑圧された性的エネルギー）と名づけた。フロイト [1969a, 1969b] はさらに、人間の情緒生活は"生の本能"と"死の本能"とからなる、つまりリビドー的衝動には二面性があるとし、子どもの成長過程においては生の本能の方が優勢であり、これがリビドーとなって身体の各所に順を追って付着していくと考えた。たとえば生まれた直後の乳児のリビドーはまず口唇にあり、それゆえ母親に依存しつつ生命の維持が可能になる。次に肛門の方へ転化して自律的に自分の身体を操作できるようになり、その後いったん性器に付着した後、潜在化する（児童期）。その

後青年期においてふたたび性器をめぐってリビドーが展開するというように,「心理-性的発達理論」の立場からの人間の個人的発達を考えた。

この過程を社会的な過程としてとらえなおしたのが,パーソンズである。彼は各発達段階は,子どもの前に現れる主な社会化エージェント(社会化する主体＝socializer)と社会化内容の違いによって特徴づけられるとする。そしてそれは同時に,内在化(internalization,内面にとり入れられること)される欲求性向(特徴的な動機傾向)の違いでもあり,その結果,子どもの欲求性向は一段階ごとに分化していき,各段階では社会化過程の統制方法(しつけ方)も異なるという［森,1993］。

パーソンズは子どもは家族の中で育つことにより,そこでの家族集団の役割分化にもとづいてみずからを社会化させていくとする。彼は家族を,社会体系を構成する下位体系(全体社会の中で独自の機能をもちつつ,これと有機的に連関するシステム)の1つと考え,近代家族の特徴である核家族の構造を,世代と性別という2つの軸の上での役割分化の結果として考えた。すなわち,力(power)の上下ないし優劣という軸と,道具的機能(instrumental function)・表出的機能(expressive function)という軸である。この2つの軸の組み合わせによって,図II-4のような4つの類型を設定した。この4つの類型は,世代と性別にもとづく父(夫),母(妻),息子(兄弟),娘(姉妹)の地位にそれぞれ配分されている。道具的優位者は,環境への適応と集団の目標成就に必要なリーダーシップ,表出的優位者は集団内部の役割関係の調整や成員の潜在的・文化的水準の維持,成員の緊張の処理にかかわるリーダーシップとして機能を展開する。夫-父の系列の地位が前者

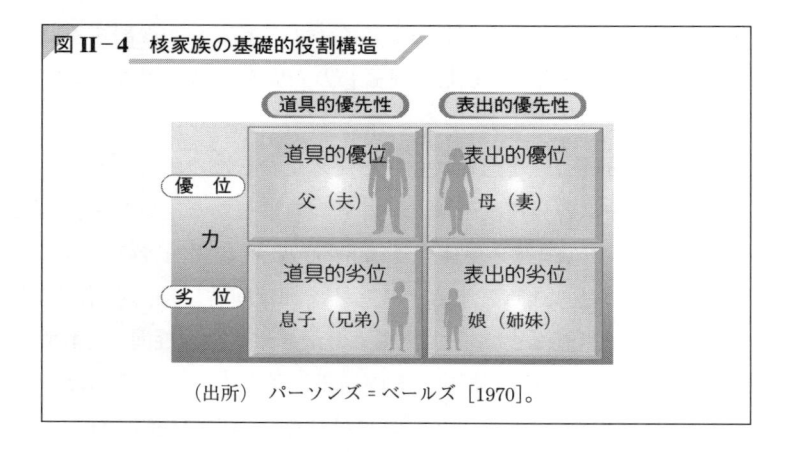

図 II-4 核家族の基礎的役割構造

	道具的優先性	表出的優先性
優位（力）	道具的優位 父（夫）	表出的優位 母（妻）
劣位	道具的劣位 息子（兄弟）	表出的劣位 娘（姉妹）

(出所) パーソンズ＝ベールズ［1970］。

の機能を，妻－母の系列の地位が後者の機能を担い，子では息子が道具的リーダーの，娘が表出的リーダーの下位者としてそれぞれ位置づけられる。息子と娘はリーダーの機能展開を助けるとともに，リーダーへの同一視を通して，その役割をパーソナリティに内面化させていく（息子は道具的劣位者として，娘は表出的劣位者として）。このような役割を身につける過程において，子どもはみずからを社会化させていくのである［パーソンズ＝ベールズ，1970］。

このようにパーソンズは，社会化をたんに役割の学習と考えるだけではなく，役割の学習を通して，人は役割の全体システムとしての社会に結びつくとする。社会化が，社会体系の維持・統合にかかわる機能的前提条件であるという機能主義の考え方である。この考え方に立つと，社会化は社会統合に対して積極的機能をもち，社会統制（social control）の過程と表裏一体の関係にあることになる。社会化は価値の内面化による社会統合形成の過程という意味において，社会統制のメカニズムと重なるのである。

> **社会化に関する理論：「社会階級と言語コード」研究**

家族における子どもの社会化を考える際，価値や態度あるいは役割（パーソンズの言葉では欲求性向）がいかに子どもに内面化されるのかということが重要である。このことを考える場合に，イギリスのバーンスティン［1981］のコード（code）理論がたいへん示唆に富んでいる。

バーンスティンも社会化過程を複雑な統制の過程ととらえ，子どもは社会化されることによって社会のさまざまな秩序を知るようになるとする。その社会化の仕方にもっとも重要な影響を及ぼすものとして社会階級を考える。

彼は，子どもはある一定のかたちでの社会化によって，一定の言葉のコード（言葉の形態に社会関係を媒介する規則）を身につけるが，その言葉のコードが比較的状況に結びついた意味秩序に接近するか，あるいは状況からは独立した意味秩序に接近するかをコントロールするとする。具体的には，その使用者を普遍主義的意味秩序に方向づけるものを精密コード（elaborated codes），個別主義的意味秩序に方向づけるものを限定コード（restricted codes）とする。

社会階級との関連では，労働者階級の家族には構成員の役割分化と権威構造が，年齢，性別，年齢の順序などの地位によって明瞭に定義されているものが多い。このような地位的家族（positional family）のもちいる言語コードは，状況に従属した，つまり限られた人間関係の中に閉じ込められた意味秩序を媒介するもので，先の限定コードとなる。これに対して，中産階級の家族は主として地位間の境界が弱く，構成員はむしろ個人の差異によって分化しているタイプが多い。これは個性中心的家族（person-centred family）といわれ、そこでは各構成員の独自の性質が尊重され、状況の拘束を受けない普遍的な意味秩序へと道を開く精密コードがもちいられる。

このようにバーンスティンは、子どもの社会化にとって決定的であるのは、言語コードという社会統制上の装置であると考える。その言語コードのあり方は社会階級によって異なり、言語コードによって子どもが社会化されていくかぎり、階級は再生産されていくことになるのである［森, 1993］。

そして彼の理論は、学校で成功するかどうかということと社会階級との関係を示唆する。学校は精密コードとか、そのもととなる特定の社会関係を前提としている。中産階級の子どもたちが学校で成功することが多いのは、家族における社会化のあり方が学校でのそれと連続性があるからということになる。学校での成功 - 不成功がなぜ階級によって異なるのかという問題に対し、彼の理論はそのメカニズムを解く鍵を示したといえる。

幼児教育における「みえない教育方法」の研究

社会階級と社会化のありかたとの関係については、中産階級の内部でさらに差異がみられることを示す研究がある。これもバーンスティンの手によるもので、彼はイギリスの幼児教育機関での教育方法を、①子どもに対する教師の統制が明示的であるよりむしろ暗示的である、②子どもが行動、組織、時間の選択ができる、③特定の技能の伝達や習得があまり強調されない、④教育方法の評価基準が多様で拡散している、といった特徴を持ったものとする。そしてこの教育方法を「みえない教育方法（invisible pedagogy）」と呼び、今日の幼児教育を支配している教育方法であるという。

そしてこのようなみえない教育方法は，じつは新中産階級（ホワイトカラーや専門職など）が文化的再生産をすすめるためのイデオロギーとしての側面を持っているという。旧中産階級（地主や自営業者など）の文化的再生産は，家族やパブリックスクールの持つ強い類別と枠づけを通してなされてきたのに対し，このみえない教育方法では，子ども中心の受容的養育を通して，個性的存在としての新しい人間類型をつくろうとしており，最初は私立の幼児教育の段階から，次に私立，公立の中等学校まで拡大され，現在では幼児教育段階で国全体にまで浸透している［バーンスティン，1985］。

　しかしこのソフトな教育方法は，不明確な上下関係，曖昧なアイデンティティ，自己選択にもとづく柔軟な役割遂行などによって特徴づけられる不安定な構造を持つがゆえに，新しい人間類型をつくりあげるほどにはならないのが実態である［柴野，1989］。

日本における「みえない教育方法」の研究

　バーンスティンが提起した「みえない教育方法」のもう1つの問題点は，それが社会化の方法として自己矛盾をはらんでいるということである。なぜならば，みえない教育方法は，固定的な地位・役割にとらわれない個人原理の自己アイデンティティを求めながら，客観的には既存の分業システムや私有財産としての知識の伝達・配分システムに規定されており，その間には矛盾，葛藤があることになるのである。

　この問題が，日本の児童中心主義の考え方に立った幼児教育の中でどのように立ち現れているかをテーマにした研究に，柴野らの研究がある［柴野，1989］。そこでは幼稚園児の母親に対して質問紙調査を行い，子どもがおもちゃをほしいといって駄々をこ

ねている場面を設定し，母親がどのように対応するかをたずねている。その結果では，子どもの要求に対して理解を示し，間接的な方法によって子どもが自発的に親の期待に順応するよう仕向ける統制型である"個人本位アピール"(例「うちに帰って考えましょう」「どうしてそんなにほしいの」)よりも，実際には命令・禁止型の伝言様式である"命令的コントロール"(例「いくら泣いても買いませんよ」「泣くのはやめなさい」)が多いという結果であった。また子どもの発達段階理論に依拠した統制型である"発達的コントロール"(例「もっと大きくなってから買ってあげます」「こんな赤ちゃんのようなおもちゃはやめておきなさい」)というタイプもみられた。

　現代におけるしつけの潮流は，"個人本位アピール"型であるが，この型は受け手主導型であるために，何を伝達すべきか，いかにしつけるべきか，についての確定的な枠組みが，しつけ手，受け手の双方に十分認識されていない。したがって家庭でも幼稚園でもしつけの目標，順序，教材の選択，配列の仕方，評価の方法は確定的でなく，たとえあったとしても黙示的である。みえない教育方法では，子どもの側の「何が望ましい行動様式か」「望まれているしつけ目標は何か」についての認識，ルールの獲得が困難になるのである。そこで親や教師は，子どもの自由を尊重し，「自分自身で考えて行動しなさい」というきまり文句をよく使うが，子どもはどのように行動してよいかわからずジレンマにおちいることになる。児童中心主義イデオロギーにはこのようなジレンマ構造が内在するため，実際の学校や家庭でのしつけ場面においては，コントロールに傾斜したしつけ方法がとられることになり，それが"発達的コントロール"という統制型であると柴野は

分析する。この統制型は,原理的には子ども固有の発達的順序性や個性尊重を標榜して子ども本位のアピール型をめざしてはいるが,それがみえない教育方法であるだけに,ジレンマ状況においては,たとえば学校では教師主導型のコントロールになりやすいのであり,これは**隠れたカリキュラム**〔★〕にもとづくみえない教育方法であるといえる。

日本における解釈的アプローチからの幼稚園の研究

人間の行為や相互作用を,社会システムや構造的要素の表出と考えるのではなく,むしろ行為者の意味付与や解釈過程としてとらえるという解釈的方法によって教育の現実に接近するという方法が,**解釈的アプローチ**〔★〕と呼ばれるものである。

柴野らは,幼稚園の保育場面における教師・園児の相互作用のビデオカメラでの撮影と観察,そして教師・母親の個別面談のテープレコーダーでの収録分析を行い,解釈的方法によって幼稚園で教師が行使する役割を分析している［柴野,1989］。その結果,第1に達成の重視,第2に子どもの類型化,第3に子どもとの相互作用を通してのクラスの秩序の形成,という教師役割の特徴を見出している。

また結城［1998］は,エスノグラフィー（民族誌）の手法をもちいて,ある1つの幼稚園での10カ月間のフィールドノートから,「全体をいくつかの小集団に編成して,先生の指示のもとにみんなで活動する」という幼稚園教育を成り立たせているしくみがどのように形成されていくかを解明している。幼稚園は,子どもがはじめて意図的・組織的な教育を受ける場であり,学校生活を形成し維持する仕組みがどのように成立していくかというテーマを考察するにはもっとも適した段階にある学校といえる。

解釈的方法による幼児教育の研究は，日本ではまだ蓄積が少ないといわねばならない。幼児教育は家庭から学校への移行がもっともみえやすい教育段階である。そこには家庭における社会化と学校におけるそれとの比較，学校的な行動様式を子どもたちがどのように習得していくかといった興味深いテーマが広がっている。

引用・参考文献

天城勲編 [1987]，『相互にみた日米教育の課題——日米教育協力研究報告書』第一法規。

青井和夫 [1973]，「しつけ研究への社会学的アプローチ」小山隆編『現代家族の親子関係——しつけの社会学的分析』培風館。

バーンスティン, B. [1981]，「社会階級・言語・社会化」『言語社会化論』萩原元昭訳，明治図書（原著 1977）。

バーンスティン, B. [1985]，「階級と教育方法——目に見える教育方法と目に見えない教育方法」『教育伝達の社会学』萩原元昭編訳，明治図書（原著 1977）。

ベネッセ教育研究所 [1998]，『研究所報 vol. 14 子育て生活基本調査報告書——園児，小学校1・2年生の母親を対象に』ベネッセコーポレーション。

デュルケム, É. [1976]，『教育と社会学』佐々木交賢訳，誠信書房（原著 1922）。

エルキンド, D. [1991]，『ミスエデュケーション——子どもをむしばむ早期教育』幾島幸子訳，大日本図書（原著 1987）。

藤永保 [1996]，「早期教育の効果」『季刊 子ども学』vol. 11, ベネッセコーポレーション。

フロイト, S. [1969a]，「性欲論三篇」『フロイト著作集 第5巻』懸田克躬・高橋義孝ほか訳，人文書院（原著 1905）。

フロイト, S. [1969b]，「快感原則の彼岸」『フロイト著作集 第6巻』小此木啓吾訳，人文書院（原著 1920）。

服部祥子・原田正文 [1991]，『乳幼児の心身発達と環境——大阪レポー

トと精神医学的視点』名古屋大学出版会。
広田照幸［1996］,「家族－学校関係の社会史——しつけ・人間形成の担い手をめぐって」『岩波講座・現代社会学 12 こどもと教育の社会学』岩波書店。
広田照幸［1999］,『日本人のしつけは衰退したか——「教育する家族」のゆくえ』講談社。
ホワイト, M.［1992］,『ママ, どうしてあんなに勉強しなくちゃいけないの』井出義光訳, 集英社（原著 1987）。
井深大［1971］,『幼稚園では遅すぎる』ごま書房。
木下淳博［1997］,「家族病理としての子どもの虐待」平湯真人編『子どもの人権双書 1　家庭の崩壊と子どもたち』明石書店。
久保田競［1996］,「脳の発達と早期教育の関わり」『季刊 子ども学』vol. 11, ベネッセコーポレーション。
黒田実郎［1972］,『才能教育』創文社。
耳塚寛明［1995］,「少子化社会の到来と学校教育」『季刊 子ども学』vol. 8, ベネッセコーポレーション。
森繁男［1993］,「家族と社会化」柴野昌山編『社会と教育』協同出版。
森岡清美・望月嵩［1997］,『新しい家族社会学』（四訂版）培風館。
文部省大臣官房調査統計企画課［1998］,『平成 8 年度 子どもの学習費調査報告書』。
大島建彦［1988］,「解説」大島建彦編『双書フォークロアの視点 6　しつけ』岩崎美術社。
パーソンズ, T., ベールズ, R. F.［1970］,『核家族と子どもの社会化』橋爪貞雄ほか訳, 黎明書房（現在は合本で『家族』黎明書房, 1981。原著 1956）。
ポルトマン, A.［1961］,『人間はどこまで動物か』高木正孝訳, 岩波書店（原著 1951）。
沢山美果子［1990］,「教育家族の成立」中内敏夫ほか編『〈教育〉——誕生と終焉』藤原書店。
『1999 小学受験情報』創隆社。
汐見稔幸［1993］,『このままでいいのか, 超早期教育』大月書店。
汐見稔幸［1996］,『幼児教育産業と子育て』岩波書店。
柴野昌山［1989］,「幼児教育のイデオロギーと相互作用」柴野昌山編『しつけの社会学』世界思想社。

柴野昌山［1992］,「社会化と社会統制」柴野昌山・菊池城司・竹内洋編『教育社会学』有斐閣。

篠原武夫［1977］,「子どもの社会化」森岡清美ほか編『テキストブック社会学2 家族』有斐閣。

竹内通夫［1981］,『現代幼児教育論史』風媒社。

山田昌弘［1997］,「援助を惜しまない親たち」宮本みち子・岩上真珠・山田昌弘『未婚化社会の親子関係――お金と愛情にみる家族のゆくえ』有斐閣。

結城恵［1998］,『幼稚園で子どもはどう育つか――集団教育のエスノグラフィ』有信堂高文社。

全国保育団体連絡会・保育研究所［1998］,『保育白書 1998 年版』草土文化。

図書紹介　Book Review

○ M. ホワイト『ママ，どうしてあんなに勉強しなくちゃいけないの』井出義光訳，集英社，1992（原著1987）。

　　原著の英語のタイトルは，The Japanese Educational Challenge : A Commitment to Children で，直訳すれば「教育における日本の挑戦——子どもへの傾倒」となる。この本は日本社会のごく普通の人々との交流をもとに，日本人の教育熱心さ，子育ての姿勢，日本の学校の制度，教育方法が日本社会で持っている意味などを温かい目で描いており，アメリカ人が従来日本の教育や母親に対して抱いているステレオタイプ的なイメージ（日本の子どもは教育において抑圧されている）に挑戦した内容となっている。

○ T. パーソンズ，R. F. ベールズ『核家族と子どもの社会化』橋爪貞雄ほか訳，黎明書房，1970（現在は合本で『家族』黎明書房，1981。原著1956）。

　　核家族の機能およびそれが現代社会の構造において占める位置という現実的な関心から出発し，社会化過程ないしパーソナリティの発達過程，社会体系との相互作用，このような過程の行われる集団における役割の分化などの理論化を行った大著である。

○ 広田照幸『日本人のしつけは衰退したか——「教育する家族」のゆくえ』講談社現代新書，1999。

　　「家庭の教育力が低下している」という一般的なイメージに対する疑問から出発し，歴史をきちんとたどる中で「家庭のしつけの昔と今」を吟味した意欲的な書である。しつけの問題にとどまらず，現代の教育・家族問題全般がどのようにして形成されてきたかを描く作業ともなっている。

○ 井深大『幼稚園では遅すぎる』ごま書房，1971。

　　大企業の会長であり，幼児開発協会の理事長でもある著者による，日本の早期教育の古典といえる書である。子どもの性格，人格，能

力は，脳細胞の配線ができあがる3歳までの育て方によって大きく変わるという，幼児期の重要性を説いたものである。

⊃ 汐見稔幸『このままでいいのか，超早期教育』大月書店，1993。

　日本の早期教育の現状，早期教育ブームの背景にある社会的な要因，早期教育の問題点が，客観的にまとめられている。

⊃ 汐見稔幸『幼児教育産業と子育て』岩波書店，1996。

　少子化が進行している現在の日本でなぜ育児産業がはやるのかという問題設定から，日本の育児実態，育児の諸条件の特質を明らかにしている。「家庭の教育力の衰退」という見方に対して疑問を呈する点に，広田と同様の視点がみられる。

⊃ 服部祥子・原田正文『乳幼児の心身発達と環境──大阪レポートと精神医学的視点』名古屋大学出版会，1991。

　大阪府南部のある市で，1980年に生まれた約2000人の子どもの親に，5回の乳幼児健診，小学校入学後健診のそれぞれでアンケート調査を行った経年的調査のまとめであり，一般に「大阪レポート」と呼ばれている。現代の日本の母子をとりまく環境，親子関係の特徴，体罰の実態，母親の育児不安などの実態が貴重なデータとともに示されている。

Part III

ジェンダーと教育の歴史

Part III

Introduction

「山本さん差別」はあるか？

Part III

唐突な問いだが，私たちの名前が整理されるとき「あいうえお」順に並べられることが多いのは，不平等であろうか。「あいうえお」順で並べられるとかならず後ろの方になってしまう山本さんや和田さん，または必ず前の方になってしまう相沢さんや井上さんは，差別を受けていることになるのだろうか。「あいうえお」順が用いられることが多いことに，内心不満を抱いている山本さんや相沢さんはいるかもしれない。しかし，われわれの社会はそれを「差別」問題としては認識していない。

近年，教育現場で議論を呼んでいる課題の1つに，男女混合名簿がある。従来，学校教育の場においては，児童・生徒の名簿は男女別に整理されることが一般的であった。クラスや学年ごとに，男女は別々に「あいうえお」順に並べられ，男子の名簿が女子の名簿の前に位置づけられる。そうした男女別・男子優先名簿にしたがって，各種の学校行事がとり行われる。運動会や朝礼などの場面では，「あいうえお」順のかわりに身長順という基準が導入される場合もあるが，男女別・男子優先の原則は

維持される。こうした学校慣習の差別性を指摘する声は1970年代からあったが，実際に学校現場で男女別・男子優先名簿を廃止して男女混合名簿を採用する動きがひろがってきたのは90年代に入ってからである。

　冒頭の「あいうえお」順は差別ではないのかという議論は，名簿を男女混合に変更するということを検討した学校現場で実際にかわされたものである。名簿の序列に重要な意味などない，男子が優先され女子が後回しにされることによって，女子にどのような不利益があるのか。「山本さん差別」を想定することがナンセンスであるのと同様に，男女別・男子優先名簿が性差別であるとは明らかに「考えすぎ」である。名簿の順番など「ささいなこと」ではないか。冒頭の議論にはそういう意味合いが込められている。

「隠れたカリキュラム」としての名簿
Part III

　名簿の順番は「ささいなこと」だろうか。それだけとりあげれば「ささいなこと」に違いない。だが，学校教育の場に限ってみても，男女で異なる扱いをする慣習や規則は名簿だけにとどまらない。高等学校職業科や高等教育機関の専攻分野にみられる男女の分化，女子の短期大学進学率の高さなど，就学経歴上に性差があることもよく知られている。学校を卒業すれば，まずは就職の際に，職に就いた後も賃金・配置・昇進などさまざまな面で女性は不利な扱いを受ける。家庭や地域生活も含めて，私たちの暮らしの中で女性が差別されているといわざるをえない状況は，まだまだ多

い。学校で子どもたちが男女別・男子優先ルールで扱われることを,社会全体における性差別と切り離して考えることはできない。「山本さん差別」の想定がナンセンスであるのは,社会生活全般において「山本」という名前ゆえに異なる扱いや不利益を受けることがほとんどないからでしかない。

一般的に,学校では他の社会領域においてよりも,男女平等の原則が守られていると思っている人は多い(たとえば1995年の総理府による「男女共同参画」についての世論調査では,「家庭」「職場」「政治」などの領域が男女平等になっていると思う人は2割強から4割にとどまるのに対して,「学校」は65%以上ともっとも高い数値を獲得している)。しかし教育社会学の分野では,名簿に代表される**学校文化**〔★〕や教師と生徒とのやりとりの中にみられる,男女を区別し男子を優先するメッセージの束を,**隠れたカリキュラム**〔★〕と名づけて可視化することが試みられてきた。通常「カリキュラム」という概念で想定されるのは,学校で教えるべき教育内容として目にみえるかたちで意識的に構成されている知識体系である。「隠れたカリキュラム」とは,そうしたフォーマルで顕在的なレベルとは異なる,インフォーマルかつ潜在的なレベルのものとして定義される(➡ **Part II** ・知識編)。

男女別・男子優先の慣習はどこから
Part III

男女別・男子優先の慣習は,学校では「あたりまえ」すぎて長い間問題にもされなかった「隠れたカリキュラム」の一例である。男女別かつ男

子優先のルールでつくられる名簿が，学校以外の場面でみられることがあるだろうか。職場の名簿・行政機関でつくられる名簿・電話帳など，私たちの社会生活でもちいられる名簿のほとんどは男女混合である。そこに性別の情報が記載されることはあっても，男女別に整理されることは少ない。学校教育といっても，小学校・中学校の義務教育機関と高等学校以外，就学前の保育所や大学などの高等教育機関では，男女混合名簿の方が一般的である。小学校・中学校で「あたりまえ」とされる男女別・男子優先名簿は，社会全体からみると「特殊」なことであることがわかる。

　ではなぜ，学校においてこのような慣習が「隠れたカリキュラム」のレベルで当然視されてきたのであろうか。近代日本の学校教育の歴史を見直すとき，現在「隠れたカリキュラム」として析出されているものがまったく「隠れて」いなかった時代があったことがみえてくる。近代学校教育は，男女を平等に扱うと同時に区別して扱うことによって，近代的なジェンダー（社会・文化的性別）〔★〕のあり方を生み出す役割を果たしてきた。ジェンダーの視点から歴史的にとらえなおすことによってこそ，平等主義とセクシズム（性差別主義）が共存する学校教育の今日的機能を明らかにすることができるだろう。「隠れたカリキュラム」といわれるものがフォーマルなレベルで目にみえるものであった「過去」からの光が，私たちの「現在」をより明確に照射してくれるはずである。

以下，まずステージ1では，明治以降の学校教育制度の体系化と発展を，近代社会が求める〈女〉と〈男〉という対になったジェンダーがつくりあげられるプロセスとして描き出す。つづくステージ2では，学校教育の展開とともに学歴と結びついたかたちで過熱していった**立身出世主義**〔★〕をとりあげ，ステージ1でみた近代的なジェンダーがその中でいかなる機能を果たしていたかを考える。最後にステージ3は，「立身出世」に象徴される公的世界での男性の活躍と，それを支える私的世界（＝家庭）での女性の内助という性別役割分担を前提に，それぞれの役割を果たすにふさわしい身体の育成が学校教育においてめざされた歴史をふりかえる。

Stage 1 学校化される〈女〉と〈男〉

近代学校教育における男女の統合と分離

毎日新聞社提供●

なぜ男子大学はないのか

　義務教育段階の公立学校は男女共学であるが，私立の中学校や，高等学校以上の学校段階では，男女別学もめずらしくない。とはいえ，中学校・高等学校すなわち中等教育機関においては女子校同様に男子校もみられるのに対し，短期大学・4年制大学などの高等教育機関には女子校は数多くあっても男子校はみあたらない。女子大学はあるのに，どうして男子大学はないのか。そういう疑問を持ったことはないだろうか。

143

常識的な事実として受け入れられてはいるものの，ふと立ち止まって考えてみると1つのなぞともいえる男子大学不在の問題は，近代日本の学校制度の歴史をふりかえることによって解き明かすことができる。

　第2次世界大戦後の教育改革の大きな柱の1つとして男女共学が掲げられた。そのことによって，一部の地域の高校をのぞき，全国的に小学校から高等学校までの公立の学校は男女共学制をとり入れた。男女共学の全国的な実施は，当時としては大きな変化であった。なぜなら，それ以前は小学校から大学まですべての学校は男女別学が基本だったからである。

　戦後教育改革において男女共学と並んで重視されたものは，高等教育の女性への門戸開放であった。戦前日本の大学は別学どころか，そもそも原則として女子の入学を認めていなかったのである。男子には小学校から中学校・高等学校・大学まで進学の道筋が整えられていたのに対して，女子には男子の中学校に相当する中等教育機関である高等女学校までしか用意されていなかった。新憲法が男女平等を宣言する時代の流れの中で，これまで男子しか入学させなかった既存の大学は女子を受け入れて共学へ，また高等教育を提供しながらも公式には大学として認められなかった女子向けの専門学校などが短期大学や大学としての地位を獲得していく。女子に門戸を閉ざしてきた女性差別を是正するために，男子のみの高等教育機関は，一部の特殊な例外をのぞいてすべて姿を消した。一方で，大学として公的に位置づけられた女子向け高等教育機関は，女子の教育機会の保障という理由でそのまま存続したのである。男子校が女子を排除し，女子校が男子を排除するという相補的な関係ではなく，高等教育レベルにおける女子の

みの排除という性差別が，戦前の教育システムが有していた特徴の1つであった。したがって，戦後の男女平等に向けての教育改革の中で，男子校の共学化は欠かせない施策であったが，女子校の共学化は必ずしも社会的に必要とされなかったのである。

近年では逆に，税金で運営されている国公立の短大・大学の中に男子を受け入れない女子校が存在するのは，男性への差別ではないかという議論もきかれる。次に，そうした一見倒錯した状況を生み出すに至った，近代日本の男女別学・別体系教育システムの確立プロセスをみていこう。

国民皆学と男女別学

よく知られるとおり，日本の近代学校教育制度は明治期にスタートする。法制的な第一歩は，1872（明治5）年の学制発布である。そのとき出された「学事奨励ニ関スル被仰出書」は，「自今以後，一般ノ人民華士族農工商及婦女子必ス邑ニ不学ノ戸ナク，家ニ不学ノ人ナカラシメン事ヲ期ス」と宣言した。すなわち士農工商の身分を問わず，さらには男子のみならず女子も含めて，すべての人が学校で学ぶことを明治政府は奨励したのである。幕藩体制下の身分制の廃止が社会システムを根本から変革する大事件であったことは想像にかたくない。近代国家として出発した日本では，有能な人材育成と登用のために身分制度にとらわれない学業の奨励が近代化の基礎要件となると考えられた。身分制度の下では，士族の男子は藩校で士族としての教育を受け，農工商の子どもたちは生活の余裕に応じて寺子屋など私塾でいわゆる「読み，書き，そろばん」を学ぶという明確な区別があった。近代化および産業化の推進のためには，そうした区別をなくしてすべての人々に「国民」として必要な基礎的知識を教授すべきだと考えられたのである。

Stage 1　学校化される〈女〉と〈男〉

ここで注目すべきは，学事奨励について身分と並んで性による区別も基本的に否定されていることである。女子の場合，士族は家庭において，農工商の庶民は男子と同じく寺子屋などにおいて教育を受ける機会はあったが，「女は学なきをよしとす」という儒教的な女性観にみられるように，女子への教育は軽視される傾向があった。しかし，近代的な学校教育制度の出発点ともいえる学制発布では，わざわざ「婦女子」の言葉を入れて，女性を男性と同じく教育の対象に位置づけたのである。近代国家としての日本が「国民」を成立させようとしたとき，身分の廃止とともに封建的な男女の区別もまた，少なくとも形式的には否定せざるをえなかったといえよう。近代学校教育システムにおいて，男女は等しく「国民」として統合されたのである。

　しかしそれは，新たな性の区別，近代的なジェンダー秩序形成プロセスのスタートでもあった。学制当初からその萌芽はみられる。文部省による「学制施行ニ関スル計画」は，女子教育の必要性を，子どもへの教育を担う母親育成にみている。男子への教育とは異なる目的が発展していくのである。

　そうした新しい方向での男女の区別をはっきりと法制化したのが，1879（明治12）年の教育令である。この教育令は，条件が整わない場合の小学校のみを例外とし，原則的にすべての学校において「男女教場ヲ同クスルコトヲ得ス」と，男女共学を認めない旨定めた。近世では，士族が学ぶ藩校は男性に独占された教育機関であったが，庶民が通う寺子屋の場合，男女共学はけっしてめずらしくなかった［深谷，1966］［石川，1978］［橋本，1992］。79年の教育令が出された時点でも，小学校はもちろん，まだ数が少なかった中等教育機関の学校においても共学がみられたといわれ

る［橋本，1992］。その後，小学校段階ではある程度の割合で共学の事態がつづいていくが，中等教育以上の教育機関は男女を厳格に分離するようになる。

　近代以前にはある階級に限られたかたちで，もしくは慣習というかたちでしか存在しなかった男女別学が，すべての人々を拘束する公的制度として確立する。分離（segregation）とは，差別（discrimination）が社会的に構成される場合に活用される基本的な技法である。たとえば，人種差別の場合の南アフリカ共和国におけるアパルトヘイトやアメリカ合衆国南部の人種隔離法（「ジム・クロウ法」），身分制度の下での被差別階層の隔離など，差別的な支配や抑圧を容易にするために空間的な分離が導入されてきた事例は数多い。分離が強制力を持って制度化されるとき，それはたんなる「分ける」ということ以上の意味を持つ。1本の「分ける」境界は，「分けられた」対象のそれまでみえなかった差異を浮かび上がらせる。もしくはなかった差異を新たにつくり上げる。それは，人間の価値づけにおける格差を生み出していくのである。

　日本の近代国家としての離陸期，近代的な学校教育制度の整備の過程で，男女は「国民」として統合されると同時に分離された。学校教育を通じての男女の統合と分離は，いかなる目的を持って進められたのだろうか。

中等教育における「男らしさ」「女らしさ」の形成

　学校教育における男女の分離が定められて以降，教育内容についても，男子教育と女子教育は区別して構想されるようになっていく。当初ほとんど男女差のなかった初等教育のカリキュラムにおいて，徐々に男子向けの教科と女子向けの教科が整備さ

Stage 1 学校化される〈女〉と〈男〉

れていく。女子向けの教科として裁縫・家事を,男子向けのものとしては兵式体操をあげることができる。

女子向けの教科として代表的なものである裁縫は,誕生当初は男子に比べてなかなか上昇しない女子の就学率を上げるためという便宜的な理由から導入されたものであったが,徐々に女子の特性教育の要として発展していく。裁縫は当時の女性の暮らしの中で必要とされた実用的技能であったが,それが公的な学校教育にとり入れられることによって,実用性以上の意味合いを帯びることになる。女子のみを対象とする教科として時間数が増えたり必修化されたりと徐々に重要性を増し,女子にふわさしい教育とは何かを象徴するものになっていく。裁縫に加えて,家事経済/家事といった教科が女子用に設けられる。

そうした男女による区別は生じていたとはいえ,初等教育段階におけるカリキュラムの大部分は「国民」養成のための基礎教育として男女共通のものだった。しかし中等教育段階においては,教育体系が男女別となり,カリキュラムも男女で大きく分化していく。

男子向けの中等教育機関については,1886(明治19)年に中学校令が,上級学校である帝国大学令とともに公布され,その本格的整備が進められた。この時点で,男子のみを対象とした教育系統をまず確立するという,国家の教育政策が明確にされたといえよう。女子向けの中等教育機関である高等女学校については,その5年後の1891(明治24)年中学校令改正においてはじめて1つの条項のかたちで規定される。そこで「男子に須要なる高等普通教育」を施す中学校に対して,高等女学校は「女子に須要なる高等普通教育」を施すことを目的とするとされ,中学校と対をな

す教育機関として位置づけられている。中学校と高等女学校が男女それぞれに「高等普通教育」という同じレベルの教育をさずける場であるにもかかわらず、一方が「中」と名づけられ、他方が「高」と名づけられるのはなぜだろうか。名称の違いが意味するところは、男子には中学校より上級の教育が用意されているが、女子には「その先」はないということである。

　1886（明治19）年の中学校令公布に遅れること十数年後の1899（明治32）年に、ようやく高等女学校令が出される。この高等女学校令において、1県に少なくとも1校は高等女学校を設置することが定められた。当時高等女学校の数は全国で36校（公立29、私立7）、男子向け中等教育機関である中学校は明治20年代の末にはすでに100校を超え、200校に近づく勢いで年々急増している時期である。女子教育史においては、中学校令に対しての高等女学校令の遅れが政府の女子教育軽視の証左としてとりあげられることが多い。しかし、1899年に高等女学校令が出されたということは、たんに女子教育施策の「遅れ」を示すだけではない。じつは同年には改正中学校令も出されており、男子向けの中等教育についても複数の選択肢の中から方向性が定められた重要な画期にあたる。中学校の急増を背景に男子教育のあり方をあらためて見直さねばならないときだったのである。そのとき、女子教育に関する法令が出されたことには大きな意味がある。

　高等女学校令が公布された際に、女子教育の基本理念として **良妻賢母主義**〔★〕が掲げられ、大いに喧伝されたといわれる。その例として、ときの文部大臣菊池大麓による全国高等女学校長会議での「我邦ニ於テハ女ノ職ト云フモノハ独立シテ事ヲ執ルノデハナイ、結婚シテ良妻賢母トナルト云フコトガ将来大多数ノ仕事デ

アルカラ女子教育トイフモノハ此ノ任ニ適セシムルト云フコトヲ以テ目的トセネバナラヌ」なる訓示が紹介されることが多い。じつは，この菊池大臣は同時期，より広範な階層に門戸を開放すべく大衆化するのではなく，ある程度の学力と経済力を持った階層に対象を限定するという，中学校制度のその後のあり方を規定すべく尽力した人物でもある［米田，1985］。すなわち中学校制度は，日本社会における中流階級の形成を目的とするべく位置づけられた。女子を対象とする中等教育施策についてもまた，中流階級形成を意識した男子教育施策に対応するものとして，明確にその方向性がうち出される必要があったのである。すなわち，中流階級の職業人である男性の妻として中流家庭を建設する良妻賢母の育成という方向性である。

中学校と高等女学校の教育内容を比較すると，量的にも質的にも違いがあることがわかる。量的には，中学校の修学年限が5年であるのに対して，高等女学校は4年と短く，総授業時数も少ない。質的には，外国語や数学，理科関係の教科（高等女学校の場合は理科1科目，中学校の場合は博物・物理・化学の3科目に分けられている）は中学校の方が多いのに対して，修身や音楽（中学校では唱歌）は高等女学校の方が多く，しかも漢文・法制・経済は中学校にのみ，家事・裁縫という家政関係の科目は高等女学校にのみ設けられているという，カリキュラム上の違いがみられる（**表III-1**）。2者の教育内容を比較すると，中学校の方がさらなる進学や職業生活に向けての準備教育の色合いが強く，高等女学校は主婦育成に力点をおいているという対比的構図がみえてくる。

こうして女子向け中等教育は，男子向け中等教育に遅れつつも，その展開に呼応するかたちで，男子教育と対になる目的を持つも

表Ⅲ-1　中学校および高等女学校学科別学年別時間配当

(時間)

中学校						高等女学校				
学科目＼学年	第1学年	第2学年	第3学年	第4学年	第5学年	学科目＼学年	第1学年	第2学年	第3学年	第4学年
修　身	1	1	1	1	1	修　身	2	2	2	2
国語, 漢文	7	7	7	6	6	国　語	6	6	5	5
外国語	7	7	7	7	6	外国語	3	3	3	3
歴　史	3	3	3	3	3	歴　史	3	3	2	3
地　理						地　理				
数　学	3	3	5	5	4	数　学	2	2	2	2
博　物	2	2	2			理　科	2	2	1	1
物理及化学				4	4	図　画	1	1	1	1
法制及経済					3	家　事			2	2
図　画	1	1	1	1		裁　縫	4	4	4	4
唱　歌	1	1	1			音　楽	2	2	2	2
体　操	3	3	3	3	3	体　操	3	3	3	3
計	28	28	30	30	30	教　育				
						手　芸				
						計	28	28	28	28

(出所)　中学校令施行規則 (1901年), 高等女学校令施行規則 (1901年) をもとに作成。橋本 [1992], 65頁。

のとして性格づけられていく。良妻賢母の育成に女子中等教育の目的が限定されることによって，一方の男子中等教育の目的もまたその輪郭をより明確に浮かび上がらせることになる。私的空間を守る良妻賢母と対になる「公人」・職業人の育成というかたちで。中等教育段階整備のプロセスの中に，初等教育段階では未分化であった〈男〉・〈女〉概念が立ち上がるのをみることができる。

知識と「男らしさ」の結合

さて，最後に高等教育制度の発展をジェンダーの観点からみていこう。

明治10年代，東京大学をはじめとして

いくつかの高等教育機関が誕生し，1886（明治19）年の帝国大学令や1903（明治36）年の専門学校令を節目としながら，大正期までに近代日本の高等教育機関はほぼ体系だったかたちで確立する。18（大正7）年に出された新大学令では大学の定義の幅が広がり（それまでは大学は帝国大学のみであった），大学数もそこで学ぶ学生数も年々増加していった。近代化・産業化を推進する学歴エリートがそれらの機関によって輩出されるシステムが整備されていったわけだが，上述したようにそこで学ぶことができるのは男子に限られていた。女子の高等教育施策については，高等教育は女子には無用である，もしくは「時期尚早」であるという判断によって，無策のまま放置されつづけたのである。

高等教育進学の機会が男子にのみ開かれたかたちで整備されていくプロセスは，「知」なるものへの距離によって男女を区別する考え方を生み出していく。

近代日本における「知」を重視する文化として，たとえば教養主義をあげることができよう。教養主義とは，洋の東西を問わぬ幅広い教養・文化を身につけることによって人格を陶冶することをめざす考え方であり，その理念に添う具体的な書物としては阿部次郎の『三太郎の日記』や倉田百三の『出家とその弟子』『愛と認識との出発』などをあげることができる。教養主義は，近代日本における「学歴エリート特有の文化」［筒井，1992，160頁］とされるが，「学歴エリート」となる道が女性には限定されていたことを考えれば，それは主として男性によって担われた文化であったといえよう。そもそも教養主義的文化は，第一高等学校の校長となった新渡戸稲造による幅広い教養を重視した教育方針によって芽吹いたといわれる。もう1つの「男文化」である「バン

Column ⑧ 女子高等教育不必要/有害論

近代学校教育制度の成立過程で高等教育から女性を排除する現象は、日本だけでなく、西欧諸国でもみられた。その際に、高等教育が女性には不必要かつ不適当、さらにいえば有害でさえあるという立場の根拠として、生理学的な理由が持ち出されることが多かった。たとえば、女性と男性ではそもそも脳が異なる（女性の方が脳が小さいとされた時期もあった）、女性が高等教育を受けると出産能力が低下する、などなど。そうした当時の自然科学の発達レベルにもとづいた説明は、「科学」の名の下に高等教育からの女性の排除を正当化するために活用されたのである。

カラ」文化が支配的であった旧制高校において、教養主義は「バンカラ」とは異なる新しい「男文化」として花開いたのである。教養主義が旧制高校を舞台として生まれ、発展したことからも、近代日本において新しく形成された男性性の様式の1つとみなすことが適当だろう。「知」と男性性との結合がそこにみられるのである。

しかし、「知」を求める文化が女性の中に存在しなかったわけではない。女子の中等教育機関である高等女学校数は明治末期にはすでに全国で200校を超えていたが（実科高等女学校を合わせると約300校）、大正期に入るとますますその数は増え、1921（大正10）年には学校数も生徒数も2倍以上に達している。高等女学校に学ぶ生徒が10万人から20万人、30万人へと増加する中で、当然のことながら高等女学校以上の高等教育を受けたいという女性の要求も高まっていった。しかし、13（大正2）年の臨時教育会議においては、女子に対する高等教育は時期尚早であるとの判

断が出されている。その後も、婦人参政権とともに教育の機会均等・男女共学を求める運動はつづき、19年には全国高等女学校長会議において女子の高等学校建議案が決議されたのをきっかけに、高等教育請願署名運動が女子教育関係者・知識人をまきこんで盛り上がりをみせた。議会に提出した署名は1万4000名に達していたが、やはり「時期尚早」として退けられ、翌21年に高等女学校に2年または3年の高等科と専攻科を設置する旨、高等女学校令が改正されるにとどまった。

国家が女子の高等教育に対する消極的姿勢をくずさないなか、1913（大正2）年の東北帝国大学が突如3名の女子を入学させた「事件」を皮切りに、その後徐々に他の大学も聴講生や選科生として、やがては学部学生として少数ながら女子を受け入れるようになっていく。そうした実績を背景に、24年には日本大学・早稲田大学・東洋大学らの女子学生が中心となって、高等教育の女子への門戸開放を要求する女子学生連盟が結成され、翌年には関西の学生と連携し全国組織として発展する。1世紀近く前の若い女性たちが、やむにやまれぬ向学心を持って大学の門戸をたたき、聴講生として、ときには例外的ながら本科生として、男性によって独占された「知的空間」に「侵入」していた。要求団体を組織して社会運動を展開さえした。しかし、「知」への入り口は、近代的な男性性の1つの牙城であるかのように、女性に対して閉ざされたつづけたのである。

大学の門戸が基本的に閉ざされていた女子に、高等教育の機会を提供したのは各種の専門学校であった。大正期から昭和初期にかけて女子専門学校が多く設立され、高等女学校卒業後の女子の学習欲求に応えていった。実際に女子に高等教養教育・専門職業

教育をほどこす女子専門学校の発展を背景に，国家の側も女子高等教育の必要性をある程度認めるようになり，戦中の1940（昭和15）年，教育審議会は女子大学の設置を決定するに至る。しかし，敗戦を迎えるまでそうした施策が実現されることはなく，第2次世界大戦後の教育改革において高等教育の女性への門戸開放はようやく現実のものとなる。

　敗戦の翌年の1946（昭和21）年にはさっそく女子の大学入学を認める旨の文部省通達が出され，47年の教育基本法において教育上の男女平等と男女共学の原則が定められた。そうした流れの中，女子専門学校の女子大学への「昇格」運動が起こり，49年にはそれらの専門学校や女子高等師範学校が衣替えして，新制の女子大学が31校発足した。

　その後，女子の高等教育進学率は急速に上昇していくが，その過程において男子とは異なる女子向けの高等教育機関として短期大学が発達する。短期大学はそもそも，旧制から新制への学校教育制度の移行の中で，大学への「昇格」をめざす暫定的なものとして位置づけられていた。大学としての設置基準をただちに満たすことができない専門学校などを救済するための暫定措置であったはずの短期大学は，1964年の学校教育法の改正によって恒久的な学校教育機関として制度化され，60年代，70年代には学校数・学生数ともに大きな伸びを示すことになる。短期大学の発展は，女子の高等教育を受ける機会を拡大する一方で，「花嫁学校」といった俗語を生む女子向けコースの確立につながっていく。戦後においても，「知」をめぐるジェンダーの対，職業や学究にたずさわるためにより知的であらねばならない男性と，家庭生活を運営するために知的であることよりも情緒やケア能力を求められ

る女性という二項対立図式は，学校教育を舞台に再生産されている。

Think Yourself

1. 戦前の学校教育制度をジェンダーの観点から整理しながらみてきたが，歴史的事実としてはじめて知ったことをあげてみよう。
2. その中でも，意外に思ったことはあっただろうか。あったとすれば，それがなぜ「意外」に思えるのか，現在の学校教育のありかたや私たちの日常感覚とのずれという面からその理由を考えてみよう。
3. 逆に，現在の学校教育のありかたと似ていると感じるとことはあっただろうか。あったとすれば，どのように類似もしくは共通しているのか，自分の言葉で考えてみよう。

Stage 2 身を立てる男と駆り立てる女

立身出世主義と性分業

過労死と主婦

　朝疲れた顔で家を出ようとするスーツ姿の夫に、「あなた、疲れてるみたい」と心配そうに声をかけ、「でも、がんばってね」と栄養ドリンクを差し出す妻。それを飲んだ夫は、いきなり元気になり「がんばるぞー」と飛び出していく。差し出された栄養ドリンクは夫を気づかう妻の「愛」の象徴のようにもみえるし、家族を養うために「無理しても働け」との脅迫的メッセージを伝達するものにもみえる。ほほえましいのか残酷なのか判断にまよう、こういったパ

ターンのＣＭは，栄養ドリンクだけでなくビタミン剤，風邪薬などいくつかの商品でよくみられる。

働き盛りの男性の「過労死」は，1980年代後半に「過労死110番」が開設されるなど，社会的な注目を浴びた。「過労死」というショッキングな響きを持つ言葉は，日本株式会社といわれる日本社会を象徴するものとして，私たちにもなじみの深いものとなっている。労働災害として認定される件数はいまだに少ないが，「過労死」（長時間労働とストレスによる心身の疲労の過度の蓄積が原因となった突然死）にあたるのではないかと思われる事例は数多い。それらの事例の中には，女性を含めた20代の若者もみられるものの，やはり中高年男性が主流のようである。

「過労死」という言葉が聞かれるようになったしばらく後に，「出社拒否症」や「帰宅拒否症」という耳慣れない言葉も登場した。「出社拒否症」は，会社に行こうとすると心身の状態が悪くなり，出社することができない。「帰宅拒否症」は反対に，終業後家に帰る気持ちになれなくて，会社に夜遅くまで居残ったり，街をさまよう。あげくにカプセルホテルやサウナで夜を明かす。「出社拒否」と「帰宅拒否」は正反対の症状のようでいて，同時併発する場合も少なくないという［関谷，1989］。こうした状況に陥るサラリーマンは，概して真面目な仕事人間であり，症状が現れるきっかけは仕事上のトラブルと家庭内での不協和音の重複だそうである。

近年の不況の下でリストラや企業の倒産が相次ぐ中，中高年の男性の自殺も急増している（警察庁の発表によれば1998年の自殺者数は約3万2800万人で過去最多。中でも中高年男性自殺者が急増し，50代男性の場合は前年の1.5倍となっている）。職場が弱肉強食

の殺伐さを増し,安定した収入を維持することが容易ではなくなっている昨今,妻子を養う立場にある男性の肩にかかる重圧は大きい。その重圧によって,肉体的・精神的に追いつめられている男性はけっして少数派ではあるまい。

　一方,専業主婦の場合にも,家事・育児に専念するというライフスタイルによって一種の危機的状況に陥る社会現象が生じている。たとえば,マンションなど密室でのたった1人の子育てに疲れきった若い母親による「児童虐待」,日々の暮らしに焦燥感や不安などを抱いてアルコールにおぼれてしまう「キッチンドリンカー」,子どもたちが成長し家を巣立っていった後にいいしれぬ寂寥と空虚感を感じて苦しむ「空の巣症候群」。そういった場合に主婦が抱えるマイナスの感情は,「夫や子ども(もしくは社会)にとり残されていく」という不安であったり,「自分の人生は何だったのか」という疑問であったりするという。

　女性は夫や子どもを通じての「身代わり達成(vicarious achievement)」を志向するといわれる。女性は私的領域である家庭を守らねばならないため,公的領域への参加は制限されている。したがって,公的領域での達成欲求については,夫や子どもたちを通じて満たそうとする。夫や子どもは自分の分身であり,彼・彼女たちが職場や学校で活躍していることは,家庭において物質的かつ精神的に彼・彼女たちを支えている自分自身がなしとげた成果でもある。「キッチンドリンカー」や「空の巣症候群」などの主婦の「危機」が生じる原因の1つとして,そうした「身代わり達成」による充実感のゆらぎや空洞化があることが推測される。

　戦後の高度経済成長期を実現した日本のサラリーマンは,国際的な非難を浴びるほどの「働きバチ」として働いてきた。彼らの

おどろくべき長時間労働とがんばりを支えてきたのは，家庭を守る主婦の存在である。家事・育児をほぼ完全に妻にまかせることによって，男性は会社人間として仕事に専念することができた。性分業システムがここまでの日本の経済成長を可能にしたといえるが，しかしそうした構図が，上述したようなある種の「破綻」を生み出していることも確かである。

　それでは，男が「家」を代表して「公の世界」で働き，女が「内助の功」で支えるという構図は，近代日本においてどのようにして成立してきたのであろうか。

立身出世主義と近代的な男性性

　立身出世主義は近代日本において男性を駆り立てたエートスとして知られる。明治維新によって身分制度が廃止され，あらゆる階層の自由な社会移動（地理的にも職業的にも）が原則的に可能になって以降，立身出世という言葉が人々の心をとらえた。立身出世主義ははじめは上からの唱導によって，まず士族層を中心に浸透したが，明治後期以降はマスメディアの発達を背景に，しだいに庶民の間にも広がっていった［竹内，1978］。

　明治初期にベストセラーとなった福沢諭吉の『学問のすゝめ』や英国人サミュエル・スマイルズによる『西国立志編』などが，立身出世主義の考え方のお手本となったといわれる。立身出世主義の意味するところは，その基本的骨格のみを表現するならば「社会的上昇移動を志向する生活態度」（『新教育社会学辞典』東洋館出版，1986）となる。しかし，立身出世主義というエートスには，さまざまな要素が含まれている。

　日本における立身出世主義は，『西国立志編』の原題 "Self-Help" が象徴的に示すような西欧的個人主義思想と同じではなく，

「家」や共同体に依拠した日本的特徴を持っていたことが多くの論者によって指摘されている（たとえば［川島，1956］［作田，1972］［見田，1971］）。しかし，そうした面はありながらも，明治維新以降の立身出世主義はやはり，近世では必要とされなかった「個」としての自立を男性に求めるものであった。身分をはじめとして生活におけるさまざまな面が固定されていた封建社会にあって，人々に期待されたことは既存の家名・家業・家産を維持することであり，その役割を果たすリーダーである「家長」になれるものは基本的に長男に限られていた。しかし，社会移動が可能になった，換言すれば，社会構造の変化により社会移動を余儀なくされる近代においては，長男のみならずすべての男性に近代家族の「家長」として「身を立てる」ことが期待されるようになったのである。しかし，既存の「家」を相続できる者の数は限られている。ゆえに，男性のかなりの部分が一から自力で家業・家産をつくりあげることをめざすことになる。従来の家業を失った士族階層もそれにあてはまる。

　封建社会の人々は，先祖と子孫のタテのつながりと大家族のヨコのつながりによって束縛されると同時に保護されてもいた。近代化は，それらのつながりから個人を完全にではないにせよ解き放つとともに，自由競争の場に投げ出したのである。とりわけ男性には，家郷を背負いながらもそこから１人で都市へと旅立ち，学校および労働市場での競争をくぐりぬけて新たに家業・家産と家族をつくりあげることが，なすべき仕事として提示された。それは，近世の農村共同体で男性にもとめられたものとは異なる，個人としての自立を強調する近代的な男性性を表している。立身出世主義とは，そうした新しい男性性を内包するものであった。

「個」として参加する自由競争においては，個人的に獲得して活用できる新しい「資本」が必要となる。新しい資本の代表的なものが学歴であった。立身出世主義は，立身出世主義の火つけ役となった福沢諭吉の書名からも推測できるように，かなり早くから学校教育と関連づけて論じられた。義務教育の就学はもちろんとして，さらに上級学校への進学が立身出世を可能にするルートとして考えられたのである（➡ **Part IV** ・ *Stage 2*）。

　こうした学歴の効用をいち早く敏感に察知し，積極的に活用した階層は士族であったといわれる。封建社会で特権的な地位にあった士族は，明治期には身分制度廃止によりその地位をうばわれ，「没落」の危機にさらされることとなった。「没落」を避け，新しい社会的地位を獲得できるかどうかは士族層にとって死活問題であったわけだが，その際彼らが活用できた武器の1つが，封建社会において発展させ維持してきた文化資本だった。彼らは，武士階級として独占的に蓄積してきた教養を，学校ルートを通して学歴という近代的な文化資本に換えることによって，近代的職業の中でもかつての武士の役割に親和性の高い職業（軍人や官僚など）につくことをめざしたのである［園田ほか，1995］。

　その後，中学校や高等学校，専門学校，師範学校，帝国大学など，学校教育の体系的整備が進むと同時に，進学熱は全国的に高まっていき，現在につながる受験競争が士族のみならず広範な人々をまきこんでいく。

　明治から大正，昭和と時代が進むにつれて，高い社会的地位や収入を得るために，学歴が果たす役割はますます大きなものになっていった。それは，「エリート」と位置づけられる層において，高等教育学歴所有者の割合が年々高まっていくことにはっきりと

表Ⅲ-2 エリートの高等教育学歴の時期的変化

(%)

年　度	高等教育学歴所有者	非所有者	計
1911（明治44）	24.5	75.5	100
15（大正　4）	25.5	74.5	100
21（　　10）	21.0	79.0	100
28（昭和　3）	39.0	61.0	100
34（　　9）	39.5	60.5	100
41（　　16）	50.3	49.7	100
48（　　23）	74.0	26.0	100
53（　　28）	74.0	26.0	100
57（　　32）	80.5	19.5	100
64（　　39）	83.0	17.0	100
73（　　48）	76.5	23.5	100

（出所）麻生［1991］，15頁。

表れている（表Ⅲ-2）。

　学校教育を通じての立身出世には，大きく分けて3つのコースがある。まず第1は中学校から高等学校を経て帝国大学への進学による主流エリート養成コース，第2は陸軍幼年学校から陸軍士官学校，海軍兵学校などの軍学校による軍事エリート養成コース，第3は実業学校や師範学校，専門学校による教師や専門技術職などのサブエリート養成コースの3つである。いずれのコースも男性にとっての立身出世ルートであった。第3のコースはある程度女性にも門戸を開いていたが，前者2コースの利用機会は男性に限定されており，女性は制度上排除されていたのである。こういう点からも，立身出世が，まず男性のものであったことがわかる。

男の立身出世のドライブとしての〈女〉

では、立身出世主義は男性にのみかかわる文化なのであろうか。答えは否である。立身出世主義が内包する近代的な男性性と対となる女性性抜きには、立身出世主義の全体像を描くことはできない。近代的な女性性が組み込まれることによって、立身出世主義は成立する。つまり、男性を支え、男性の意欲の源泉となる「母」や「妻」としての女性性が、立身出世主義の中に不可欠の要素として編成されているのである（➡ Part II ・ *Stage 1*）。

山村賢明は、日本人にとって「母」とはいかなる意味を持つものであるのか、つまりシュッツ（A. Schutz）のいうところの「常識的知識（commonsense knowledge）」としての日本の母の観念（山村はこれを「母のコンセプションズ」と名づけている）を明らかにしようとした［山村、1971］。マスメディアや教科書の内容分析から析出された「母のコンセプションズ」の中には、立身出世にかかわる「母」観念が重要な位置を占めている。日本の母は、子どものために苦労するが（〈苦労する母〉）、その中で子どもを生きがいとし（〈子を生きがいとする母〉）、立身出世や国への「奉公」に駆り立てる（〈駆り立てる母〉）。ゆえに、子どもにとって「母」は業績達成の動機や支えとなる（〈支えとしての母〉〈動機の中の母〉）。山村の分析では子どもの性別はあまり考慮されていないが、こうした母と子の関係においては、子とはすなわち息子を意味することが多い。こうした母−子関係は、母と子一般ではなく、じつは母と息子の関係としてみる方がうまくあてはまる。

そうしたジェンダー秩序を内包した立身出世主義は、学校教育を通じても伝達されている。男性の立身出世の動機づけとして「母」が登場する事例は、早くは1887（明治20）年の教科書にみ

Column 9 母と息子の立身出世物語の夢と現実

　男性の立身出世の動機づけとして「母」が教科書に登場してから約半世紀後，小津安二郎監督による映画「一人息子」（松竹，1936年公開）は，母の恩に支えられた立身出世物語が現実には幻想に近いものでしかないことを，淡々としたタッチでありながら冷徹に描き出している。「一人息子」のストーリーは，女手1つで製糸工場で働いて1人息子を上級の学校に進学させた母が，東京で立身出世したはずの息子をたずね，彼が貧しい夜学教師の職につき，つましい暮らしをしている現実を知らされるというものである。期待していたものとは大きく異なる息子の暮らしぶりを知り，落胆するものの，あらためて息子を励まし，故郷に帰り製糸工場の労働にもどった母親が，密かに諦めの表情をみせる場面で，映画は幕を閉じる。

られる［竹内，1997］。『尋常小学校読本巻之六』（文部省）の第2章第3課「立身の宴会」は，父亡き後母1人で糸を紡いで貧しいながらに学校に通わせもらった息子が，「母の志を徒にせず，勉強せしかば，大に立身して，遂に，上等社会に立つ」に至り，ある日大きな宴会を催して，座敷に粗末な糸車をおき，老母を客に紹介して母の恩に報いるという話である。山村が析出した，息子のために〈苦労する母〉，すなわち立身出世の〈動機としての母〉の概念が，明確な輪郭を持って描き出されている。

　その後の国語や修身の教科書では，母の恩に感謝し報いなければならないという趣旨の教材が定番の1つとなる。親の恩を忘れず孝行せよという価値規範は，もちろん父親に対してもあてはまるものであるが，母親の場合，無私の愛を持って大事に育ててくれたことが強調される。「アカンボノトキニ，ダイテクダサツタノハ，ドナタデスカ。アタタカイフトコロノ中ヘイレテ，ネンネ

コヲウタツテクダサツタノハ，ドナタデスカ」（第 2 期国定国語教科書巻二「オカアサン」）。赤ん坊のときからずっと世話をしてくれた人，病気のときに必死に看病してくれた人，それは「オカアサン」だと，その恩に報いることの必要性が情緒的な色合いを帯びて語られている。

子どもたちに〈母〉の献身に応えるべしとの倫理が教えられる一方，女子に対しては将来献身する〈母〉になる立場として，良妻賢母主義教育がほどこされた。息子を立派に育て立身出世させる賢母と，内助の功で夫の出世をサポートする良妻が，女性の理想的な生き方として教え込まれたのである。たとえば，1887（明治20）年の宮内庁刊行の女子用修身書『婦女鑑』は，明治皇后の意向をもとに西村茂樹が編集したものだが，その中で説かれているのは，娘としての両親への孝行，妻としての内助の功，母としての立派な子育てを遂行するための道徳であり，「良妻賢母」の強調がすでに現れている［片山，1984］。ステージ 1 でみたように，高等女学校令発布とともに女子への良妻賢母主義教育がうち出されて以降は，夫や息子の立身出世やお国（＝天皇）への「ご奉公」を支えることによって間接的に社会貢献する女性を育成することが女子教育の目標となった。

その後，国定教科書の中には，夫の活躍を可能にした「山内一豊の妻」や，立派な男性を育てた母として「孟母三遷」で知られる「孟子の母」「楠木正行の母」「吉田松陰の母」などが具体的なモデルとしてとりあげられ，高等小学校の女子用国定修身書では，「古来，大事業を成して，世の為，人の為に尽くしたる人は，多くは賢母の教育に因り，良妻の内助に因りたるものなり」（第 2 次国定教科書，高等小学修身書巻一，女生用第二四課）［片山，1984］

Column ⑩ 女にとっての立身出世主義

　『主婦之友』のような当時の大衆婦人雑誌には，息子の立身出世を支えた母をたたえる記事（その名もずばり「母の立志伝」と題した人気シリーズもあった）や夫の立身出世を内助する妻を紹介する記事がよくみられる。ここで論じた男性の立身出世主義に組み込まれた「身代わり達成」型の女性像である。しかしじつは，女性自身が医師や女子教育家，自営者として成功するに至る半生をドラマティックに描く記事も少なくない。ただし，そうした女性自身の立身出世が描かれる場合は，父の死などによって没落した「家」の再興や，夫との死別によって自活（ときには子どもを抱えて）を余儀なくされたという条件が付与されている場合が多い。「男は仕事，女は家庭」という標準的な役割分担が不可能となった場合の，いわば「非常時」の生き方の範囲において，女性の立身出世は許容・賞賛されていたと考えられる［木村，1989］。

と，女性の「縁の下」の貢献が鼓舞されていく。

　良妻賢母主義教育は，母や妻として男性を陰で支え公的世界での彼の活躍を可能にすることが，女性の理想の生き方だと説く。急速に進んでいく近代化は，立身出世を志してその変化に適応していこうとする価値規範を男性性に託すとともに，家庭という私的世界での男性への献身を通して社会に貢献しようとする価値規範を女性性に託した。男の働きを生み出し，男を男たらしめるのは女である。そうした観念こそが，立身出世主義の中で機能した〈女〉なのである。

「お国のために死ぬ臣民」と「軍国の妻・母」　　「手柄」を志す男性とそれを後押しする女性という構図がたどりつく1つの究極は，兵士としてお国のために喜んで死ぬ

Stage 2　身を立てる男と駆り立てる女

臣民と，お国のために喜んで夫や息子の命を差し出す「軍国の妻・母」の対といえよう。「軍国の妻・軍国の母」もまた，学校教育が明確な意図を持ってつくりあげたものである。学校がつくりあげた「軍国の妻・母」像の代表的なものとして，「水兵の母」や「一太郎やあい」の母をあげることができる。

「水兵の母」は「児童に特に感激を与えた教材として忘れることの出来ないものであり，学芸会などにもしばしば演ぜられた」[唐澤，1956，311頁]という有名な教材である。「水兵の母」という教材の中には，海軍水兵として出征中の息子に，せっかく兵隊として戦争に参加しながらいまだ「かくべつの働き」がないことを残念がり，「何の為にいくさに御出でなされ候ぞ。一命をすてて君に報ゆる為には候はずや」と嘆く手紙を送る母が登場する。天皇・お国のために命を捧げよと叱咤激励する母である。同様の教材が「一太郎やあい」である。この中でも出征する息子に対して，自分のことは心配しなくてよいからお国のためにしっかり戦ってこいと励ます母親が描かれる。これも人気の高い教材だった。

一方，男性にとって軍人になるということは立身出世の1つの形態であり[広田，1990][河野，1990]，軍隊は一種の男性性を形成・発揮する場であった。軍隊とは，暴力が制度化された組織であり，そこで称揚される男性性は，帝国大学を出て高級官僚や政治家をめざす男性性と異なる。軍人は「力」というものと結びついた男らしさを象徴するものとして，男子の憧憬の対象でもあった。しかし，そうした職業軍人はさておき，徴兵制によって自身の意図とは無関係に兵隊となった庶民を戦争に駆り立てるためには，戦死する男と戦死させる女をほめたたえる言説が必要とされたのである。

戦前の教科書の世界は，男性の場合，絶対的権威たる国父としての明治天皇と，権威に対して恭順に勤倹力行する臣民としての二宮金次郎のペア，女性の場合，慈愛と仁徳をそなえた国母としての昭憲皇太后と，愛する息子をお国のために捧げる臣民としての「水兵の母」のペアによって，象徴化される基本構造を持っていたといわれる［唐澤，1956］。

　しかし，天皇についても，君臨する絶対的権威としてのみでなく，赤子である国民をいつくしむ人格者として敬愛されるような方向づけがなされていく。修身書の挿絵を分析すると，親子関係の描かれ方が権威主義的なものから，近代家族的な親密さを含むものへと変化しており，そうした慈愛ある父親像が，「国父」の天皇のイメージに重ね合わされ，家族国家観の形成と普及に活用されていたことがうかがえる［牟田，1996］。

　それは，天皇制国家における「国民の創生」のために，ジェンダーおよび情愛を基礎とする近代家族像が活用されたプロセスとして解釈することができる。「国父」である天皇，「国母」である皇后，そしてその「赤子」である国民という家族のメタファーで，国民国家が形成されていった。そこでは，親の恩と孝行という儒教道徳だけでなく，たがいに情愛で結ばれているという近代的な家族規範も機能していた。情愛が前提とされるからこそ，天皇（親）への報恩も内在的な動機づけが強化されることになる。

　上述の，なぜ早く天皇のために戦死しないかとばかりに息子を責める「水兵の母」は，現代の感性からすれば非情な母親のようにみえる。だが，じつはくだんの手紙はこうした文章でしめくくられている。「母も人間なれば，我が子にくしとはつゆ思い申さず。如何ばかりの思にて此の手紙をしたためしか，よくよく御察

し下されたく候」。母としての情愛はある。あるがしかし，いや，あるがゆえにこそ，息子をお国への奉公へと駆り立てる母親像が，人々の心をゆさぶったのである。

男性の「立身出世」や「ご奉公」と，それを支える女性の「内助の功」という役割分担は，家族の情愛という価値規範の発展とも結びついている。親子の情愛や夫婦の情愛を基礎とした性役割は，合理的な分業というよりも，家族の「愛」に応えるという情緒的な意味合いを帯びたものとなる。そうした男女の対関係を活用して人々を社会（国家）の動きに動員する系譜は，立身出世主義から戦時期の国家主義，そして戦後の経済成長を可能にした企業戦士の倫理にまでつながる。ファシズム期の「軍国の母」と，栄養ドリンクを差し出す現代の妻との間には，ずいぶんと距離がある一方，無視しがたい共通性もみられる。身を立てようとする〈男〉と，それを駆り立てる〈女〉。両者をつなぐキーワードは「愛」である。

Think Yourself

1. 現代社会において，ここでとり上げた事例以外に，〈身を立てる男〉と〈駆り立てる女〉という対比にあてはまる現象はないだろうか。
2. ここで述べたようなジェンダーのあり方について，戦前における図式と今日的図式の共通点と差異を考えてみよう。
3. 男女の役割分担と「愛」という言葉に代表される情緒的関係を重視する価値観との関連について考えてみよう。

Stage 3 〈女らしい〉身体と〈男らしい〉身体の発見

学校文化における身体とジェンダー

共同通信社提供●

> ブルセラ女子高校生

女子高校生が自分の下着や制服を性的な商品として売る現象がマスコミでとり上げられ,「ブルセラ女子高生」なる言葉を生んだのは, 1993年ごろである。さらに最近では,「援助交際」という耳慣れないネーミングの下, 買売春に等しい行為にかかわる女子高校生や女子中学生が「おとな」たちの間で激しい議論を呼んだ。

それらは過剰に思えるほどの「熱い」視線を浴びてセンセーショナルにとりざたされた。「ブルセラ」や「援助交際」がかくも

刺激的でショッキングな意味を持つのはなぜなのか。

現代社会には，学校教育の文脈において生徒や学生は「性的存在」であってはならないという規範がある。恋愛や性的な交際は「不純異性交遊」としてうとまれ，女子生徒の妊娠・出産などは学校で起こってはならないことであり，起こったとしても「なかった」こととして事実を伏せなければならない最大級のタブーだろう。

学校教育は，生徒たちのセクシュアリティを排除する文化を持つ。校則は生徒たちのヘア・スタイルや服装について規制を設けているが，その中でもセクシュアルな「美」を装おうとする女子の行動はきびしい「指導」を受ける。化粧をはじめとして女性は男性よりも身を装うという社会の風潮を背景に，女子は思春期になると外見をかざることに熱心になりはじめる。中学校の「荒れ」を背景に生徒指導が重視された1970年代後半から80年代は，こうした女子の行動を，学校は警戒し厳格な規制の対象としていた。校則にそむく髪型や服装に対して，学校はときに実力行使で立ち向かった。パーマをかけたことが疑われる場合には頭から水をかける，長すぎる前髪や長すぎるスカートのすそを教師がハサミで切ってしまうといった「指導」が行われていた。

現在では，服装や髪型に対する規制はかつてよりもゆるやかに変わりつつあるといわれる。1990年代には，茶髪や化粧，短いスカートにルーズソックスをはいた「なま脚」といった，女子**生徒文化**〔★〕が花開いた。

しかし基本的には今でも，学校はそうした女子のセクシュアリティを表現するファッションや行動には否定的であろう。なぜ学校はそれらの行動を好ましくないものとして弾圧する志向性を持

Column ⑪ 制服・頭髪規制とセクシュアリティの排除

学校教育が発展するにしたがって男女ともに制服や頭髪の規制を受けるようになるが、規制のされ方はやはり男女で異なった。学校は、制服によって新しい女性美イメージを形成すると同時に、それがある枠内からはみ出すことがないようにきびしく管理する傾向があった。女学生の服装や頭髪への規制は、「華美の禁止、質素・素朴の強要、肌露出の神経症的な否定」といった「男子学生生徒への規制をはるかに上回る、すみずみにまで至る禁制と干渉とに満たされていた」[佐藤, 1996, 217頁]といわれる。現在につながる、学校におけるある種のセクシュアリティ排除の志向性は戦前から存在したのである。

っているのか。1つには、女子が身なりに気をつかうようになり「色気づく」こと、それは成績が下がる前兆であり、非行につながっていくものと解釈されているからである。これを、学校の「隠れたカリキュラム」として照らしなおしてみると、「色気づく」こと、つまりセクシュアルな面を強調する「女らしさ」は学校の中に持ちこんではならない「女らしさ」であり、学校の求める「望ましい女子生徒」像とあいいれない要素なのだといえよう。だからこそ、逆にいえば女子生徒にとって「色気づく」ことは、学校への反抗の手段ともなる（➡ PartⅠ・知識編）。

高校生や中学生といえども実際には恋もセックスもするし、とりわけ女子の場合は本人たちが望むと望まざるとにかかわらず、成熟過程にある身体を制服の中に閉じこめた存在として、一種倒錯した性的関心の対象となることも多い。女子高校生や女子中学生を「性的存在」として「みる」視線が社会に存在するにもかかわらず、彼女たち自身がそれを受容し、そうした状況を活用もし

くは享受しようとすることは許されない。女子高校生や女子中学生が，自分の性的商品としての価値を意識し，それを市場にみずから差し出し金銭的報酬を得ようとすることは，あるまじき行為なのである。冒頭の問いにもどるならば，「ブルセラ」や「援助交際」があれほど世間の非難や嘆きを引き起こす理由はそこにある。

そこで，女子生徒というものが，「性的存在」でありつつも，「性的存在」であることを拒否しなければならない矛盾がどのように生まれてきたのかを考えてみよう。

> 制服の意味

1980年代に東京都内の有名私立女子高校などの女子生徒の制服について説明つきのイラストを集めた本が話題を呼び，非常な売れ行きを示した（森伸之『東京女子高制服図鑑』弓立社）。この本は85年に出された第1弾が好評を博して以降，ほぼ2年ごとに内容が更新され，1994年度版まで出版されている。女子高校生や女子中学生への制服に対する社会的関心——男性による性的関心のみならず，少女たち自身が抱くファッションとしての制服への美的関心——は高い。

女子生徒や女子学生の制服姿への社会的関心はいつごろから生じたのであろうか。本田［1990］は，その起源を明治30年代と推定する。そのころ，束髪とえび茶や紫の袴姿の女学生スタイルが人気小説のヒロインを印象づけるものとして描写されるなど，新鮮で魅力的なイメージで大衆の視線を集めるようになったのだという。一方，女学生スタイルのみならず，それに対置するような男子学生スタイルも確立していったはずである。

では，学生スタイル，学生文化の基礎となる「制服」はどのよ

うに制度化されていったのだろうか。

　明治期に近代学校制度が発足してから,「制服」というシステムが導入され,普及するまでにはそれなりの年数がかかっている。

　明治当初,男子の学校制服は官吏の服装を基準としていたため,官吏の服装が羽織袴から洋服に変化するに伴って,和装の書生姿から洋装に移り変わっていく。その際,モデルとされたのは軍服であり,1880年代後半以降軍服を模した黒色詰め襟・金ボタンの「学生服」が男子の学校制服として定着していく。軍服がモデルとなったのは,当時の学校教育が軍隊生活に代表されるような集団的な規律行動へのコミットを重視していたからだといわれる。

　ただし,戦前における制服の導入はほとんどの初等教育機関ではみられず,中等教育機関と高等教育機関に限られていた。学校制服は,能力的・経済的に一種の「選ばれた階層」を表すシンボルの意味を持っていた。「みえやすい」服飾のレベルでの差別化によって,制服を着用するものたちの特権意識や上級学校への帰属意識が高められたことが推測される。そのわかりやすい例が,旧制高校での弊衣破帽の「バンカラ」スタイルである。「バンカラ」スタイルには,いかにむさくるしくとも,校章や白線の入った学生服と学生帽が不可欠であった。エリート意識が独特のかたちで表象されていると考えざるをえない。

　女子の場合は,制服制度の導入が男子よりも遅れただけでなく,複雑な道筋をたどる。明治当初は,男性同様羽織袴の「女書生」姿がみられたが,いったんは女ものの和服に回帰,鹿鳴館時代には一転して時代風潮を反映したバッスル調の洋装制服,さらに再度和服にもどった後に,活動性という観点から機能的な女袴と筒袖改良和服が考案される。明治末期にはそうした改良着袴姿が和

装制服として採用されるようになり，いわゆる「えび茶式部」「すみれ女子」と呼ばれる女学生スタイルが確立した。

　その後，女子中等教育の発展と女子に対する体操教育の展開によって，洋装制服が普及していく。女子の体操教育発展に貢献した井口あくりが，欧米への留学での見聞をもとに，女子にふさわしい体操着の必要性を主張し，ブルマーズやセーラー服を紹介した。セーラー服もまた，機能性を重視して海軍兵の制服をもとにつくられたものであった。体操着の改革をステップとして，大正期にはセーラー服の上着にスカートという洋装制服が採用されていく。もちろん，洋装制服に至るプロセスには学校や地域によって多様性があり，制服導入の時期も都市部とそれ以外の地域では時間的ずれがみられた。そうした多様性やずれはありながらも，1930年代には全国のほとんどの高等女学校・実科高等女学校において洋装制服が制度化されることとなる。

　最終的には男女ともに洋装制服が定着するわけだが，同じ洋装とはいえ，そのスタイルには大きな違いがあった。男性の制服はほとんど軍服と同様で，活動的かつ剛健なスタイルであるのに対して，女性の洋装制服の典型であるセーラー服は，海軍の制服がモデルとはいえ，それをかなり柔らかなかたちにアレンジしたものであった。胸元で揺れるリボン，風にはためく広い襟，身体の動きに応じて波打つスカート。本田和子がえび茶袴の女学生スタイルについて指摘したような「『風』との親和関係」［本田，1990，67頁］は，洋装制服についてもあてはまる。乱暴な動きには適さないが適度な「揺れ」が似合うセーラー服は，清楚な女性美を表現するものであり，他方，「揺れ」の余地がないほど身体を堅苦しく包む男子の制服は，凛々しい男性性を表現するものだった。

セーラー服姿（昭和9年代）
（出所）　唐津富太郎『女学生の歴史』木耳社，1979，グラビアより。

男女によって異なる学校制服は，学校が理想とする〈女〉と〈男〉を目にみえるかたちで制度化したものといえよう。

> **体育の必要性**

セーラー服と学生服に代表される男女で区別された学校制服は，それぞれ「女らしい」身体と「男らしい」身体のイメージと結びついている。とりわけ，和装よりも機能的とされた洋装に向かう制服制度化の過程は，近代的な身体の育成とパラレルだった。

学校における身体や身体の運動機能の育成は，きわめて社会的な機能を持っている。たとえば，産業革命以降のイギリスでは，社会の上層階級の子どもたちを育成する場であったパブリック・スクールにおいて，スポーツが「ジェントルマン」の理念に代表されるような男性の上層階級文化形成のために活用された。さらには，産業化の進展の下で，規律正しく優良な労働者階級の育成のために，上層階級の定義するスポーツ文化の浸透がはかられた

Stage 3 〈女らしい〉身体と〈男らしい〉身体の発見

といわれる。

　近代日本においても，知育や近代的な行動様式の注入のみならず近代的な身体の形成が，近代国家にふさわしい人材養成という観点から学校に求められた課題であった。男子は，産業労働および軍事に適合的な強健で敏捷な肉体づくりと，集団行動や競争競技に向けたエートスの内面化がもとめられた。女子に対しても，前近代的な「ひよわ」な肉体ではなく，良妻賢母として家を司り，何よりも「優良」な国民を生み育てる健全な母体になるべく，健康さと強さを養うことが期待されるようになる。1つのモデルは西欧女性であり，従来の日本女性の姿勢の悪さや動作の緩慢さ，運動不足による虚弱が，非近代的なものとして批判された。

　近代社会がもとめる活動的で健全な身体育成のために，学校が用意した教科は「体操」だった。

　「体操」の歴史をひもといてみよう。1872（明治5）年の「学制」発布の段階から，初等教育教科の中に「体術」（翌年より「体操」と名称変更）が位置づけられている。この段階では内容はまだ曖昧なものでしかなかったが，近代学校教育制度のスタート時から体育教育の必要性は認識されていたといえよう。1878年には体操伝習所が設立され，「体操」教育の内容が整備されていく。86年の小学校令で「体操」に「兵式体操」が加えられ，軍隊をモデルとした「気をつけ」「前へならえ」の姿勢や隊列運動が学校教育に導入されて，規律的な集団行動が重視されるようになる。

　さらに1891（明治24）年の「小学校教則大綱」では，小学校の「体操」の内容として「遊技」「普通体操」「兵式体操」が定められる。「大綱」が述べる体操科の目標は「身体ノ成長ヲ均斉ニシテ健康ナラシメ，精神ヲ快活ニシテ剛健ナラシメ，兼テ規律ヲ

守ルノ習慣ヲ養フ」というものであった。この時期には,「健康」で「剛健」な肉体と「快活」で「規律」正しいパーソナリティが,近代国家が必要とする人材の要件として明確に意識され,「体操」教育こそがその育成を可能にするものとして想定されていることがわかる。その後,スウェーデンやドイツの体操が紹介されるなど,「遊戯」「普通体操」「兵式体操」の内容やバランスは変化しつつ,近代体育が形成されていった。

「体操」は男女ともに必要と考えられたが,その内容や必修時間数には男女で違いがみられた。初等教育では,男子には主として「兵式体操」を,女子には「普通体操」もしくは「遊戯」を授けるよう定められていた(1891年,小学校教則大綱)。中等教育カリキュラムでも,中学校では「兵式体操」や「撃剣・柔術(後に剣道・柔道と改称)」などが重視される一方,高等女学校では中学校よりも時間数が少なく,内容も「普通体操」「遊戯」中心で,さらには舞踏など女子向けの種目が考案されたりもした。全般的には男子の場合の方が体育教育の位置づけは高かったが,女子体育もおろそかにできないとの声は常にあがっていた。明治末期には,前項でふれたように女子の運動服の導入をきっかけに服装の改善と体力増強が関連づけて議論され,高等学校女学校長会議でも協議されている［上沼,1968］。1917(大正6)年発足の臨時教育会議が翌年出した女子教育についての答申「女子教育ニ関スル件」においても,改善策の要点として「体力の増強に留意する」ことがあげられている。

しかし一方で,「体操」教育によって,日本女性の優美さやたおやかさが崩壊することも懸念されていた。昭和初期の女子体育の専門雑誌の中にもそうした議論がままみられる。「殊に女性体

育に関しては，各方面から論ぜられて居る様に，運動により彼等の健康を幾分なりとも増すにしても，それが少しでも女子固有の美を傷ふ様なものであれば，それは断然除かねばならぬ」（木下裕「女子体育指導について」日本女性體育研究會編『女性體育』第3巻第1号，1933年）。こうした懸念は，「体操」による女子の「男子化」論とも呼ばれ，欧米においても議論されていた（『女性體育』第3巻第4号）。

一般の人々の女子体操に対する視線にも，複雑な思いが錯綜していたようだ。俳聖といわれる正岡子規がつくった短歌に「をとめ子の体操よろししかれども そのをとめ子をめとらまくは厭」なる作がある。学校教育の中で女子の体操が奨励されることへの，社会的視線がうかがえる。

女性の「男子化」に警鐘を鳴らす声に応じて，女性にふさわしい，女性美をそこなわないものとして，舞踏（ダンス）など女子むきの体操が考案されていく。そうした「女らしい」体育の伝統は，戦後のカリキュラムにもひきつがれていく。1985年の女性差別撤廃条約批准に伴って改善されるまで，中学校体育の学習指導要領は，それぞれの特性に応じて男子には格技，女子には創作ダンスを割りふると規定していた。

体力や運動能力の向上・集団規律の身体化は男女ともに必要とされ，「体操」教育が展開されたが，やはりそこでも性別による線引きがなされていた。学校教育における「体操」の発展の中に，「男らしい」身体と「女らしい」身体が発見されていく経緯が読みとれる。

性教育

「近代的な身体」への注目は，性や生殖の「近代化」という観点で発展はしなか

ったのだろうか。学校が児童・生徒の身体を鍛えることは，将来彼/彼女らが健全な次世代国民を生み育てる目的も含んでいた。ゆえに，性および生殖も学校教育の守備範囲として重視されるようになることが自然のなりゆきのように思えるが，現実はそう進まなかった。戦前に学校教育で性教育が公式にとり入れられることはなかった。

性教育の必要性は，ドイツでの性教育の紹介を発端に医学者の富士川游らによって1900（明治33）年ごろから説かれるようになったが，当初は学生の「風紀問題」が必要性の根拠として注目されていた。とりわけ，青年男子の「花柳病（性病）」の罹患率の高さや，「手淫（マスターベーション）」の流行が，危機感を持って議論されたという。女子学生についても，「手淫」および「同性愛」「妊娠」などが警戒された。学生を性的な「堕落」から守るための性教育の必要性やその是非について，大正期以降はジャーナリズムでもさかんな議論があった。男子の場合は，きちんと学業を修めるためには，性欲をコントロールする自制心・禁欲の倫理が不可欠であると論じられた。立身出世主義や人格の陶冶と，性欲のコントロールが関連づけられていたのである［赤川，1999］。女子の場合は，将来貞淑な妻と健全な母となるために，種々の誘惑から身を守らねばならない。女子に対する性教育は良妻賢母主義とからみあっていた。

実際の試みとしては，大正期に山本宣治が同志社大学で「人生生物学」という講義タイトルで性教育を行って賛否両論の波紋を呼んだことが有名だが，その例に限らず個々の学校や教員による性教育の実践は散発的になされていたようである［赤川，1999］。大正・昭和初期には性教育を扱う雑誌記事や書籍もかなり出版さ

れている。たとえば，1938（昭和13）年に発行された『性教育叢書』（建設出版）は全部で6巻からなり，執筆者には式場隆三郎，山川菊栄，高島平三郎，西村伊作など，当時のそうそうたる面々が名をつらねている。式場と西村によって書かれた第6巻『学生と性教育』は，幼稚園にはじまり，小学校・中学校・女学校・上級学校のそれぞれの段階において，性知識や性倫理について教授する必要を具体的な内容にふれながら論じている。にもかかわらず，性教育は戦後になるまで学校教育の公的カリキュラムとしてきちんととりあげられるには至らなかった。

　とりわけ女子教育では，修身教育において女子に純潔や処女性の重要性や貞淑などの規範を教えるレベルにとどまっていたようだ。たとえば，女子用の修身教科書では「そもそも貞操は女子の生命ともいふべきものなれば，死を賭しても，之を守らざるべからず」（第2次国定教科書，高等小学修身書巻一，女生用第二四課［片山，1984，273頁］）といった表現で，結婚前の純潔と結婚後の貞操が女子にのみ強く要求されている。昭和期になると，高等女学校のカリキュラムに「（育児）保健」といった科目がみられるが，それは「健全な国民」育成のための母性に焦点をあてたものだった。

　学校教育における性教育は，戦後になって実現する。1947（昭和22）年に文部省の社会教育局が「純潔教育の実施について」という通達を出し，性教育は戦後の混乱の中で純潔教育としてスタートした。純潔教育は，女性の生殖と性行動の管理の色合いが強く，男性の性欲を所与のものとして，それから身を守るべく女性に性規範を教え込む目的が大きかった。純潔教育のような性道徳中心から身体や性・母性に関する知識伝達の重視へ，さらに

Column ⑫ 学校文化の中の「のぞましい女子生徒」像

　学校が求める「のぞましい女子生徒」像は、いくつかの「女らしさ」要素の束から構成されている。生徒として学業を勤勉に行い、教師の指示に従順にしたがうのはもちろんのこと、さらには女性としての特性を生かして、事務や整理整頓などの室内の単純作業や教師の補助作業をまじめにこなし、こまやかな心づかいで学級や学校に奉仕し、清潔で清楚な服装に心がける一方、セクシュアルな面を強調する行動はあくまでも自制する。このような女子生徒像は、歴史的には、戦前の良妻賢母主義教育が、主として中流以上の階層の女子を対象に目標とした女性像の流れをうけついでいるといえよう。しかし、なぜ現代社会でこのような女子生徒像がのぞまれるのかを考えた場合、この「のぞましい女子生徒」像は、何かに似ていることに気づかされる。それは、企業で求められる「のぞましいOL」像である。オフィスにおいて男性の指揮のもとにあくまでも男性の補助として従順かつ勤勉に働き、お茶くみやそうじに心をくばって、殺伐とした職場にうるおいをあたえ、清楚さをたもつ適度な化粧と服装で花をそえるOL像と、学校が奨励する女子生徒像は多くの共通点を持っている。学校で期待される女子生徒の役割や位置は、現代の労働市場において女性に期待されている役割や位置に対応したものとなっているのではないだろうか。

80年代以降はエイズ教育の必要性など、性教育はさまざまな問題をはらみながらも発展してきている。近年は性教育の人権（とりわけ女性の権利）の視点を導入する動きがさかんであるが、戦後の長い間、性教育は、近代家族の一夫一婦制を前提としたセクシュアリティのコントロールや健全な母体の育成に重点がおかれていた点で、戦前の流れをひきついでいたといわざるをえない。

> 学校という「聖域」での「熟成」

最後に学校文化における身体の意味をまとめよう。

学校教育の文脈の中での生徒たちの身体は、まず第1に、学習や鍛錬などを受ける、「おとな」になるための準備期間にあるものとして定義づけられる。すなわち、子ども・青少年期という発達段階が学校教育の整備とともに明確化され、そうした発展途上段階にあるがゆえにその身体は労働や生殖から切り離される。近代学校教育が発達する以前には、身体的成熟の程度からくる制約条件以外の理由で、労働や生殖から意図的に切り離される期間が長期にわたって設定されることはほとんどなかった。武士階級は例外として、庶民にとっては社会生活に向けての準備のみに専念する段階にある身体という概念は、学校教育によってはじめてもたらされたといえよう。

第2には、セクシュアリティの面では脱性化された身体である。それは、恋愛や性行動の排除によって示される。

第3には、性役割や性別の特性観にもとづいて男女で区別された、ジェンダー化された身体である。女らしい身体と男らしい身体が定義づけられ、それぞれ学校教育の中で育成することが企図された。

純粋に「準備」のために鍛錬される精神と知能と肉体が、男女別々に分離されて学校教育の中に収容され、育成される。学校卒業後、それまで分離されて「熟成」を待っていた男女は、一対の夫婦となり密接なパートナーとして近代家族の建設をはじめる。男女を分離した学校という「聖域」での〈男〉〈女〉としての「熟成」が、戦前の学校教育制度が持っていた機能の中心軸といえないだろうか。

　　　　　＊　　　＊　　　＊

　学校教育において，男女の分離は別学のみならず，それぞれ別個のカリキュラム，別個の教育体系の構築という展開を示す。教育制度において導入された男女の分離，すなわちジェンダーの切断線は，男性と女性の存在としての区別を生み，職場と家庭という職務の性による分業を生み，公と私という生活領域の分割を生むものであった。学校教育の発展は，「女は家庭，男は仕事」という近代的な性分業とそれに伴う「女らしさ」「男らしさ」イメージなどによって構成される近代的なジェンダー秩序の確立を推進する機能を果たしたといえよう。

Think Yourself

1. 現代の学校文化における「隠れたカリキュラム」として、男女別・男子優先名簿のほかに、男女別の制服や体操服が注目されつつある。男女別の制服・体操服は、はたしてセクシズムにかかわる問題をはらんでいるのであろうか。現在、ジェンダーの観点からみて学校による服装規制はどのような役割を果たしているのか考えてみよう。

2. みなさんが受けてきた体育教育や性教育をふりかえり、その中に性別の社会化を押し進めるような要素があったかどうかを考えてみよう。

3. ここでは概説したにとどまっている学校による服装・頭髪規制や体操・性教育の歴史について、何か興味を持った点があったら自分でもっとくわしく調べてみよう。たとえば、最近は減っているが、少し前まで男子中学生のほとんどが強制されていた丸刈りは、どういう経緯で学校に導入されたのか。戦前の体操とは、具体的にどのようなことをしていたのか。さまざまなテーマが考えられる。

知識編 「ジェンダーと教育」の社会学・入門

「女性と教育」研究から「ジェンダーと教育」研究へ

従来の学問は男性中心であるという批判が、フェミニズム(女性解放運動)の隆盛を背景に高まったのは1970年代のことである。研究をする主体として男性が圧倒的多数であるだけでなく、研究の対象としても男性がとりあげられることが多いという批判である。たとえばこれまでの社会科学は、暗黙のうちに男性イコール人間ととらえ、男性を分析対象とすることで人間社会をみることができると前提してきたのではないか。その結果、人

間の半数を占める女性を無視ないしは軽視してきたのではないか。イギリスの社会学者サンドラ・アッカーは、社会学におけるそうした状況を批判して、「女性のいない世界（No-Woman's -Land）」（Sandra Acker, *Gendered Education*, Open University Press, 1994）と呼んだ。

　研究主体としても研究対象としても、もっと女性が主役になっていくべきだ。そうした気運の下で、ジェンダーと教育に関する社会学研究も大きく展開する。まずは、これまで軽視されてきた女性に焦点をあてることがめざされたため、当初の研究は「女性と教育」研究と名づけることがふさわしいものが多かった。教育における女子・女性の問題に注目する研究が蓄積されることによって、やがて女性だけでなく、女性と対になる男性も同時にとりあげ、〈女〉および〈男〉に向けての社会化（socialization）に関心を向ける動きが生まれてくる。それは、〈女〉と〈男〉という差異化を生み出す文化を探究する、すなわち「ジェンダーと教育」研究として発展してきたのである。

　ここでは、主として女性に焦点をあてた研究も含めて、ジェンダーの観点から教育を社会学的にみた場合、何がみえてくるのかを概観していこう。

就学経路上の性差を認識する：既存の統計を読み解く

　ジェンダーの観点から教育をみるというとき、まずはそこに生じている性差を明らかにすることが最初の課題となる。たんなる印象や感覚ではなく、実証的に明らかにすることが必要となる。教育現象のさまざまな側面について統計的に男女を比較していこう。

　まずは、進学率をみてみよう。戦後の教育改革によって、6・

図Ⅲ-1　高校，男女別進学率（通信課程をのぞく）

(出所)　『文部統計要覧』平成11年版。

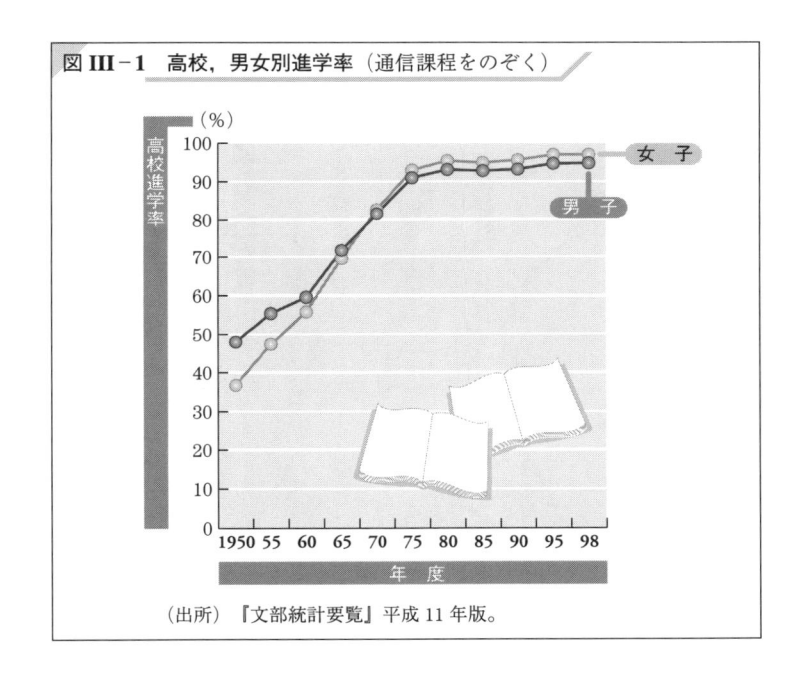

　3・3・4制という単線の教育制度が確立され，男女ともに9年間の義務教育を男女共学で就学することになったが，義務教育以降の高校や高等教育機関への男女の進学率はどのような変化をたどってきたのだろうか。

　図Ⅲ-1，Ⅲ-2は，1950年から現在までの新制の高等学校および短期大学・4年制大学の男女別進学率を示したものである。これをみると，戦後すぐは高等学校と短大・大学のいずれも男子の方が進学率が高く，男女の間には明らかな格差があったことがわかる。しかしその後，全般的な進学率上昇の中で，戦前に旧制高校や大学への進学の道が閉ざされていた女子は男子以上の高い伸び率を示し，男子に追いつき，やがて追い越していく。高等学

知識編　「ジェンダーと教育」の社会学・入門

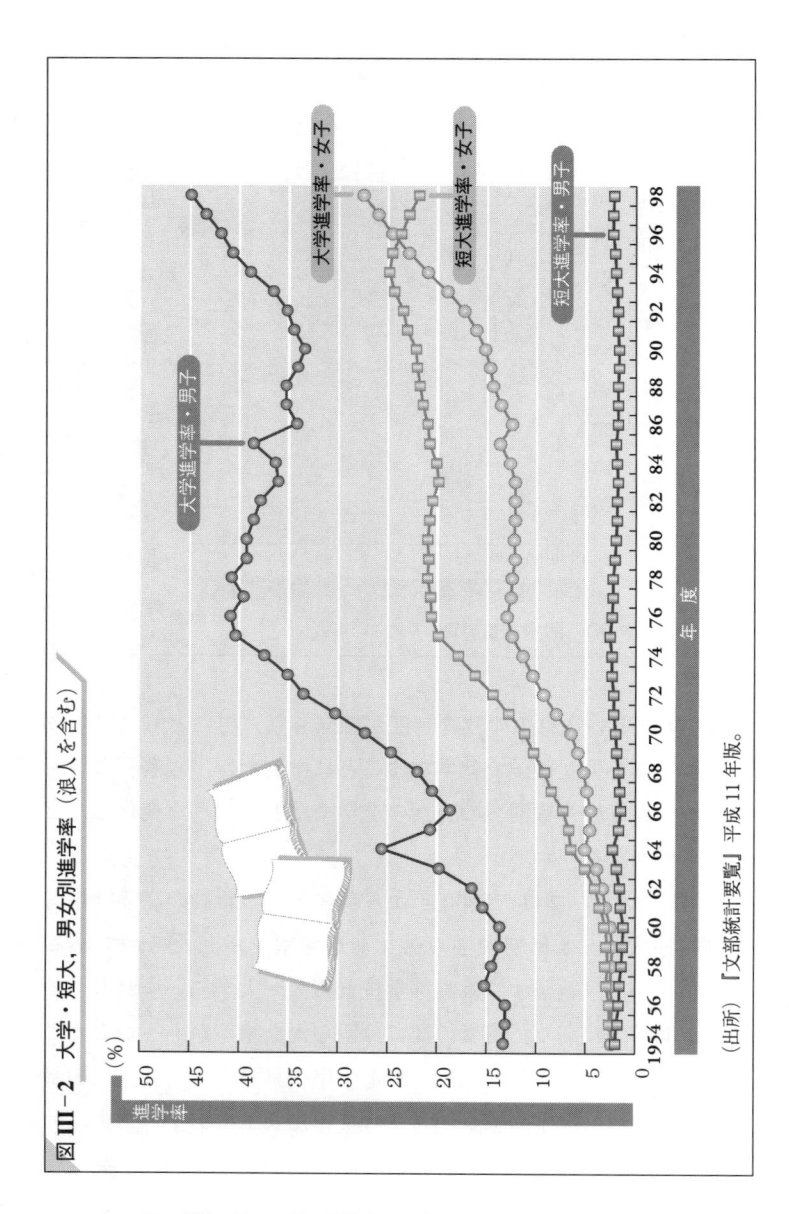

図 III-2 大学・短大、男女別進学率（浪人を含む）

(%)
進学率

大学進学率・男子
大学進学率・女子
短大進学率・女子
短大進学率・男子

年度
1954 56 58 60 62 64 66 68 70 72 74 76 78 80 82 84 86 88 90 92 94 96 98

（出所）『文部統計要覧』平成11年版。

校への進学率ははやくも60年代末に，高等教育機関への進学率もまた80年代末に，女子の進学率は男子のそれをわずかに上回るようになり，今に至っている。高等学校および高等教育機関という大きなカテゴリーでみると，就学上の女子の不利な立場は解消されているようにみえる。

しかし進学率は高まったものの，その進路の内実をみると男女でかなりの分化が生じている。たとえば，高等教育機関を短期大学と4年制大学に分けて考えるならば，進学率が高まったとはいえ，女子の場合は短期大学への進学者が多く，4年制大学で比較するとまだ男子が数の上で圧倒的に優勢である。さらには，大学院の進学率（学部卒業者のうち卒業後ただちに進学した者の比率）を男女で比較すると，男子が1割強にのぼるのに対して，女子はその約半数にすぎない（1996年度。『文部統計要覧』平成9年版より）。女子よりも男子の方が就学年数は長く，より高い学歴を取得しているのである。

また，専攻分野についても男女で偏りがみられる。高校と専修学校の学科別の男女比率を表したものが**図Ⅲ-3**，短期大学と4年制大学の学部別の男女比率を表したものが**図Ⅲ-4**である。後期中等教育および高等教育段階において，理工系や社会科学系には男子が，人文系や教育・家政系には女子が多いという，それぞれの性別に「ふさわしい」とされる進路選択ルートが存在していることがわかる。戦後の後期中等教育・高等教育の大衆化は，男女で適性や能力が異なることを前提とした性別分化を構造的に組み込みつつ展開されたといえよう。

さらに今度は，教員の側に視点を転じて，教員構成における性差をみてみよう。**表Ⅲ-3**は，小学校から大学までの本務教員に

図 III-3　高等学校・専修学校の学科別男女比率（1998年）（%）

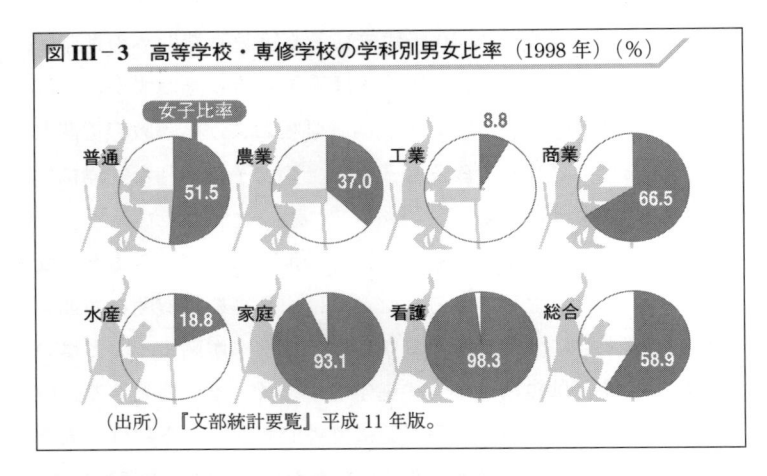

- 普通　女子比率 51.5
- 農業　37.0
- 工業　8.8
- 商業　66.5
- 水産　18.8
- 家庭　93.1
- 看護　98.3
- 総合　58.9

（出所）『文部統計要覧』平成11年版。

図 III-4　大学・短大の学部別男女比率（1998年）（%）

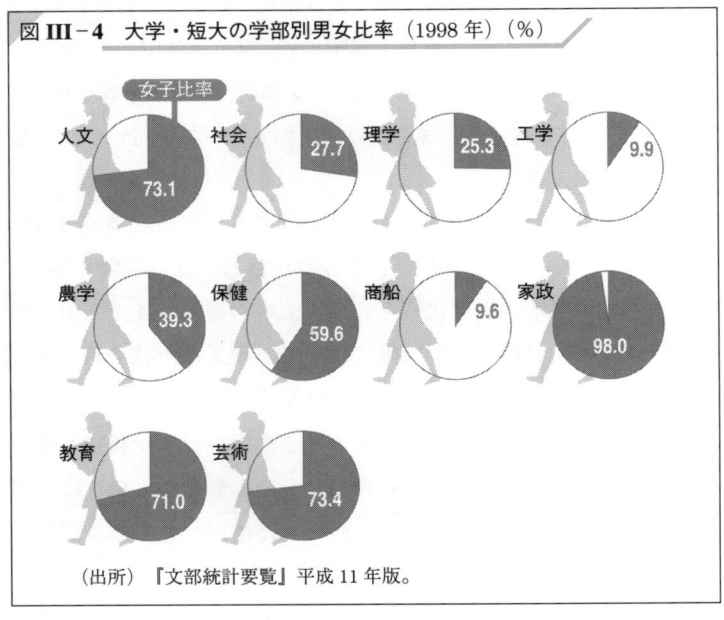

- 人文　女子比率 73.1
- 社会　27.7
- 理学　25.3
- 工学　9.9
- 農学　39.3
- 保健　59.6
- 商船　9.6
- 家政　98.0
- 教育　71.0
- 芸術　73.4

（出所）『文部統計要覧』平成11年版。

表III-3 本務教員および校長・教頭の女性比率（1998年）

（％）

	本務教員	校長 （園長/学長）	教頭 （副学長）
幼 稚 園	94.1	53.4	90.4
小 学 校	62.2	13.8	22.5
中 学 校	40.5	2.9	6.9
高等学校	24.7	2.8	3.8
短期大学	41.7	11.6	10.5
大　　学	12.3	6.2	2.8

（出所）『文部統計要覧』平成11年版。

おける男女比率である。小学校から大学へと，学校段階が上がるにつれて，教員における女性の比率が低下していくことが読みとれる。また，校長・教頭という学校における管理職の地位についている女性の割合も圧倒的に少ない。教職という職業階層における女性の地位は，相対的に劣位にあるといわざるをえない。学校が社会の縮図として子どもたちの目に映るならば，教員構成における男女の不均衡は彼/彼女たちの意識に影響を与えずにはおかないだろう。

性差にかかわる要因を
さぐる：質問紙調査・
インタビュー調査

前項では，学校基本調査のような公的統計を用いてジェンダーの問題を浮き彫りにしようとしたが，さらに問題を深めるために社会学的研究は，独自の質問紙調査やインタビュー調査によってオリジナルなデータを収集することが多い。問題意識に即した調査を計画・実施することによって，既存の統計調査だけでは明らかにできない点を追究しうる。

上記でみたような就学系路上の性差にかかわる要因をさぐり出

すために，さまざまな調査が行われている。代表的なものをいくつか紹介しよう。

まずは，質問紙調査などによって進学意識や進学動機をさぐり，進学にかかわる子どもたちの意識の性差を明らかにしようとするものがあげられる。それらの調査は，女子よりも男子の方が進学希望，とりわけ4年制大学への進学希望は高いことを明らかにしている。また，自分の学力についての評価や自尊感情のあり方を，男女で比較する試みもなされている。これまでの調査では，自分の学力についての評価には，女子よりも男子の方が楽観的な傾向がみられることが報告されている。つまり，「成績」として現れる数字が同程度であっても，女子の場合はそれを相対的に低く見積もり，男子の場合は相対的に高く見積もる者が多いという。

また，子どもたちが抱く種々の生活意識や価値観を総合的に分析して，学校における生徒文化を明らかにする研究があるが，その場合も男子の生徒文化と女子の生徒文化の間には多くの差異が見出されている。もちろん，生徒が学校の中で形成する文化には同性集団内においても多様性があるが，性別は生徒文化の特徴を分析するために欠かせない観点であり，生徒文化の男女差は勉学や進路に対する態度の性別分化と関連があることが示唆されている。

さらに，女子の進路選択および将来展望にかかわる価値観として，性役割意識と職業アスピレーション（就職や職業選択に向けての意欲）について調査した研究も多い。「男は仕事，女は家庭」といった性分業についてどう考えるか，将来どんな働き方がしたいのか——結婚・出産退職，中断再就職，職業継続などの選択——を少女たちにたずね，そうした意識がいつごろからどのよう

に形成されているのか，また，少女たちの間にある意識の多様性を規定する要因は何なのかなどが検討されてきた。少女たちの意識に影響を与えるものとして，家庭要因が注目され，保護者が抱く進学期待（どこまで進学してほしいか）や保護者とりわけ母親の職業や性役割意識なども研究の対象となってきたのである。

それらの研究の蓄積によって，女子の進路選択のプロセスには，固定的な性役割意識をはじめとするジェンダー要因が進路選択の幅を制限し，達成意欲を抑圧するメカニズムが働いていることが明らかにされつつある。

性差を生み出す学校内プロセスへの注目：エスノグラフィックな手法 教育現象にみられる性差に関して，社会学理論としてはどのような説明がなされてきたのだろうか。社会構造との関係においての説明（マクロ理論）として代表的なものは，機能主義理論と葛藤理論・再生産理論の2つといってよいだろう（➡ **Part IV・知識編**）。

パーソンズの機能主義的学校論は，性別役割は社会システムの均衡と維持のために必要かつ合理的な分業であるという判断を前提に，学校が性別役割を再生産することは向社会的な機能であるととらえる。それに対して，マルクス主義的な理論潮流を背景とする葛藤理論・再生産理論は，不平等を再生産するものとして学校を批判的にとらえる。

しかし，そうしたマクロ理論による説明だけでは，学校内部における性差別の再生産プロセスはみえてこない。実際にどのように男女の差異が生み出されているのかは，学校の具体的な教育実践そのものを観察・分析することによって明らかにできよう。

性差がいかにして生まれるのかを明らかにするために，提唱さ

れたのが解釈的アプローチや相互作用理論にもとづくエスノグラフィックな学校研究である（➡ **Part I ・知識編**）。学校の内部を詳細に観察・分析することによって，男女の進路分化や性別の社会化を生み出す学校内のプロセスを明らかにしていく。

そうした学校内部に入り込んでのエスノグラフィックな研究の中で，注目されてきたのが「隠れたカリキュラム」という概念である。

学校には，教えられるべき教育内容の体系，いわゆるカリキュラムというものがある。幼稚園・小学校・中学校・高等学校の場合，文部省の定める学習指導要領にしたがって，カリキュラムを組み立てている。公的に定められたカリキュラムの下に，子どもたちは知識や技術を学び，理解力や思考力または社会的な価値観を身につけていく。

しかし，学校には公的なカリキュラム以外に，暗黙のうちに共有されたある種の「隠れたカリキュラム」が存在する。「隠れたカリキュラム」とは，授業で教えられる教育内容そのものではなく，授業中や休み時間など日常の学校生活のさまざまな場面において，教師が1人ひとりの子どもにどのように接し，働きかけているのか，授業や学校運営がどのように行われているのかということを通じて，目にみえないかたちで子どもたちに伝えられているメッセージの体系である。たとえばそれは，生徒はどのようにふるまうべきかに関するメッセージであったり，あるいは，勉強ができる生徒はできない生徒よりも「えらい」という，成績による序列に関するメッセージであったりする。

このような学校教育の「隠れたカリキュラム」には，性別に関するメッセージも含まれている。教師の何げない言動の中に，ま

た,あたりまえとされてきた学校運営の慣習の中に,「女の子はこうあるべき」「男の子はこうあるべき」という固定的な男女観が表現され,知らず知らずのうちに子どもたちがそれを学んでいることが推測される。

ジェンダーに関する「隠れたカリキュラム」にはどのようなものがあるだろうか。たとえば,男女を区別して男子を優先する学校文化(名簿や行事の整列の仕方など),生徒集団をコントロールするために多用される性別カテゴリーと男女の対比(「女の子」「男の子」が必然的な理由なくグループ分けの基準となる。「女の子」集団と「男の子」集団を競争的な文脈で比較する),ステレオタイプな女性観・男性観にもとづいた学校内での役割分担や教師の言動(リーダー的役割は男子・脇で支える役割は女子といった暗黙のうちの分担,「女のくせに」「男なんだから」といった教師の発言,男女で異なる進路指導のあり方)などなど,セクシズムにかかわると示唆された点は多岐にわたる。

また,教師と生徒の相互作用(言葉やしぐさのやりとり)を観察した研究では,授業の中で教師は女子生徒よりも男子生徒に多く働きかける傾向があることが指摘されている。さらには,生徒の側の授業時間における発言や活動も,女子よりも男子の方が活発であるという現象が見出されている。すなわち,授業空間においては男子の方が教授の対象/学習主体として優先的な位置にあるということである。

こうした種々の事柄が複合的に作用して,女子の進学アスピレーションを冷却(**クーリングアウト**〔★〕)し,学校教育の文脈における女性の「地位の引き下げ(degration)」という事態をもたらすと考察されている。

> 現在を問い直す史的探究：歴史社会学的手法

「隠れたカリキュラム」のような，学校教育におけるジェンダー秩序は，どのようにして生まれ，発展してきたのか。それを歴史的な視野によって探究しようとする研究の流れもある。

社会学において，歴史的研究がさかんになるのは，欧米における社会史研究の影響が大きい。日本の教育社会学に大きなインパクトを与えた社会史研究にはいくつかのものがあるが，ここではその代表的なものとしてフィリップ・アリエスによる〈子ども〉研究を紹介しよう［アリエス，1980］。アリエスは，現代のわれわれが当然視している〈子ども〉概念が普遍的なものではなく，比較的最近になって社会的に構成されたものであることを，絵画や民衆文化などの従来あまり重視されてこなかった史料を駆使して明らかにしている。アリエスによれば，かつては「小型のおとな」とみられていた子どもが，近代の初期に「純粋・無垢」といった特性を持つ，おとなとは質的に異なる存在として認識されるようになったという。制度や著名な思想・人物などに焦点をあてるのではなく，普通の人々の **心性**〔★〕に注目し，その史的変遷を明らかにしようとしたアリエスの研究にはオリジナリティがあり，それが従来の研究状況に与えた衝撃は「アリエス・ショック」と呼ばれた。

アリエスなどアナール学派による社会史・心性史研究やミッシェル・フーコーの系譜学に刺激を受けて，日本においても，現在当然視されて「みえ」なくなっている学校特有の文化や慣習，学校教育にまつわるイデオロギーの形成についての歴史研究が進められている。

ジェンダーにかかわっての史的研究は，学校が求める，あるい

は形成する〈女〉〈男〉および両者の関係性がいかなるものであったのかをたどろうとする。戦前の女子教育を特徴づける良妻賢母主義に焦点をあてた研究（深谷 [1966]，小山 [1991]），女子高等教育の成立と拡大，婚姻市場における女性学歴の意味などをジェンダーの観点から見直す研究（天野 [1986]），学歴主義や立身出世主義の成立・浸透過程を明らかにする研究（竹内 [1997]，天野編 [1991] など），学生文化や学生に対する社会的視線に注目した研究（本田 [1990]，川村 [1993] [1994]，高橋 [1992]）など，とりわけ近年の歴史社会学的な教育研究の中に，ジェンダー秩序形成の理解に寄与するものが多くみられる。

本パートでステージ1から3にかけて行った考察は，それらの研究を基礎としながら，近代日本の学校教育史をジェンダー秩序の形成過程として読み直そうとする試みであった。

引用・参考文献　REFERENCE

赤川学 [1999]，『セクシュアリティの歴史社会学』勁草書房。
天野郁夫編 [1991]，『学歴主義の社会史——丹波篠山にみる近代教育と生活世界』有信堂高文社。
天野正子 [1986]，『女子高等教育の座標』垣内出版。
アリエス，P. [1980]，『〈子供〉の誕生』杉山光信・杉山恵美子訳，みすず書房（原著1960）。
麻生誠 [1991]，『日本の学歴エリート』玉川大学出版部。
安東由則 [1997]，「近代日本における身体の『政治学』のために——明治・大正期の女子中等教育の服装を手がかりとして」『教育社会学研究』60集，日本教育社会学会。
深谷昌志 [1966]，『良妻賢母主義の教育』黎明書房。
橋本紀子 [1992]，『男女共学制の史的研究』大月書店。
広田照幸 [1990]，「戦時期庶民の心情と論理」筒井清忠編『「近代日本」

の歴史社会学——心性と構造』木鐸社。

本田和子 [1990]，『女学生の系譜』青土社。

石川松太郎 [1978]，『藩校と寺子屋』教育社。

唐澤富太郎 [1956]，『教科書の歴史』創文社。

片山清一 [1984]，『近代日本の女子教育』建帛社。

河野仁 [1990]，「大正・昭和期軍事エリートの形成過程」筒井清忠編『「近代日本」の歴史社会学——心性と構造』木鐸社。

川村邦光 [1993]，『オトメの祈り』紀伊國屋書店。

川村邦光 [1994]，『オトメの身体』紀伊國屋書店。

川島武宜 [1956]，「立身出世」『展望』筑摩書房，1956 年 6 月号。

木村涼子 [1989]，「女性にとっての『立身出世主義』に関する一考察」『大阪大学教育社会学・教育計画論研究集録』7 号。

小山静子 [1991]，『良妻賢母という規範』勁草書房。

桑田直子 [1996]，「1920-1930 年代高等女学校における洋装制服の普及過程」『日本の教育史学』39 号，日本教育史学会。

見田宗介 [1971]，『現代日本の心情と論理』筑摩書房。

宮台真司 [1994]，『制服少女たちの選択』講談社。

牟田和恵 [1996]，『戦略としての家族』新曜社。

作田啓一 [1972]，『価値の社会学』岩波書店。

佐藤秀夫編 [1996]，『日本の教育課題 2 服装・頭髪と学校』東京法令出版。

関谷透 [1989]，『お父さんは，もう帰れない——帰宅恐怖症候群』プラネット出版。

園田英弘・濱名篤・廣田照幸 [1995]，『士族の歴史社会学的研究——武士の近代』名古屋大学出版会。

高橋一郎 [1992]，「明治期における『小説』イメージの転換」『思想』812 号，岩波書店。

竹内洋 [1978]，『日本人の出世観』学文社。

竹内洋 [1997]，『立身出世主義——近代日本のロマンと欲望』日本放送出版協会。

筒井清忠 [1984]，「昭和の軍事エリート」『昭和期日本の構造』有斐閣。

筒井清忠 [1992]，「近代日本の教養主義と修養主義」『思想』812 号。

上沼八郎 [1968]，『近代日本女子体育史序説』不昧堂書店。

山村賢明 [1971]，『日本人と母』東洋館出版社。

米田俊彦［1985］,「『中等社会』育成をめぐる相剋——1899（明治32）年改正中学令の制定過程とその意味」『日本の教育史学』28集,日本教育史学会。

図書紹介

○ 橋本紀子『男女共学制の史的研究』大月書店，1992。

近代学校教育制度の成立から戦後の教育改革を経た現代までの，1世紀近いタイムスパンの中で，男女共学制がいかに展開してきたかを，着実な史料をもとに明らかにしている。

○ 深谷昌志『良妻賢母主義の教育』黎明書房，1966。

戦前の女子教育の基本理念とされた良妻賢母主義とは何であったのかという問いに，本格的に取り組んだ先駆的著作。

○ 小山静子『良妻賢母という規範』勁草書房，1991。

従来の良妻賢母主義研究を再検討したうえで，良妻賢母思想を欧米の近代国家や戦後日本社会にも共通する近代的な産物としてとらえ直す視点を提起している。

○ 牟田和恵『戦略としての家族』新曜社，1996。

戦前の総合雑誌や教科書挿絵の解読など斬新な手法を用いて，日本における近代家族形成のプロセスを明らかにしている。

○ 山村賢明『日本人と母』東洋館出版社，1971。

教科書・著名人の伝記・テレビドラマなどさまざまなメディアの内容分析によって，「母」なる概念の多層的な構造と日本的特性を浮き彫りにしている。

○ 竹内洋『立身出世主義──近代日本のロマンと欲望』日本放送出版協会，1997。

著者には立身出世主義に関する複数の著作がある。本著は，日本の近代化過程で立身出世主義が果たした役割について，風俗や人々の生活意識に沿いながら解説している。

⊃ 赤川学『セクシュアリティの歴史社会学』勁草書房，1999。

　これまで十分に研究されてきたとはいいがたい，性や身体というテーマに焦点をあて，大部の史料をもとに近代のセクシュアリティの歩みを実証的にたどろうとしている。

⊃ 筒井清忠編『「近代日本」の歴史社会学——心性と構造』木鐸社，1990。

　さまざまな角度から「近代日本」を照らしだそうとする，歴史社会学的研究の論文集。

⊃ 天野正子『女子高等教育の座標』垣内出版，1986。

　戦前の教育制度を性別役割の配分システムとしてとらえ直すとともに，現代社会において女子高等教育が果たしている機能を社会学的に考察している。

⊃ M. デュリュ゠ベラ『娘の学校——性差の社会的再生産』中野知津訳，藤原書店，1993（原著 1990）。

　学校がジェンダーを再生産するという観点からの社会学的著作。フランスの研究であるが，英米圏の先行研究を多く取り入れ紹介している。

⊃ 木村涼子『学校文化とジェンダー』勁草書房，1999。

　戦後の教育制度や学校の中の文化を，ジェンダーの観点から見直している。

Part IV

「学歴社会」の変貌

Part IV

Introduction

　「学歴社会」をめぐって，2つの見方がある。1つは，「学歴社会実像論」と呼ばれる見方である。どの学校を出たのかで将来が決まる。だから，少しでもよい学校をめざして，試験の成績をよくしておこう。このように考える人が多いために，受験競争が激しくなるのだといわれる。テストの点数で人間が評価されるのも，成績によって序列づけがなされるのも，みんないい学校に入ることが目的となっているからだ，熾烈な受験競争を支えているのは，学歴や学校歴を重視する社会がその背後にあるからだ——このように学歴によって将来が大きく決まるとみる社会の見方を，「学歴社会実像論」と呼ぶことができる。

　しかし，他方では，「今の世の中，学歴だけでは通用しない」といわれるようにもなった。たとえ有名大学を出たとしても，激しい国際競争にさらされる企業社会では，大学のブランド名だけで出世できる時代ではない。年功制の賃金体系から年俸制などの実力を評価するしくみへの変化，終身雇用から労働力の流動化が起こる社会への変化を目の前にして，実力を伴わない肩書きとしての学歴の通用範囲は狭まりつつある，ともいわれるので

ある。この見方は,「学歴社会虚像論」と呼ぶことができるだろう。

　これら2つの見方のうち,はたしてどちらが正しいのだろうか。日本は学歴社会なのか,それとも学歴社会ではないのか。あるいは,両方ともが正しいとすれば,2つの見方が成立するのは,どのような条件のもとでなのだろうか。いや,そもそも,学歴社会か否かを問うこと自体,もはや時代遅れの問題意識なのだろうか。別の視点から,日本の教育と社会の関係をとらえなおすと,学歴社会という見方のどのような特徴や限界がみえてくるのか。

　この章では,「学歴社会」をキーワードに,今,私たちが直面している日本の教育と社会の変化について考えていきたい。学歴社会とは,教育と社会とのある特定の結びつきに着目した社会のとらえ方である。したがって,日本社会の特徴を考えるうえでも,その変化を追うためにも,展望のきく視点を与えてくれる見方である。この「学歴社会」をキーワードとすることで,社会学という立場から,教育の問題にアプローチすると教育のどんな特徴がみえてくるのか。さらには,学歴＝教育を切り口に分析することで,他の社会学の分野とはどのように違う日本社会の姿が浮かび上がるのか。「学歴社会」の分析は,教育の社会学がどのような学問であるのかを示す,かっこうのテーマである。

Stage 1 完璧な能力主義社会は可能か？

学歴社会とメリトクラシー

> 『メリトクラシーの興隆』

1958年，イギリスで空想社会科学小説（social science fiction）ともいうべき1冊の本が出版された。2034年を現在と見立て，20世紀後半から21世紀にかけて，イギリス社会で何が起きたのかを，当時（2034年）の社会学者が，「歴史」として分析する。そういうスタイルをとったSFである。この本を書いたのは，本当の社会学者でマイケル・ヤング，そして，本のタイトルは，『メリトクラシーの興隆』（邦訳では『メリトクラシー』という

書名で出版されている）といった。

　教育社会学で，学歴社会や「教育と階層」といったテーマになると，この「メリトクラシー」という用語がしばしば登場する。しかし，よく使われるわりには，ヤングのもともとのＳＦのストーリーとあわせて，この言葉が説明されることはあまりない。ＳＦの醍醐味をそこなわずに要約することはむずかしい。だが，それを覚悟のうえで，ここでは『メリトクラシーの興隆』を手がかりに，教育と社会の関係を考えていくことにしよう。まずは，ストーリーのあらすじを紹介する。

　著者は，メリトクラシー以前のイギリス社会を次のように描き出す。

　人々がどのように職業につくか。そこにはさまざまなやり方がありうる。イギリスでは，1870年代後半まで，公務員といえども，親や親せきなどの「コネ」がものをいうしくみを採用していた。それ以外の職業，たとえば農業（地主）や工業（産業資本家）の場合には，コネだけではなく，親から子どもへの遺産相続を通じた「世襲制」が長い間幅を利かせていた。縁故（コネ）や世襲が職業を決める重要なルールだったのである。

　職業の世界だけではない。どれだけの教育を受けるか，どこの学校に行くのかにも，コネやお金がものをいった。その結果，「次官になる能力を持つ一部の子供が15歳で卒業して，郵便配達夫にならざるを得な」いような場合や，裕福な家庭の子どもの中には「能力は乏しくても」有名な大学を卒業して「成人した暁には，高級官吏として海外勤務についている」［ヤング，1982，15頁］ような場合もあった。能力と学歴とが，ほとんど結びつかない社会だったのである。

Stage 1　完璧な能力主義社会は可能か？

表 IV-1　各タイプの中等学校における知能分布の比較（1989 年）

中学のタイプ	生徒の知能指数水準	教師 1 人あたり生徒数	教師の知能指数水準
● E・S・N（教育上水準以下の学校）	50〜80	25	100〜105
● セカンダリー・モダン・スクール	81〜115	20	105〜110
● セカンダリー・グラマー・スクール	116〜180	10	135〜180
● 寄宿制(ボーディング)グラマー・スクール	125〜180	8	135〜180

（出所）ヤング［1982］71 頁。

　ところが（そして，ここからが SF となるのだが），1989 年に，心理学の大躍進が起こった（もちろん，本当には起きていない。念のため）。「人工頭脳学者」の研究の進歩によって，知能を完璧に測定できるようになったのである。そして，**表 IV-1** に示すように，子どもの知能に応じてどのタイプの中等学校に行くのかが決められるようになった。この表からもわかるように，知能指数の高い子どもは，教師の知能も高く，教師 1 人あたりの生徒数も少ない，恵まれた環境の学校で，優れた教育を受けることになったのである。

　さらには，知能テストと並んで，人々の適性を見分ける適性テストの精度が格段に上がった。そして，知能テストと適性テストを使えば，それらの得点によって，人々が職業についた場合，どれだけの能力を発揮できるのか（すなわち メリット〔★〕）を正確に予測できるようになった。その結果，これらのテストの得点を使って，人がどの職業につけるのかを決めることが可能になった。

こうして、知能と適性とを完璧に測定できるテストの発明によって、どの職業につくのかは、個人のメリット、いいかえれば、仕事にどれだけ貢献できるのかを示す能力（小説の中では、国家認定知能指数と呼ばれている）によって決められる社会が出現したのである。

このように、より高いメリットを持った人々が、より高い地位につく社会のしくみを「メリトクラシー（メリットによる支配）」と呼ぶ。世襲制にもとづく貴族制（アリストクラシー）や、多数決（選挙）にもとづく民主制（デモクラシー）とは異なり、本人の知的能力にもとづいて地位が決まる社会のしくみである。そして、経済や軍事面での国際競争が、メリトクラシーを生み出す原因になったと、ヤングはその背景を説明している。

> メリトクラシーは何をもたらすか

それでは、メリトクラシーは、どのような社会を生み出したのか。本のストーリーをさらに追っていこう。

著者によれば、メリトクラシーが実現した社会は、メリットの違いによる不平等を容認した社会である。メリットの高い人が優遇される社会であり、けっしてだれもが同じ処遇を受ける平等な社会ではない。しかも、それをだれもが納得している。

さらに、メリットが正確に測定されるようになり、それが何世代にもわたって行われるようになると、上層階級（高いメリットを持った人たち）と下層階級（メリットの低い人たち）との間に、知的能力の格差が広がっていく。コネや世襲が支配した時代には、能力はあっても高い地位につけない人々が下層階級の中にはいた。反対に、能力はなくても、親からの相続やコネで高い地位につく人もいた。階級と能力との間には、あまり関係がなかったのであ

Column ⑬ 『メリトクラシーの興隆』と現代のイギリス教育

実際にイギリスでは、どのようなことが起きたのか。小説の中での革命的な年として描かれた1989年とは1年だけずれるものの、現実のイギリス教育史においても、1988年に大きな変化が起きた。1988年教育法の成立である。それまでの地方自治に任されていた教育を改め、全国の学校で何を教えるべきかを決めた「ナショナル・カリキュラム」が制定された。また、生徒たちがどの学校に行くのかを自分で選べるしくみ（学校選択）を導入し、入学者の数によって学校の予算を変えていくという学校間の競争を促すことになった。さらには、第2学年、第6学年、第9学年、第11学年のそれぞれの段階で学力試験を実施し、各学校の平均点を発表するというようなことまで行われることになった。

サッチャー元首相の保守党政権の時代につくられたこの教育改革は、国際競争におけるイギリスの産業の衰退を何とか挽回しようとすることにねらいがあった。国際間の経済競争が学力による競争を促すという点では、ヤングの「予言」に近い現実が到来したとみることもできるだろう。

る。

ところが、メリットが完璧に測定され、それにもとづいて地位が決められるようになると、下層階級の出身であっても、能力のある人は高い地位につくようになる。その結果、残された下層階級の人々の能力はますます低下し、かつては労働組合や労働党のリーダーとなっていたような優秀な人材も下層階級からいなくなってしまう。メリトクラシーが実現したことによって、「階級〔★〕間の断層は必然的に大きなもの」になったのである［ヤング, 1982, 128頁］。

しかも、知的な能力は遺伝や家庭の環境を通じて次の世代にも

伝達される。そのため，下層階級の子どもたちは，メリットの点でも親と同様に下層階級の仕事にとどまることが多くなる。もちろん，遺伝や家庭環境の影響が完全ではないかぎり，上層階級の子どもであってもメリットが低いために下層階級へと転落する場合や，それとは反対に下層階級出身でもメリットが高いために上層に上昇する場合がないわけではない。ただし，多数はメリットを通じて，親と同じ階級にとどまることになった。つまり，遺産の相続や縁故の影響がまったくなくなった社会が出現したにもかかわらず，長い年月の間に，かえって成り上がりや没落といった階級間の移動が少なくなっていったのである。

ヤングの描き出すメリトクラシーには，一見補足的にみえるが，次のような3つの仕掛けも組み込まれている。ストーリーとはややはずれるかもしれないが，以下の議論では重要なポイントとなるので，押さえておこう。1つは，地域の成人教育センターである。メリットは年齢とともに変化するかもしれない。より高いメリットを証明してもらうために，学校卒業後にも，5年ごとにこのセンターでテストを受けることができる。そして，その結果によって，別の職業につくチャンスもある（注：実際にはもっと若い段階での能力測定の精度が高いために，メリットの認定が変更されるチャンスは小さいということになっている）。つまり，制度のうえでは，チャンスはだれにでも，いつまでも開かれていることになっている。

2番目は，年功制の廃止である。メリットの測定が正確になれば，メリットの低い年長者が年齢という理由だけで高い地位につく理由はなくなる。つまり，メリトクラシーの完成は，年功による昇進を排除し，個人のメリットのみによって地位が決まるよう

なしくみをつくり上げたのである。

　第3のしかけは，女性の処遇をめぐるルールである。ヤングの描いたメリトクラシー社会では，メリットによらず女性は結婚後は仕事を続けることが許されない。子どものメリットをあげるためには母親の役割が大切であるという考えが強かったということもあるが，男性とは異なり女性の社会進出は許されないルールを持つ社会として描かれていることに，ヤングの描くメリトクラシー社会の限界もある（➡ Part III）。

　このような特徴を備えたメリトクラシー社会は，どのような様相を持つことになったのか。メリトクラシーの完成した社会を，ヤングは次のように描写している。

> 　1990年ごろまでに知能指数125以上のおとなは，すべてメリトクラシー（メリットによる上層階級）に属するようになっていた。知能指数125以上の子供の大多数は，同じ指数のおとなの子供であった。今日のトップ層が，明日のトップ層を生み出す度合いは，過去のどのときより高くなっている。エリートは世襲になろうとしている。世襲の原理とメリットの原理が一緒になろうとしている。2世紀以上要した根本的変化が，いま完成しようとしているのだ［ヤング，1982，214頁］。

　そして，下層階級となった人々は，「過去におけるように機会が与えられなかったからではなく，自分が本当に劣等であるという理由で，自分の地位が低いのだということを認めなくてはならないのだ」［ヤング，1982，130頁］となる。

　ところが，メリトクラシーは永遠に安泰な社会ではなかった。ヤングの小説では，2034年の5月に，メリトクラシーに反対する人々の暴動が起き，作者とみたてた社会学者が殺されてしまう。

暴動を起こしたのは，知能の高い女性たちをリーダーとする，下層階級の人々であった。暴動の原因はいくつかあげられている。そのうちの1つは，保守派のエリートたちが，メリット原理が世襲原理とほぼ重なり合うようになったことを理由に，メリットの測定をやめて本当の世襲制にもどることを提案したこと，もう1つは，学校卒業後にもメリットの再測定を可能にしていた地域成人教育センターを，実際には十分な役割を果たしていないことを理由に廃止しようとしたことである。これらの提案に反対した「人民党」が，有能な女性たちに率いられて暴動を起こしたのである。1989年がメリトクラシー完成の年だとすれば，完璧にみえたメリットによる支配は，半世紀もたたずに終焉を迎えた。ただし，小説の中では，暴動の後にどのような社会が誕生したのかは描かれていない。

> メリトクラシーからみえてくる問題

さて，日本の学歴社会について考えるうえで，この社会学的サイエンス・フィクションから，私たちはどのような問いを引きだすことができるのだろうか。この小説が描き出した社会像を，日本の現実と比較しつつ，どのように考えるかというところから，はじめてみよう。

ヤングの描いたメリトクラシー社会のうち，日本社会と比べて，「この辺は似ているな」とか，「ここはあてはまりそうだ」と思える部分はどこだろうか。

メリットと受験の偏差値を重ねあわせて，似ていると思った人がいるかもしれない。たしかに，入学試験が比較的厳密に行われ，コネや情実による入学が厳しく非難されるような日本社会では，親の影響力が直接入学試験の結果を左右することは少ないだろう。

試験の点数がものをいうのであり，受験中の条件も，採点の基準も，だれであれ「公平」に行われているようにみえる。親がその大学の卒業生や教職員だからといって，入試のときに特別の待遇を受けるわけではない。多額の寄付をしたからといって，入学を許されるということも，入学のむずかしい大学や公立の学校ではまず行われない。そのような意味で，入学試験の結果は，だれであれ分け隔てなく行われる，公平に学力という「メリット」を測定しているしくみにみえる。少なくとも，コネやお金が直接ものをいう社会とは違う。

さらには，高校進学率が97％を超え，これだけ豊かになった現代の日本では，少なくとも高校段階までは，だれもが，それぞれの学力に応じて教育を受けられる社会に近づいている，といえるのかもしれない。どのような高校に進学するのかは，おおむね，本人の学力によって決まる度合いが増しつつある。家庭の事情で高校に進学できない生徒はほとんどいなくなった。また，普通科進学者が全高校生のうち4分の3近くを占めるようになった現在では，高校の学科選択も，家庭の事情によるよりも本人の学力を反映するようになっているのかもしれない。つまり，普通科という同じタイプの高校間で，どの「ランク」の高校に進学するのかは，家庭が裕福かどうかよりも，偏差値で示されるような本人の学力によって決まる度合いが強くなってきたといえるのである。

そして，このような学力にもとづく選抜が，進学率97％の高校入試で行われるようになったということは，ほとんどすべての子どもたちが，この選抜に参加していることを意味する。ほとんどの子どもが通過する学力試験の結果によって，高校入学後に受ける教育の質や，高校卒業後の進路が影響されるようになってい

る。ほぼ全員が，こうした将来を決める学力（メリット？）の測定にかかわらざるをえないという点でも，ヤングの描いたメリトクラシー社会に似ているといえるのである。

　以上にあげた類似点は，ある意味では印象にもとづくものである。日本の現実がどうなっているのかを，きちんと調べたうえでなければ，本当に似ているかどうかの判断は下せない。この点の検討は後のステージで行うことにしよう。

　もちろん，違いもあるだろう。「この辺はいかにもフィクションだ」と感じたり，日本の現実と比べて，「似てはいるけどやっぱり違う」と思える箇所もあるはずだ。そのような違いを発見することは，重要である。というのも，そこから日本の教育と社会の関係について考える手がかりを得ることができるからである。つまり，「メリトクラシー」という想像上の社会を比較の対象におくことで，日本の教育と社会の関係がどのような特徴を持つのかを考えることが可能になるのである。

Think Yourself

1. まずは、メリトクラシーが完成した社会の特徴を、4つないし5つにしぼってまとめるとどうなるか。自分でノートを取り出して、ポイントを箇条書きにしてほしい。
2. 次に、それぞれの特徴について、あなた自身、そのような社会をどのように思うか、賛成か反対か、好きか嫌いか、また、その理由は何かを、それぞれの特徴ごとに考え、書き出してみよう。どうしてこのような社会を、いいと思うのか、あるいは悪いと思うのか、そう考える根拠を考えてみるのである。
3. それでは、この小説が、あくまでもフィクションであると思えるところ、つまり、現実離れしているところはどこだろうか。
4. メリトクラシーは、なぜ暴動を引き起こしたのか。女性たちが暴動のリーダーとなったのはなぜだろうか。Part III も参考にしながら考えてみよう。

Stage 2 日本の学歴社会はどこまでメリトクラティックか？

学歴社会の実像と虚像

共同通信社提供●

学歴社会とは？

それでは，日本の学歴社会は，どのような特徴を持つとみられているのだろうか。メリトクラシーとの比較を念頭に，考えてみよう。

まず，学歴とは何かを考えよう。辞書によれば，学歴とは「学校に関する経歴」（『広辞苑』第4版）とある。つまり過去から現在に至るまでの学校や学業についての経験の記録という意味である。

この辞書の定義からも，2つの重要なポイントをあげることが

できる。1つは,「学校に関する」という点である。どんな学校に行ったのか,どの学校を卒業したのかという経歴が学歴であり,○○高校とか,○○大学といった固有名詞つきの「学校」が注目されているということ。その意味で,学歴という日本語には,たんに高卒とか大卒といった学校段階を示す以上に,「学校歴」(どの学校を卒業したか)というニュアンスが入り込んでいる。

もう1つのポイントは,「経歴」という点である。経歴が過去から現在までの経験の記録を意味するとすれば,学校に関する経歴は,すでに過去になされたことであり,消すことのむずかしい記録ということになる。もちろん,いったん社会に出てから学校に行き直して,学歴をとり直すことも不可能ではない。その場合には,経歴にも新しい記録が書き加えられる。それでも,一度獲得した経歴は,(たとえ「過去の栄光」であれ)その人に一生つきまとう記録である。

学歴社会とは,こうした学校に関する経歴を重視する社会である。だが,なぜ「どんな学校に行ったのか」という過去の経歴が重視されるのだろうか。そしてまた,重視されるといってもどんな場面で,どんなことに対して重視されるのだろうか。一度獲得してしまえば消えることのない過去が重視されるには,それなりの理由があるはずだ。また,ある特定の場面で重視されるというのにも,何らかの理由があると考えられる。

まずはいくつかの常識的な理由を考えてみよう。読者のみなさんもすぐに気づくと思われるのは,入学試験や受験との関係だろう。「どの学校に行ったのか」は,「どの学校の入学試験に合格できたのか」とほぼ同じことを意味する。このようにみると,学校に関する経歴がその後も重視されるのは,どの学校の入学試験に

合格できたかどうかが，何か重要なことを表しているからだということになるだろう。その「何か」とは，受験までの学校の勉強の得意不得意かもしれないし，受験勉強をどれくらいがんばったのかという努力かもしれない。あるいは，そもそも勉強が得意かどうかが「頭のよさ」と関係あるとみれば，入学試験の結果といえる学校に関する経歴は，頭のよさを間接的に示していることになる。このように，入学試験で測られている何か（勉強の理解度，努力，熱意，頭のよさ，それとも運……？）をもとに，それが個人の重要な特徴を表しているとみるから，「学校に関する経歴」が重視されるのである。

もう1つ思いつく理由は，どの学校に行ったのかによって，受けた教育・学んだ内容が違うから，学校に関する経歴が重視されるという見方である。たとえば，高校を卒業してすぐに就職した人と比べると，大学を卒業した人は，単純に計算すれば4年分多くの教育を受けていることになる。それだけ多くのことを学んでいるはずだという見方もできる。あるいは，同じ大卒でも，どの学部で学んだのかによって，受けた教育の内容も違ってくる。医学部を卒業したという経歴は，その人がそこで医学教育を受け，医学についての知識を学んだことを示している。同様に，工学部，教育学部，文学部など，どの学部を卒業したのかは，ある程度その人が受けた大学教育の内容を示すとみることができる。さらにいえば，たとえば同じ医学部，工学部でも，どの大学を卒業したかで，受けた教育の中身が違うということもあるだろう。それぞれの大学の教授陣がどのような人たちか，カリキュラムの編成はどうか，といったことで，同じ名称の学部を卒業していても，大学ごとに「学校に関する経歴」の評価が違ってくる可能性がある

ということである。これらのことが組み合わされば，学歴（学校歴）が社会で重視される「学歴社会」の成立も，ある程度説明がつく。

さて，これら2つの説明は，いずれもある程度納得のいく理由を含んでいるようにみえる。受験のときに試される「何か」や，その学校で学んだ知識や能力が，社会のある場面で重要であると考えられているかぎり，学校に関する経歴である学歴が社会で重視されるのは，ある程度理屈にかなっているように思えるのである。

Think Yourself

ここまで読んできた読者の中には，「そういわれても何か変だ」とか，「納得できないところがあるな」といった感想を持った方もいるかもしれない。そういう疑問は，社会学を学ぶ上でとても大切である。そうした「引っかかり」が社会の常識を疑う出発点になるからである。何が変だと思うのか。どこが納得できないのか。ここで本をおいてノートか本の欄外にでも書きとどめておいてほしい。ここまでの議論で「引っかかる」問題点についてはもう少し話を進めてからもどって検討するので，そのとき，あなたのメモと比べてみるとよいだろう。

学歴社会とメリトクラシー

ステージ1で読んだメリトクラシーの話と比べてみると，学校に関する経歴が，「メリット」のような個人の能力をある

程度表しているとみることもできる。親から子へと身分や財産が相続される世襲制ではなく、あくまでもそれぞれの個人が、入試で合格するために示した能力や努力や、入学後に学校で学んだ知識や技術が社会で重視されるのである。学歴として示された経歴が、相続やコネなどの親からの直接的な影響によるのではなく、あくまでも個人の努力や能力の結果であるとみれば、学歴社会は、世襲制よりもメリトクラシーにはるかに近い社会である。

　もちろん、違いもある。ヤングの描いたメリトクラシー社会では、それぞれの個人にはあらかじめ知能や能力が備わっているとみなされていた。小説では、1989年に開発された能力測定のテストによって、それぞれの個人がどの程度の能力を持つのかが完璧に予測できるようになった。メリット＝努力＋能力だとはいっても、ヤングの小説から受ける印象は、あくまでも生まれながらの能力の差異が強調され、それを発見できるようになったおかげで誕生したのがメリトクラシー社会である。だからこそ、最後には、世襲制と同じことだから、メリットクラスの家庭に生まれた子どもはそのままメリットクラスに入れるようにしようといった保守派の提案が出されたのであり、成人の能力を再測定する地域成人教育センターの廃止も提案されたのである。その意味で、ヤングのメリトクラシーは、あらかじめ備わっている能力という意味での、**能力主義**〔★〕を基本とした社会であるということができる。

　それに比べ、日本の学歴社会では、生まれながら個人に備わっている能力の違いが「学校に関する経歴」の違いとして示されているとはあまりみない。むしろ、入試に受かるためにどれだけ勉強したか、学校でどれだけ勉強したかといった努力の方を強調す

Column ⑭ 能力の社会的構成

　A君が「私には 100 メートルを 10 秒で走る能力がある」といったとしよう。この「走力」という能力が本当に A君に備わっているかどうかは，100 メートルを走って測らなければわからない。A君が「残念ながら陸上のトラックも，ストップウォッチもないから，それは証明できない」と主張すれば，A君の能力はわからないままである。この例は，能力があるかどうかは，それを測るための道具があってはじめて可能になるのであり，そうした道具がなければ，能力は外からはみえないということである。

　学力の場合はどうか。たとえば，ある有名大学の学生であることが，学力の高さを示しているという見方がある。そこから何がいえるのかを考えてみよう。

　この場合，毎年の入学者数が何人かはその大学が決めることである。そして，この決定によって，○○大学の学生という学力のお墨つきをもらえる学生の数も決まってくる。もし入学定員が増えれば，それだけ学力が高いとみなされる人も増える。

　このような考え方は，「能力の社会的構成説」と呼ばれる。この説によれば，能力は個人に属する持ち物のような実体ではない。なぜなら，能力があるかどうかは，学校のような組織が決めるからだ。どんなに能力があっても，それが目にみえないかぎり，ほかの人には能力があるようにはみえない。能力があるかどうかは，本人のどこを探してもみつけ出せない。そこで，その人が属している組織や，その人が占める地位（この例の場合でいえば○○大学の学生という地位）が能力を示すことになる。つまり，能力があるかどうかは，個人が属する組織や制度の都合によって「社会的に」決められる。それが「能力の社会的構成説」という考えである。

る。かつて受験の世界で「四当五落」（4 時間の睡眠なら合格，5 時間も寝たら不合格）といわれたのも，どれだけがんばったかが合

否を決めると信じられていることの表れである。試験の結果がよくなかったときに、「勉強しなかったから……」といういいわけが通用するのも、あらかじめ備わっている能力の違いより、試験勉強に費やした努力の違いを強調する見方を前提としている。その意味で、日本の学歴社会は、**努力主義**〔★〕を基本においた社会であるといえる。

　試験の結果、どの学校に入学できるかが、個人の努力によって決まるとすれば、学歴社会は、受験勉強という努力を個々の生徒たちから引き出すしくみを備えた社会だということができる。あるいは、学歴社会では、大学などの学校での勉強を通じて得た知識が評価されているという第2の見方に立てば、その場合、個人をやはり勉強に向けて努力するようにしむけるしくみが働いているということができる。いずれの場合も、学歴社会では、学校で努力した者が報われるとみる点では共通している。そして、この点は、個人に備わっている能力の発見に力点をおくメリトクラシー社会とは大きく異なっている。

　この能力と努力の強調点の違いは、社会の成り立ち方として、どのような意味を持つのか、もう少し突っ込んで考えてみよう。

　ヤングのメリトクラシーのように、能力が重視される場合には、それをどうやって発見するか、どのように測定するのかが重要となる。ヤングが能力・適性を完璧に測定できるようになるという想定を物語の中に含めたのも、能力や適性は個人に備わっていて、発見されるものだという前提があったからである。

　このように個人にすでに備わっているものとして能力や適性をとらえ、その測定結果をもとに、どのような職業や地位につくのかが決まるというメリトクラシー社会では、人々の努力はどうな

ると考えられるのか。ヤングは明確には書いていないが，人々が自分の能力を高めようという発想や意欲がどんどんとしぼんでいってしまうのではないだろうか。どんなにがんばっても，自分には評価される能力も適性もないかもしれない。それが早くわかればわかるほど，能力がないと判定された人々の意欲はしぼみ，その結果，能力を低い水準にとどめることになってしまうだろう。

しかも，メリトクラシー社会では，世代を追うごとに，メリットを持った人々がどの階層からもより正確に選抜されるようになる。そして，世代をまたがるにつれて，低い階層からもメリットの高い人々が選び抜かれていき，その結果，どのような家庭に生まれるかによって，子どもの能力・適性が左右される度合いがだんだん強まってくる。いわば，世襲制に近い，親から子への能力・適性の伝達が目立つようになるのである。能力・適性のある親から生まれた子どもが，かなり高い確率で自分も高い能力・適性を持つことになれば，努力はどうなるだろうか。そのことは，社会全体にどのような影響を及ぼすのだろうか。ここでも少しの間，この本をおいて自分で考えてみてほしい。

問題は，能力が低いと判定された人々の意欲であり，努力である。能力が高いと評価された人々は，その能力を存分に発揮する職業に就ける。その面では，メリトクラシー社会はたしかに，適材適所の完璧な実現という意味で，効率性を重視した社会である。ところが，見落とされがちなのは，選ばれなかった人々が，そこでどれだけ社会に貢献しようとするか，という選ばれなかった人々の努力や意欲の問題である。一部の能力の高い人々がその能力を発揮するだけでは，適材適所も，じつは半面だけの実現にすぎない。その意味で，社会の効率性にも限界がある。ましてや，

ヤングが描いたように，能力がないと判定された人々の反発が高まれば，社会の秩序を維持することさえむずかしくなる。いくら完璧に能力や適性が測定できるようになったからとはいえ，世襲制に舞い戻ったと同じように「生まれ」の影響が強まるようになれば，そうした判定自体に異議を申し立てる人々が出てくるのもうなずける。最後に暴動が起きて物語は終わっているが，そこに込められたヤングのメッセージは，メリトクラシーが必ずしも十分な正当性を得ていなかったこと，いいかえれば，多くの人々から十分な納得と支持を獲得できなかったことを示している。

　それでは，日本の学歴社会の場合はどうだろうか。すでに備わっている能力よりも，どれだけがんばるかという努力を重視する社会では，人々の社会へのかかわりは，どのようになってくるのだろうか。

　このような社会では，少なくとも入学試験が終わるまで，多くの人々を勉強するように促す力が働く。入学試験は，勉強すればするだけ「いい点」がとれると信じられている。その点で，あらかじめ備わっている能力や適性を発見し測定しようとする，能力主義型メリトクラシーの知能テスト・適性テストとは違う。それだけ，がんばって勉強するように人々をしむけることができるのである。

　ヤングのメリトクラシー社会でも，最初は，成人たちの能力の向上をいつでも測定し直すことを可能にする地域成人教育センターが設置されていた。ところが，能力測定の技術が発達すると，もっと若い時点で将来の能力も予測できるようになってしまう。そして，それならいっそうのこと，地域成人教育センターを廃止しても同じであるといった主張が，保守派から出されるようにな

ったのである。

　それに比べ，多くの人たちにとって，日本の学歴社会では入試は２段階ある。まずは高校の入試がある。しかし，たとえ高校入試で「いい高校」に入れなかったとしても，大学入試という **リターンマッチ**〔★〕がある。高校入学後に大学受験に向けてがんばって勉強すれば，「いい大学」に入学できるチャンスも残っているのである。したがって，あまり若いうちに自分の能力をみきわめ，あきらめて努力しなくなることは少ないだろう。できるだけ多くの人々が，学力を高めようと努力し続けるしくみが，日本の学歴社会には備わっている――いや，あとの議論を先取りすれば，備わっていたと過去形でいった方がよいかもしれない――といえるのである。

失敗の納得のしかた

　能力主義型のメリトクラシーであれ，努力を重視する日本型の学歴社会であれ，どちらの社会も平等な社会ではない。成功する者もいれば，失敗する者もいる。メリトクラシー社会であれば，測定されるメリットをどれだけ高く持っているかによって，また，学歴社会であればどの学校に入学できたかによって，成功する者と失敗する者，あるいは勝者と敗者とが分かれることになる。その後の地位であれ，経済的な報酬であれ，勝者にはより高い地位，より多くの報酬が与えられ，敗者には少ししか与えられない。少しむずかしくいえば，競争の結果が，職業的な地位や所得などの社会的・経済的な財の配分を決めることになるのである。

　ある社会が完全に平等な状態ではない場合，その社会にとって人々が不平等をどのように納得して受け入れるのかは，社会それ自体の存続にとってきわめて重要な問題である。とくに，社会・

経済的な財を少ししか与えられない人々が，自分たちよりもより多く与えられる人々がいることをどれだけ納得できるか，いいかえれば，不平等な状態を，より不利な立場の人々が，どのようにどれだけ受け入れるかという，不平等の**正当性**〔★〕の確保は，社会の存続・安定にとって重要な課題となるのである。

このような不平等の**正当化**〔★〕問題に対して，能力主義型のメリトクラシー社会と，努力主義型の学歴社会とではどのような違いがあるのだろうか。まず，ヤングの描いたメリトクラシー社会の場合，1989 年に発明されたという，精度の高い能力の測定技術への信頼がその根拠となる。メリットの測定が正確であれば，その結果，メリットの高い人々により多い報酬が，メリットの低い人には少ない報酬が与えられることは是認される。メリットの高低による社会・経済的財の配分が正当なものとみなされるのは，メリットの測定の正しさのゆえである，と考えられるのである。

とはいえ，たとえ，測定されたメリットがそれぞれの人々の職業への貢献度を 100 ％予測できたとしても，そうしたメリットの正確さとは別に，メリットに応じて報酬をどれだけ与えるかという分配のしかた自体に不満が出る可能性がある。メリットの違いと報酬の違いをどれだけ関係させるのかについて，ヤングのフィクションでは多くが語られていない。メリットの高い人に，それ以外の人々の何十倍，何百倍も与えるのか。それとも，数倍程度にとどめるのか。何十倍，何百倍にもあたる報酬を与えたとしたら，それだけの違いを，メリットの低い人々は納得できるか。こうした報酬分配の「程度の問題」が残るのである。

さらにいえば，能力主義型のメリトクラシー社会では，個人のメリットの高低が，結果的にどのような家族に生まれ落ちるかと

いうこととしだいに強く関係するようになる。結果だけをみれば，ヤングが描いたように世襲制と何ら変わらなくなってしまう。この場合，たとえメリットにもとづく報酬の分配が行われたとしても，メリットの低さは，どのような親のもとに生まれるかという「生まれ」によって決まってしまう。したがって，報酬の少ない人たち（すなわちこの場合であれば，メリットの低い人たち）は，その原因をメリットの違いと密接に関連した「生まれ」と同じものだとみるようになるだろう。敗者となることは「生まれ」によって運命づけられているのであり，個々人の力によっては変えることのできない宿命と感じられるようになる。その結果，ヤングのフィクションの結末がそうであるように，世襲制と化したメリトクラシー社会への反発が強くなり，その正当性が維持できなくなるのである。

それでは，努力を重視する学歴社会の場合はどうだろうか。この社会では，「だれでもがんばって勉強すればいい点数がとれる」という考えが浸透している。この考えは，裏返せば，「点数が悪かったのは自分ががんばって勉強しなかったからだ」ということを合わせ持っている。それだけ，みんなをがんばらせるしくみとなるのである。

このような努力重視の学歴社会では，成功者はそれだけ努力したものだとみなされる。反対に，失敗したものはがんばらなかったからだということになる。敗者の納得の論理もそこから出てくる。つまり，自分ががんばらなかったから，だめだったのだということになるのである。

つまり，どれだけがんばったかが試験の点数に表れるとみるかぎり，点数が低かったのは努力不足だということになる。しかも，

どれだけがんばるかは，人それぞれの問題だ，と考えられている。能力主義型メリトクラシーのように，メリットの高低がどの家族に生まれるかで決まるのとは異なり，どれだけ努力するかは，どのような家庭に生まれるかより，個人しだいの問題だと考えられている。つまり，試験で成功するか失敗するかは，個人が自分で何とかできることがらであり，「生まれ」のように自分の力で変えられないことではないといえるのである。そうだとすれば，失敗の責任は個人の努力不足に求められこそすれ，「生まれ」のような出身階層の問題とはみなされなくなる。それだけ，社会階層間の不平等が問題にされずに，正当化される。努力の量と関係を持ちやすい試験の得点がメリットを測るモノサシとなることで，社会の不平等は，どれだけがんばったかという個人の問題に帰属されるようになるのである。

> 学歴と職業的な能力

とはいえ，努力主義にもとづく学歴社会は，出身階層の不平等が問われないかわりに，別の面での不平等問題を前面に打ち出してしまう。「学歴差別」と呼ばれることのある，学歴の違いによる不平等の問題である。

もし，努力の結果である入試の成績や，どの大学を出たかが，ヤングのいうメリットとまったく同じものであれば，学歴社会はメリットにもとづく適材適所を完成させた社会ということになる。ところが，テストの点数が社会に出てからのメリットとどれだけ関係しているか。この点に疑問を持つと，学歴の違いによってその後の社会での扱いや就職などのチャンスの差は，必ずしも公平とはいえない，学歴による差別・不平等だとなる。

学歴社会が本当のメリトクラシー社会かどうかを考えるとき，

「ちょっと変だ」と思ってしまう理由は、入学試験などの学力テストで測られるものが、社会に出てからの「実力」と乖離しているのではないかという疑問を感じるからだ。仕事の面での実力がなくても、いい大学を出た人は、そのブランドだけで就職にも昇進にも有利になるのではないか。メリットとは関係のない、肩書としての学歴が重視されていれば、いくら高い学歴の取得がどれだけ勉強したかという努力と関係あるといっても、そうした学歴を得られなかった人たちにとっては、学歴による差別や不平等が存在すると感じられてしまう。つまり、学歴と実力の乖離が大きければ、学歴重視の社会は、学歴による不平等問題を抱える社会だということになる。

このような学歴－実力乖離論がどれだけあてはまるかは、実際には程度の問題といえる。学歴が実力とまったく関係のない場合もあれば、強く関係する場合もある。たとえば、スポーツや芸能などの世界では、学歴が高いからといって仕事のうえでの実力があるということは少ないだろう。他方、技術者や研究者、あるいは法律家などの技術・専門職の場合には、学歴の高さやどの学校を卒業したのかが、仕事のうえでの知識や能力と関係する度合いは比較的強いといえるのかもしれない。

それでは、多くの人々が就く、事務職や販売・サービス職、あるいは技能職のような場合はどうか。とくに、企業などの組織で働く、ビジネスマンやビジネスウーマンの場合、学歴は仕事をするうえでの実力とどの程度関係しているのか。

この「程度問題」は、実際にはデータにもとづく実証的な研究によって答えることのできる問題である。つまり、人々がどう思うかという印象の問題ではなく、いわば実態の問題である。

ところが、学歴や学校歴が、どれだけ実力と関係しているのかは、そう簡単には測定できるものではない。たとえば、就職にしても、昇進にしても、高学歴者や、有名大学の卒業生に有利になっているからといって、それが、実力を反映したものなのか、それとも、たんなるブランドや肩書の影響でしかないのかを、はっきりと区別することは困難である。学歴が示す実力とたんなる威光とを識別し、それぞれの影響を取り出しながら観察することは、社会学の最新の研究においても困難な課題になっている。実態の問題でありながら、この程度問題にきっちりと解答を与えるだけの研究成果は残念ながら出ていないのである。

　このように決着をみない問題が残されているだけに、学歴社会という認識をめぐっての分裂も起きてくる。一方には、日本は肩書としての学歴が非常に重視される社会だという見方がある。他方には、たとえ学歴の高い人や有名校の出身者がいい企業に就職したり、昇進したりすることが多くても、それは彼ら（と、それよりずっと少数の彼女ら）に実力があるからだとみる見方がある。実態は、これら２つの見方の間にあるのだろう。ただし、実態がそのどちらにより近いとみるかは、教育や社会のさまざまな状態によって違ってくる。どのような条件のもとで、学歴社会をとらえる見方がどう変化するのか。さらにいえば、学歴社会という「メガネ」で社会をみることには、どのような問題があるのか。程度の問題に十分な決着をつけることがむずかしい以上、日本が学歴社会かどうかを決めることよりも、学歴社会という社会の見方の成り立ちとその問題点についてあらためて考えてみることが必要になるのである。

Stage 3 教育の拡大は何をもたらしたか？

学歴社会という社会の見方

毎日新聞社・共同通信社提供●

学歴の急速な拡大

図Ⅳ-1は，1955年から現代までの高校進学率と，高等教育（大学・短大・専門学校）への進学率のグラフを示したものである。

このグラフからわかるように，1974年をすぎたころから，高校進学率は90％を超え，90年には95％を上回るようになり，98年では97％と100％に一段と近づいている。また，高等教育（大学，短大，高専，専修学校）への進学率も，70年代後半には50％を超えるようになり，さらに90年代後半には70％に近づ

234　Part Ⅳ 「学歴社会」の変貌

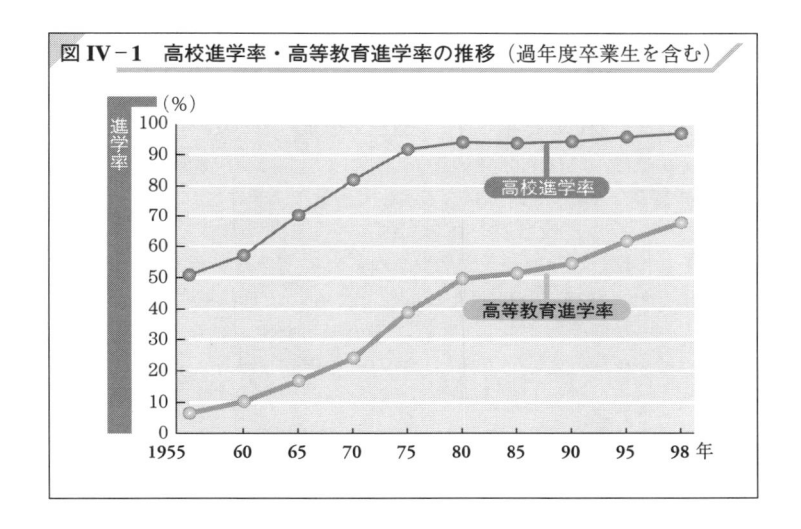

図 IV-1　高校進学率・高等教育進学率の推移 (過年度卒業生を含む)

いている。量の面でみれば，上級の学校へ進学したいと思う人々が，進学できるだけの教育の機会が与えられるようになってきたのである。

　このような急速な教育の拡大は，戦後わずか 50 年（世代にすれば3世代以内）ほどの間に生じたものである。つまり，祖父・祖母の世代では，まだほとんどの人々が義務教育程度の教育しか受けていなかった時代から，親の代では，たいていが高校くらいは卒業するようになり，さらに現在の子どもの代になると，高校はあたりまえ，大学や短大に進学することもごく普通のことになっている。

　しかも，このような教育の拡大は，社会の豊かさや，人々が就く職業の構成と密接に関係するものであった。戦後を通じて，豊かさが大きく拡大したことは周知の事実である。物価水準の上昇を見込んで 1990 年のレベルに合わせてみても，日本人の平均年

Stage 3　教育の拡大は何をもたらしたか？

Column ⑮ 学歴インフレ

　社会全体の高学歴化が進むと，それまでの学歴と職業との結びつきに変化が起きてくる。以前は中卒の人が就いていたような仕事に，高校卒がつくようになるとか，高卒の仕事に大卒や短大卒の人がつくようになるという変化である。

　もちろん，仕事の内容が変化し，より複雑になったりして，それに見合う学歴に人が必要になるということもある。しかし，仕事の中身はそれほど変わらなくても，仕事に就こうとする人々の学歴が高まること（経済学の用語を使えば労働力の供給側の変化）によっても同じようなことが起こりうる。高校進学率が急速に上昇した結果，中卒者を雇いたくても十分な数の中卒者がいなくなり，その結果高卒者を雇うようになったということもある（1960年代半ばの男子の技能工の場合）。また，短大や4年制大学卒でもその仕事に就きたいと思う人が増えてきた結果，それなら少しでも学歴の高い人にしようということで，1段階上の学歴の人を雇うようになったこともある（80～90年代の女子の事務職の場合）。

　このような現象を学歴インフレと呼ぶ。職業が求める技術や知識の水準以上に，雇われる人の学歴の額面が上昇することをさす言葉である。

間所得は，65年のおよそ295万円から98年には約831万円へとほぼ3倍になっている。これだけ豊かになれば，経済的な理由で上級学校に進学できない人々の数も減っていく。

　もう1つ大きな変化は，日本人の職業構成である。1950年には農林漁業に従事する人々が勤労者の48％を占めていた。ところが98年をみると，その率はわずか5％台にまで減少している。また，会社や役所などに勤める被雇用者の割合は，1953年の39.9％から98年には82.4％へと上昇した。今では，日本人の勤

労者のほとんどが被雇用者であるといってもよい。農業や自営業など学歴があまり重視されない職業が大きく減少し，かわって，就職の際にも学歴が重視される被雇用者が増えているのである。

さて，駆け足でみてきた，以上の日本社会の変化から，学歴社会という社会のとらえ方・見方がどのような影響を受けてきたかがわかるだろうか。大学・短大進学率が10％にも満たなかった戦前と，15％程度にとどまっていた戦後1960年ごろまでと，さらには50％近くにまで達してしまった80年代以降では，学歴が社会の中で持つ意味が違ってきたことは容易に想像がつく。同じ大卒でも，同じ年齢層の1割にも満たなかった時代と，半数を占めるようになった時代とでは学歴としての評価が違ってくるのは当然といえる。しかし，問題は，このような学歴の相対的な価値の違いということだけにとどまらない。教育の量的拡大は，同時に，学歴取得までの競争により多くの人々が参加するようになったこと，さらには，学力は十分ありながらも，経済的な理由や家庭の事情といった理由から進学できない人々が減っていくことをまきこんで起きた。そのことに注目する必要がある。

| 教育の拡大は学歴社会をどう変えたのか？ |

それでは，①やむをえない事情から進学できない人が減ること，②競争への参加者が増えること，の2つの変化は，ステージ2の最後であげた，人々が学歴社会をみる見方にどのような影響を及ぼしたのだろうか。手がかりとして，高校進学を例に，3段階の変化があったと仮定して考えてみよう。

　第1段階　戦前のように，旧制の中学校や高等女学校への進学率が3割程度の時代には，多くの人々が義務教育を終えたあとでさらに上級の学校に進学するための受験競争にまきこまれるこ

とはなかった。戦前から，一部の人々の間では激しい受験競争があり，すでに「試験地獄」という言葉も生まれたといわれる。しかし，大多数の人々にとっては，小学校以上の学歴やそこに到達するための受験競争は，まだ無縁であった。社会全体も貧しく，さらには親の後を継いで農業に従事する大多数の人々にとっては，たとえ進学するだけの学力が備わっていたとしても，だれも彼もが受験競争にまきこまれるということはなかった。

このような時代には，「やはり身分が違うのだ。中学校や高等女学校に行けない家に生まれたのだからしかたがない」と，あきらめの感情を持つ人たちがいたと想像することもできる。このような意識を持つ人々が多い時代には，学歴社会についてどのような見方が広がると考えられるだろうか。

このような身分の違いを強く意識している場合には，学歴の高い人たちは，能力もあるかもしれないが，それ以上に家柄も「生まれ」も違うのだという見方が出てくる可能性がある。学歴とメリットがかけ離れていても，そのこと自体が大きな不満につながったり，学歴社会への批判になることは少ない。と同時に，こうした人々が多数を占める間は，だれもが受験競争に参加しようという現象も起こりにくいだろう。その結果，恵まれた人たちだけが受験競争に参加するという社会となる。

第2段階　ところが，戦後，6・3・3制の学校制度ができ，中等教育が中学校と高校に一本化されるようになった。しかも高校の数も増えていった。その結果，制度のうえでは，高校進学の機会は，戦前の中等学校への進学に比べれば大きく拡大した。とはいうものの，社会全体にまだ貧しさが残っていたため，1960年ごろまでは，家庭の事情や経済的な理由で高校には進学できな

い人々もたくさんいた。しかし，戦前期とは異なり，戦後になるとこうした人々の中には，農村を離れて都市に出て工場や商店の従業員（被雇用者）になる人も増えてきた。たとえ能力はあっても，さまざまな事情から上級の学校には行けずに，中卒の学歴だけで企業で働く人たちが増えてきたのである。

こういう人たちがまだたくさんいた時代に，より高い学歴を持った人々がどのようにみられていたか。あるいは，学歴によって就職の条件が違ったり，昇進のチャンスが違ったりした場合に，そうした現象がどのように解釈されたのか。おそらく，「自分は本当はもっと勉強したかったし，勉強もある程度できたのに，家庭の事情で高校には行けなかった。だけれども，高校に行けた連中よりも仕事の面では負けないぞ」という気持ちを抱く人が相当程度いたのではないかと想像できる。自分には実力があるという意識を持ちながらも，やむをえず進学できなかったことを残念に思う人たちである。

このような意識が広がり，人々の共感を得るならば，高い学歴を持った人たちは，メリットとは関係なしに就職や昇進で有利になっているのではないか，といった学歴－実力乖離論が優勢になるだろう。さらには，条件さえ整えばより上級の学校に進学したいと願う人々も多いことから，社会の豊かさとともに，より多くの人々が進学をめぐって受験競争に参加するという社会の変化が起きるだろう。あるいは，自分自身は進学できなかったが，子どもの代には何としても高い学歴をつけさせようという，世代をまたがった受験競争参加者の拡大にもつながったかもしれない。

第3段階　ところが，1970年代になると，社会も豊かになり，高校への進学率が急上昇する。その結果，だれもが高校受験にか

かわるようになった。このような時代には、今度は高校に進学できるかどうかよりも、どのような高校に進学するか（進学校かどうか）といったことや、さらには高校卒業後に大学まで進学できるかが重要な問題になっていく。

この段階で、あまりいい高校に行けなかった人たちや、大学まで進学できなかった人たちは、より高い学歴を得た人たちをどう思っただろうか。おそらく、「自分は勉強が苦手だったし、あまり好きではなかった。いい高校に進学した人たちは自分より頭が良かったのだろうし、さらに大学でもっと高度なことも学んでいる。就職や昇進に差があるのもしかたがない」と思う人たちが少なからずいたのではないか（もちろん、実際にどのタイプの人が多かったのかは実証すべき程度の問題である）。

だれもが高校入試に参加するようになると、偏差値のような学力を示す一元的な尺度が広まり、それによって、自分がどの程度の学歴を得られるのかがわかりやすくなる。そうなると、高校に進学するにしても、どのような学校に受かりそうなのかがわかったり、さらに高校卒業後に大学まで進学できそうかどうかも、ある程度予測可能になる。いわば、受験競争に参加する人々が増えていって、しかも、学力という同じモノサシで勉強の得意不得意が数字で示されるようになると、いい高校に入れないこと、大学受験には向かないと思うようになることが、自分を納得させる理由となる。偏差値のような、より精度の高い成績評価の方法が広まっていったことも、こうしたことと関係するかもしれない。

家庭の事情や経済的な理由よりも、自分の努力や能力や、あるいは適性を判断したうえで、学歴取得をあきらめる人が増えていくのである。このような意識を持つ人々が増えると、学歴もある

程度メリットを示しているのではないかという見方が広がっていくのだろう。知的な能力を必要とする職業に就くかどうかの判断が，学校時代のテストの成績によって占えるようになるという見方が広まっていくと考えられるのである。

このように考えていくと，社会の豊かさや教育の普及といった条件によって，学歴社会のみえ方も，それに対する反応のしかたも変わってくることが予想できる。前述の「程度問題」のとらえ方も，社会がどのような段階にあるのかによって違ってくると考えられるのである。

日本は学歴社会かどうかという問い1つとってみても，このように問題を考えるための文脈自体が変化する。いわば「動態」的（ダイナミック）な問題である。1つの見方にとらわれすぎると，こうした変化を見逃してしまう。社会学の得意とするところは，1つの固着した見方にとらわれずに，社会を対象化することにある。その際，ここで検討した学歴社会の見方のように，社会のとらえ方自体も考察の対象になることを記憶にとどめてほしい。

> 努力主義の終わり？

さて，ここで話が終わってしまえば，学歴社会という社会の見方が，どのような条件によって左右されているのかを明らかにしたにすぎない。本章の冒頭に示したように，学歴社会という見方が広がることで，どのような社会の問題が隠されたのかという，もう1つの大事な問題には答えていない。そこで最後に，この残された問題について，学歴社会の最新の変化を描き出しながら考えてみたい。

先の第3段階では，多くの人々が受験競争にまきこまれ，家庭の事情よりも個人の学力によって，どれだけの学歴を得られるのか，どのような学校に入れるのかが決まる度合いが強まると考え

た。ここでもしも、個人の学力が、ステージ2でみたように、それぞれの人がどれだけがんばって勉強したかによって決まるのだとすれば、日本の学歴社会は努力主義型のメリトクラシー社会に近づいたということができそうだ。

とすれば、失敗の納得のところで考えたように、高い学歴を得られなかった人、入学のむずかしい学校に入れなかった人たちは、自分たちの努力が足りなかったためにそうなったのだと納得してしまうことになる。しかも、努力を重視する社会であれば、入試の結果は努力の量をはかっているのだから、努力できる人々に高い地位を与え、努力しない人々には低い地位を与えるという社会のしくみには、それほど疑問が寄せられない。さらにいえば、競争に参加した結果、知的な能力においても自分は劣っていたと敗者が認めてしまえば、なおさら、努力主義をもとにした学歴社会は是認されることになる。つまり、だれもが競争に参加し、その結果を受け入れるようになればなるほど、学歴社会の不平等はみごとに正当化されるという結末をむかえるのである。

だが、このような議論の進め方に、問題はないのだろうか。

ここで、能力主義型のメリトクラシー社会が陥ってしまった正当化の失敗を思い出してみよう。能力主義型のメリトクラシーでは、結局のところ、能力の差がどのような家庭に生まれ育つのかと強く関係するようになる。そして、そこから、正当性のほつれが生じてしまう。個人によっては、自分で選ぶこともできず、どうにも変えようのない出身階層の影響を受けた能力の違いが、将来の成功を左右する。そうだとすれば、人々の公平さの基準からみて、このような事態は賛成できるものではない。そのような反発が、メリトクラシーの正当性を脅かすのである。

それでは，努力を重視する学歴社会の場合，出身階層との関係はまったく問題にならないのだろうか。

　この問題を考える場合に，次の2つを考える必要がある。第1に，努力を重視するといっても，やはり能力がまったく関係ないわけではない。努力主義型の学歴社会においても，能力の階層差が隠れたメカニズムとして働いているかもしれない。そうだとすれば，だれもが受験競争に参加し，本人の学力しだいでどんな学校にも入れるようになったからといって，能力の差異を通じた出身階層の影響は残ってしまう。経済的な理由とは別のメカニズムを通じて，家庭の影響が次の世代の成功を左右するのである。このような社会階層の影響は，能力主義型メリトクラシー社会と同様に，学歴社会も抱えていると考えられる。

　しかし，これよりも気づかれにくい，しかもより重要な第2の問題がある。それは，努力自体，個人の意欲の問題というより，生まれ育つ家庭の影響を受けている可能性があるという，いわば「努力の階層差・不平等」の問題である。

　たしかに，どれだけがんばるかは，個人の意欲の問題のようにみえる。生まれながらの能力とは異なり，努力は個人の意欲によって変わりうる。努力すら怠る人々が，たとえ失敗しても，その責任はあくまでその個人が負うべきだという考え方は根強い。しかし，どれだけがんばろうとするかという意欲や動機づけは，個人がどのような社会環境におかれるかによって違ってくるのではないか。努力し続けようとする性向や，がんばってみようとする動機づけが，どのような家庭環境で育つのかによって違ってくる可能性があるのだ。さらに，努力の習慣ということも，家庭のしつけの問題だとみることができるかもしれない。そうだとすれば，

学力の差異には、能力の差異だけではなく、努力の差異を通した出身階層の影響が表れる可能性も否定できない。

　とくに社会が豊かになると、だれもががんばって勉強しようという意欲は弱まっていく。また、少子化の影響によって、大学入学という「狭き門」が大きく広げられるようになると、それほどがんばらなくてもと思う人も増えてくる。「みんながんばれ」の時代から、「ほどほどの努力」の時代に変わったとき、だれもが同時に努力の手をゆるめるのだろうか。それとも、努力の手をゆるめるかどうかは、出身階層と関係があるのか。もし、出身階層の低い人ほど努力の手をゆるめてしまう傾向が強いとすれば、社会全体の受験競争に向けての圧力が弱まる結果、努力の階層差が拡大する可能性が出てくる。

　だれでもがんばって勉強することを前提にした学歴社会では、このような努力の階層差という問題は視野に入ってこない。それゆえ、学歴社会がだれにとって有利な社会かという問題も、高学歴者、有名校の出身者という「学歴取得後」の問題に限定される。学歴を取得するまでの問題には目が向きにくい。とくに学力に反映する、努力の階層差については、あまり問題にされない。学歴取得後の不平等には関心が持たれるものの、学歴を取得するまでの不平等の問題にはほとんど注意が払われないのである。

　しかも、たとえ能力の階層差が拡大しなくても、努力の階層差が拡大すれば、その結果、学力の階層差は拡大する可能性がある。それが、どんな学校に入学できるかという学校歴の階層差につながるとしたら、少子化に伴う大学入学機会の拡大は、一見すると教育機会の平等化を導いているようにみえながら、そのじつ、学校歴における出身階層間の不平等を拡大している可能性がある。

というのも，入学が簡単になれば，それだけ努力へ向けての全体的な圧力が弱まり，階層の低い人たちから努力の手がゆるんでしまう可能性があるからだ。その結果，同じ大卒といっても，出身階層によってどのような大学に入学できるのかの差が残ることになる。日本社会は，今，このような転機にさしかかっているのかもしれない。このような見方が正しいかどうかは，実態を検証してみなければわからない。

　だれもが平等に努力することを前提とした学歴社会のとらえ方では，こうした変化はみえてこない。いや，むしろ，こうした問題を隠してしまう。能力主義型のメリトクラシーのとらえ方でも，こうした努力の不平等という問題はみつけにくい。努力よりも能力の違いに注目されるからである。1つの社会の見方にとらわれすぎると，社会の変化がみえてこないという見本である。社会学を学ぶのは，そうしたとらわれから逃れるための視点を得るためなのである。

Think Yourself

1. 237-41頁で述べた，3段階の変化は，1つの推測にすぎない。このような推測（より学問的な用語を使えば「仮説」ということ）が正しいかどうかを調べるためにはどうしたらよいだろうか。どのようなデータが必要だろうか。また，そういうデータはどこにあるのだろうか。

2. 243-44頁で，努力をすることへの圧力が減少しているのかもしれないこと，それが日本社会の転機を示しているのかもしれないことを述べた。このような推測が，本当に起きているかどうかを確かめるためには，どのような仮説を立て，どのようなデータによって検証すればよいのだろうか。

| 知識編 | 「教育と社会階層」の社会学・入門 |

技術機能主義

　　人々をどのような職業や仕事に就けるのか，そのプロセスを「人材の職業配分」とか，簡単に**職業配分**〔★〕という。もしかりに，学歴や学校歴，あるいは学校での成績が，ヤングのいうメリットを表しているのだとしたら，それらの基準を用いて職業配分を行うことは，合理的で，効率的な判断といえるだろう。つまり，「能力に見合った人材」を探し出す上で，学歴や成績が重要な手がかりとなるというわけである。

知識編　「教育と社会階層」の社会学・入門　247

このような見方をとる社会学の理論を,「技術機能主義(technical functionalism)」と呼ぶ。「技術」という言葉がついているのは,教育を受けることで,職業に役立つ技術や知識を身につけているということをさす。また「機能主義」というのは,この場合,職業ごとに要求される技術や知識に見合った人材をリクルートすることが,その社会の存続にとって必要とされるというように,機能(つまり,どれだけ役立つかという働き)を通じた関係によって,人と職業とが結ばれていることに注目するものの見方である。したがって,技術機能主義の立場からみれば,ある職業で求められる技術や知識を持たない人がその仕事をした場合には,機能的ではないということになり,逆に,その仕事にふさわしい技術や知識を持った人が仕事をする場合には,機能的だということになる。

　このように技術機能主義は,職業配分の原則(基本的なルール)の1つである。しかも,注目している組織(企業)や社会にとって,そのような職業配分のしかたが,効率的であるかどうかに着目したものの見方といえる。したがって,技術機能主義の立場に立てば,世襲やコネなどによって,技術も知識もない子どもがある職業に就いてしまうことは機能的ではないと判断される。ヤングの描いたメリトクラシー社会とは,その意味で,技術機能主義を体現した社会である。

　技術機能主義という見方を採用すると,いくつかの問題に答えることができる。たとえば,なぜ,ある職業に就いた人々は他の職業に就いた人々よりも収入が多くなるのか。技術機能主義の立場に立てば,その社会の存続にとってより重要で,かつ必要とされる技術や知識が高度になる職業ほど,それに見合う能力の高い

人々を必要とする。また、そのような職業に就いた人々はそれだけ社会全体により貢献しているとみることができる。だから、そのような職業に就いた人々への報酬がより多くなると説明されるのである。医者や弁護士の報酬が高いこと、同じ会社でも地位が高いほど給与が高くなることなどは、社会や組織にとっての必要性と貢献度の違いという点から説明できるというのである。

また、技術機能主義を使うと、産業化の進んだ社会ほど高学歴化が進むのはなぜかについても説明ができる。産業化が進むということは、より高度で複雑な技術を使ってモノやサービスをつくり出していくことである。こうした高度な産業社会では、そういう技術を開発する人材や、さらには複雑な技術を使う人材がより多く必要とされる。たとえば、綿や絹で繊維をつくることが産業の中心であった時代と、情報技術革命が進行しつつあるといわれる今の日本の産業を比べてみるといい。

一方、そうした技術や知識は、おもに学校教育を通じて伝達される。仕事に直接役立つ技術や知識ではなくても、少なくともその基礎となるような技術・知識は学校で教えられる。このように学校の役割（機能といってもよい）をみると、高度な産業社会ほど、高い技術や知識が必要とされるのだから、それだけ高度な教育を受けた人材が社会にとってたくさん必要になると考えられる。したがって、産業化が進むほど、学歴の高い人が増える高学歴化が進むのだ、と技術機能主義では説明できるのである。

このように、社会からどのような技術や知識、あるいは能力が必要なものとして要請されているか、それらの技術・知識・能力のはたらきが社会の存続や発展にとって、どのように役立ち貢献するか、という点から、社会と教育との関係をみようというのが

技術機能主義の考え方のポイントである。したがって、ヤングの描いたメリトクラシー社会は、ある意味で、技術機能主義の理想にかなった社会であるといえるだろう。

葛藤理論　技術機能主義の説明は、なるほど、産業化の進んだ社会では受け入れやすい議論である。しかし、こうした見方は、社会の不平等を正当化するものではないか。そのような立場から異論を唱えたのが、「葛藤理論」と呼ばれる理論的立場に立つ論者である。

たとえば、『資格社会』という本を書いたR. コリンズ [1984] は、その代表的な論者である。コリンズは考える。低い教育しか持たない人々は、それゆえに、低い地位に甘んじなければならない。技術機能主義の見方は、このように、既存の階層的な社会秩序を正当化しているのではないか。それに対して、教育と職業との関係は、そのように技術や知識を媒介とした機能的な関係としては認めがたい部分がある。教育の拡大は、むしろ、社会の中でより優位な地位を占めようとする、さまざまな身分集団間の葛藤によって生じたものである。学校は、職業に役立つ技術や知識を教える場であるよりも、人種、民族、宗派などに代表される、それぞれの身分集団の文化を伝達する場所なのではないか、と。

このような見解を突きつけることによって、コリンズは、技術機能主義の現状肯定的な見方を批判する。つまり、問題は、学校教育が職業において役立つ知識や技術を教えているよりも、すでに有利な地位にあるさまざまな身分集団が、自分たちの文化に適合した人々を選び出すのに学校教育は寄与しているとみるのである。身分集団間の葛藤に焦点をあてて、学校の文化伝達という役割の重要性を指摘しているところに、コリンズの議論の特徴があ

る。

　こうした問題の立て方は，マルクス主義的な立場に立つ葛藤論者にも共有されている。教育が職業に役立つ知識や技術を教えているのではなく，むしろ，階級的地位に応じたパーソナリティ特性を伝えているとして，教育と職業の関係を問題にしたS. ボウルズとH. ギンタスの議論［ボウルズ＝ギンタス，1986，87］はその代表的なものである。ボウルズとギンタスによれば，学校は，将来支配的な階級に就くような支配階級出身者には，自律的であることをよしとする価値を伝える。それに対し，労働者階級の出身者には，将来の従属的な地位にふさわしい，従順といった価値を伝える。こうして，職業に役立つ知識や技能を教えるよりも，学校がそれぞれの生徒の出身階級に見合ったパーソナリティ特性を教え，それにもとづく選抜を行っていると彼らはみるのである。ボウルズとギンタスにおいても，問題とされるのは，学歴取得以前の不平等がいかに教育を通じて正当的に再生産されているかである。

　もう1人，葛藤理論の代表的論者をあげるとすれば，フランスの社会学者，ピエール・ブルデューだろう。彼の複雑な理論を手短にまとめることは容易ではないし，下手にまとめると誤解を招いてしまう危険性もある。ここでは，単純化の恐れを抱きつつ，ブルデューが，文化資本やハビトゥス（「心の習慣」という訳があてられることがある）といった概念を用いて，家庭で身につけた階級文化が，学校での成功のチャンスを左右する，それによって学校は文化を通じた階級の再生産に寄与している，と要約するにとどめよう。詳しくは，章末の読書案内に掲げたいくつかの本を読んでほしい。

以上は，学歴社会にかかわる理論の紹介だった。それでは，いったい現在の日本では学歴社会の実態はどうなっているのか。次に日本で行われている実証研究の成果をいくつか紹介しよう。

就職における学歴差

　表 IV-2 は，学歴別に新しく学校を卒業した人たちがどのような職業に就職したのかを示したものである。この表をみると，男女によって違いはあるものの，学歴によって就く職業の種類が大きく異なることがわかる。高校卒の男子では，大部分が工場などで働く技能職に就く。他方，高卒女子では同じく技能職と並んでサービス・販売職が多い。それに対し大卒では男女とも事務職や専門・技術職が多くなる。

　企業規模についても学歴差は存在する。今度は大卒だけに絞ってみると，いわゆる入学難易度の高い大学の卒業生ほど，業界トップの企業や大手企業に就職する率が高い（図 IV-2）。なるほど，世間でいわれる「いい企業」に就職しようと思えば，難易度の高い大学に入ることがそのチャンスにつながるのである。

昇進における学歴差

　次に昇進のチャンスと学歴との関係をみよう。竹内洋氏の研究［1981］によれば，大企業入社後 20 年を経て，何パーセントの人が課長まで昇進できたのかを大学別に調べると，表 IV-3 に示すようにたしかに大学間の差がみえてくる。なるほど，ここでも入学難易度の高い大学の出身者ほど，昇進するチャンスが大きくなっている。

　と同時に，もう1つ目を引くのは，学歴の効用は万能ではないということである。東大などの卒業生の 40 ％しか課長に昇進していない。つまり，60 ％は課長にまで到達していない。肩書としての学歴が万能であれば，このようなことは起こらないはずだ。

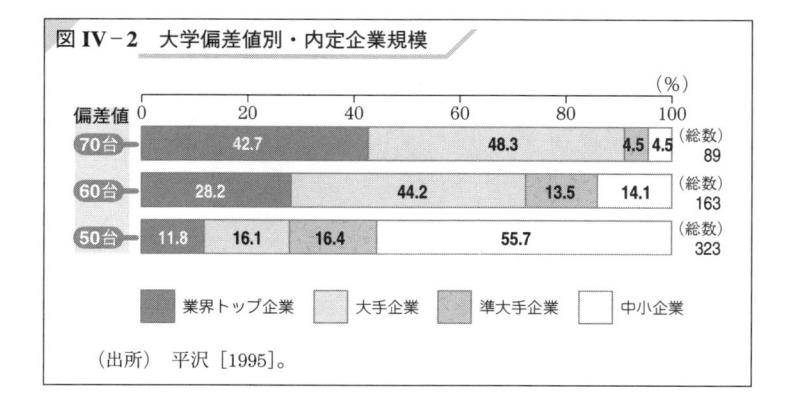

表 IV-2　学歴別にみた職業別の就職先（1999年）

(%)

就職先	高校	短大	大学
男性			
●専門・技術	4.5	—	33.3
●事　務	3.8	—	31.9
●販　売	10.0	—	25.5
●サービス	11.0	—	3.7
●技能・労務	59.5	—	0.2
●その他	11.2	—	5.4
計	**100.0**	—	**100.0**
女性			
●専門・技術	4.4	34.4	29.8
●事　務	26.4	44.8	45.4
●販　売	18.6	12.7	16.7
●サービス	25.6	6.0	4.8
●技能・労務	21.4	0.4	0.1
●その他	3.6	1.8	3.3
計	**100.0**	**100.0**	**100.0**

（出所）「学校基本調査報告書」。

図 IV-2　大学偏差値別・内定企業規模

偏差値	業界トップ企業	大手企業	準大手企業	中小企業	（総数）
70台	42.7	48.3	4.5	4.5	89
60台	28.2	44.2	13.5	14.1	163
50台	11.8	16.1	16.4	55.7	323

（出所）平沢 [1995]。

知識編　「教育と社会階層」の社会学・入門

表 IV-3　大学別事務系中間管理職輩出率（1959年卒，入社）

大学名	中間管理職	非管理職*	合計（入社数）	輩出率
東大・京大・一橋大	127 人	173 人	300 人	42.3 %
早大・慶大	146	282	428	34.1 %
北大・東北大・名大・阪大・九大・神大・大市大	75	160	235	31.9 %
上記以外の国公立大学	88	191	279	31.5 %
上記以外の私立大学	121	337	458	26.4 %
計	**557**	**1,143**	**1,700**	**32.8**

(注)　*退職，死亡などを含む。
(出所)　竹内 [1981] 111 頁。

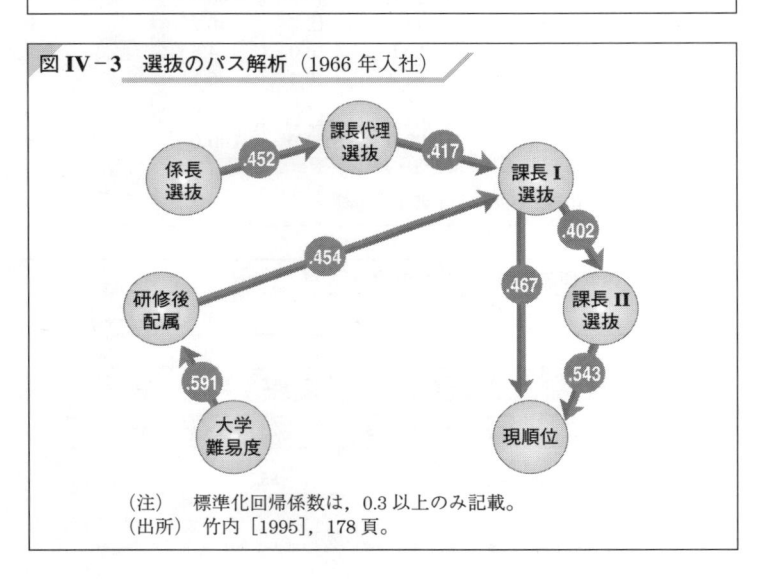

図 IV-3　選抜のパス解析（1966年入社）

係長選抜 →.452→ 課長代理選抜 →.417→ 課長 I 選抜
研修後配属 →.454→ 課長 I 選抜
課長 I 選抜 →.402→ 課長 II 選抜
課長 I 選抜 →.467→ 現順位
課長 II 選抜 →.543→ 現順位
大学難易度 →.591→ 研修後配属

(注)　標準化回帰係数は，0.3 以上のみ記載。
(出所)　竹内 [1995]，178 頁。

その一方で，こうした「銘柄大学」以外の大学の出身者でも 26 % が課長まで到達している。ここには，ステージ 3 で述べた「程度の問題」が示されている。つまり，学歴だけが重視されて

Column ⓰ 受験競争がなくなると，だれが損をするか

受験競争はいじめなどの教育問題を生み出す元凶である，偏差値のように学力一辺倒で，子どもを序列化するから，子どもたちにストレスがたまるのだ，という見方がある。その是非はともかく，学力一辺倒の入試をやめて，面接を実施したり，勉強以外の活動にも目を向け，もっと１人ひとりの子どもの個性や長所をもとに，高校や大学の入学者選抜ができないかという意見をよく聞く。このように教育の世界だけをみていたら一見すると好ましいように思われることにも，思わぬ落とし穴がある可能性を忘れてはならない（➡ PartⅠ）。

英数国理社などの教科であれば，どれだけがんばればよいのか，勉強のしかたについても，到達すべき目標についても，だれにでもわかりやすい。ところが，「個性」といっても，入学者の選抜で使われる場合，当然，高く評価される個性と，そうではない個性とに分かれてしまう。勉強以外の活動についても同様である。このような場合に，かえって，どのような家庭で育ったかという階層の影響が出やすい。学校以外でのおけいこごとの経験１つとってみても，「お金」がからんでくるように，勉強以外の面で子どもたちが何を身につけているのかには，かえって家庭の経済力や親の考え方が反映する可能性があるからだ。教育と社会階層という視点から，受験の問題を考えてみると，問題がそれほど単純ではないことがわかる。

いるわけではないし，学歴が重視されているといっても，それが実力と無関係であるかどうかは程度の問題だということである。

もう１つ竹内氏の研究［1995］から興味深い結果を報告しよう。学歴（この場合も大学の学校歴）が，昇進の際どのような段階まで影響があるのかをパス解析という統計的な手法を用いて分析をした（図Ⅳ-3）。そこでわかったのは，入学難易度の高い学生が将

来の昇進で有利になるのは，学歴が最初に配属される部署を決めるうえで重要な判断基準とみなされていることによるというのである。どの部署に就くのかが，その後の職業経験や知識を積むうえで重要になる。しかし，その時期をはずしてしまうと，学校歴の影響はほとんど問題にならない。つまり，いつまでも学歴の効用が続くわけではなく，竹内氏の言葉を借りれば「学歴資本は期限つき資本」[竹内，1995，178-79頁] だということになる。

なるほど，就職や就職後の最初の部署への配属まで，学歴の効用はある。しかし，それはいつまでも続く万能な効用ではない。学歴とは，職業に就いて初期のころに有利なルートにのりそこねると，それ以後はその効用が薄れてしまうものなのである。

結婚における学歴差　学歴は，職業生活だけに影響を及ぼしているわけではない。表 IV-4 に示すように，結婚に際し，同じレベルの学歴段階の男女が結婚する確率が高い。もちろん，お見合い結婚が減少し，恋愛結婚が増えている。したがって，このような傾向がみられたからといって，かならずしも学歴の高さを「身分」や「家格」のように考えて身分の違う結婚が避けられているからそうなるというわけではない。また，学歴の高低が結婚の有利さにただちに結びついているというわけでもないだろう。むしろ，こうした傾向は出会いのチャンスが学歴ごとに分断されている可能性を示している。

それでも，このように同じ学歴の者どうしが結婚するチャンスが高まれば，そうした夫婦に子どもができた場合，両親とも学歴の高い家庭，両親とも学歴の低い家庭というはっきり分かれた家庭環境で育つ子どもが増えていくことになる。このような傾向は，次にみる学歴と出身階層の関係を考える場合に重要となる。

表 IV-4　結婚と学歴（妻と夫の学歴の関係）

●夫の学歴ごとに妻の学歴をみた表　　　　　　　　　　　　　　（%）

夫の学歴	妻の学歴			計
	中学・高校	短大	大学	
中学・高校	93.8	5.0	1.2	100.0
短大・大学	54.0	25.8	20.2	100.0

夫が中・高卒の場合，妻もほとんど同じ学歴である。

●妻の学歴ごとに夫の学歴をみた表　　　　　　　　　　　　　　（%）

妻の学歴	夫の学歴		計
	中学・高校	短大・大学	
中学・高校	82.6	17.4	100.0
短　大	34.6	65.4	100.0
大　学	14.0	86.0	100.0

妻が大卒の場合，夫もほとんど大卒であり，
妻が中・高卒の場合，夫もほとんど同じ学歴である。

（出所）　渡辺［1998］125頁，表17より作成。

出身階層と学歴

社会学では，職業的な地位や所得，さらには学歴といった社会・経済的な資源が，階層性をなしている状態を社会階層と呼ぶ。さらには，その社会階層上で人々が地位を変えていくことに注目してみえてくるのが，「社会移動」という現象である。そして，社会階層において，職業上の威信（どれだけ偉いか），所得，権力，学歴といった異なる指標がどれだけ一致しているか，いいかえれば，威信の高い人が，同時に所得も権力も多くもっており学歴も高いという一致の度合いに着目したのが，**地位の一貫性・非一貫性**〔★〕という考え方である。学歴社会とは，出身社会階層によらず，本人の学歴によって，社会階層的地位が強く決まるような社会であるといえる。そ

図 IV−4　父職・子学歴・子初職の関係

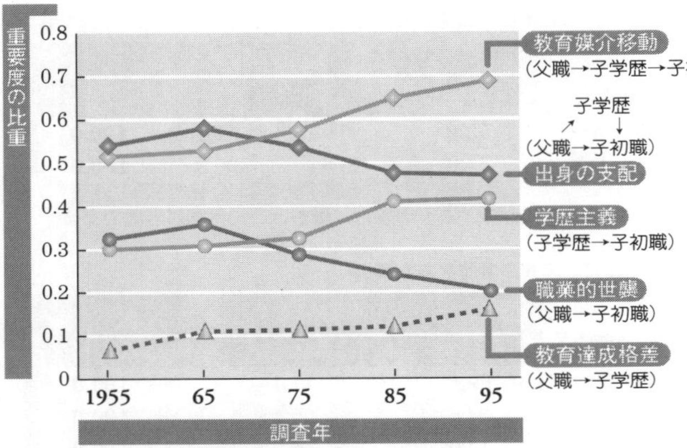
重要度の比重
0.8
0.7
0.6
0.5
0.4
0.3
0.2
0.1
0
1955
65
75
85
95
調査年
教育媒介移動
(父職→子学歴→子初職)
子学歴
(父職→子初職)
出身の支配
学歴主義
(子学歴→子初職)
職業的世襲
(父職→子初職)
教育達成格差
(父職→子学歴)

（出所）　近藤［1998］。

れでは，日本の現状は学歴社会といえるのだろうか。

社会階層と社会移動の研究では，長年にわたって，出身階層，本人の学歴，本人の到達階層という3者の関係をめぐって調査データにもとづく研究が行われてきた。**図 IV−4** は近藤博之氏の研究によってこれらの関係を示したものである。

図 IV−4 では，1955 年から 95 年までの間に，父親の職業と本人の学歴，本人の初職との間の関係の相対的な強さをいくつかの指標をもちいて表している。「教育達成格差」は，父親の職業によって本人の学歴がどの程度影響を受けているのかを示す指標である。つぎに，「職業的世襲」は，本人の学歴に関係なく父親の職業が直接本人の初職に及ぼす影響の相対的な強さを示す。そして，「出身の支配」は，父親の職業によって本人の学歴が影響され，さらに直接的に本人の初職にも影響が及んでいる程度を表す。

いずれの指標においても数値が高いほど、影響力が強いことを示している。

この図から、本人の職業が直接親の職業から影響を受ける程度は弱まっていることがわかる（職業的世襲、および出身の支配の2つの指標の値が低下傾向にあるから）。それに対し、本人の学歴が本人の職業に及ぼす影響を示す「学歴主義」は、増加傾向にあり、近年では、学歴によって本人の職業が決まる度合いが強まっていることがわかる。しかし、このことは、父親の職業の影響がまったくなくなったことを意味しない。父親の職業の、本人の学歴への影響の度合いを示す教育達成格差の指標が増加傾向にあるからである。つまり、学歴によって初職が決まる度合いが強まる一方で、その学歴自体が、父親の職業の影響を受ける程度も強まっているのである。父親の職業が、本人の学歴への影響を媒介して本人の初職に影響する強さを示す「教育媒介移動」の指標の増加傾向は、このような関連が強まっていることを示している。

学歴社会というと学歴の影響が圧倒的に大きい社会を想像するが、実際には、どのような家庭に生まれるのかも依然として強い影響を残しており、しかも、どのような家庭に生まれるのかが、本人の学歴に影響し、それが本人の到達階層に影響するという関係も強化されているのである。

> 学力・努力と出身階層

それでは、出身階層が学歴に及ぼす影響は、どのようなルートをたどっているのだろうか。ここではステージ3でみたような、学力や努力との関係をみておこう。

表IV-5は、戦後行われたさまざまな調査をもとに、子どもの学業成績と親の学歴との関係の強さをクラマーV係数（1に近い

表 IV-5　学業成績と親の学歴（相関係数の推移）

調査年	クラマーV係数	調査対象者	調査地
1958	0.182	中学3年生（父兄）	京都，福島，広島，兵庫
58	0.189	中学3年生（父兄）	京都，福島，広島，兵庫
68	0.216	中学3年生（本人）	全国
70	0.148	中学3年生（本人）	東京都
70	0.140	中学3年生（本人）	東京都
72	0.241	中学3年生（本人）	岐阜
77	0.188	中学3年生（本人）	不明
77	0.164	中学3年生（本人）	不明
80	0.223	中学2年生（父兄）	東京（保谷市）
80	0.204	中学2年生（父兄）	東京（保谷市）
89	0.207	小中高校生（本人）	兵庫（尼崎市）
89	0.160	中学2年生（本人）	東京

（注）データの出典については苅谷［1995］の参考文献を参照。

ほど関係が強いことを示す）という統計値を用いて示したものである。この表が示しているように，子どもの学力は戦後一貫して，どのような学歴の親を持つのかによって一定の影響を受けている。つまり，親の学歴が高いほど，成績がよいという正の相関関係が長い期間にわたって維持されているのである。

このような学力への階層の影響が，生まれながらの能力を通じたものか，それとも努力を介したものかはわからない。そこで，**表 IV-6** を見よう。この表は父親，母親の学歴ごとに，塾などの時間も含め，学校外で高校生がどれだけ勉強したのかを1979年と97年の2つの時点についてそれぞれ調べたものである。勉強する時間を個人の努力を示す指標とみなし，父親，母親の学歴との関係を調べると，親の学歴の高い生徒ほど長く勉強していることがわかる。しかも表 IV-6 は，1979年と97年の2つの時点で

成績指標の特徴	学歴指標の特徴	データの出典
親の5段階評価	父親の学歴3段階	森口（1960）
親の5段階評価	母親の学歴3段階	森口（1960）
数学の成績5段階	父親の学歴3段階	潮木・佐藤（1979）
8教科の成績5段階	父親の学歴3段階	国研（1973）
8教科の成績5段階	母親の学歴3段階	国研（1973）
本人の5段階評価	父親の学歴3段階	潮木ほか（1972）
総合成績5段階	父親の学歴4段階	潮木ほか（1978）
総合成績5段階	母親の学歴4段階	潮木ほか（1978）
親の3段階評価	父親の学歴3段階	保谷市（1981）
親の3段階評価	母親の学歴3段階	保谷市（1981）
本人の2段階評価	父親の学歴3段階	西田（1990）
本人の3段階評価	母親の学歴3段階	都立大（1992）

同じ高校の生徒を対象に行った2つの調査の結果であり、それを比べることで過去18年の間に、階層と勉強時間の関係がどのように変化したのかもわかる。これをみると、79年と97年とではどの学歴段階でも勉強時間は減っているが、その減り方は、親の学歴が高いほど少ない。つまり18年間で、出身階層間の格差が広がっているのである。

*　　　*　　　*

さて、ここで紹介したさまざまな調査の結果を組み合わせると、ステージ1～3までで考察したことは、どのように解釈できるのだろうか。さらに、議論をふくらませるためには、ほかにどんなデータがあればいいのだろうか。ここで紹介したデータを参考に、自分で問題や仮説を立て、それを検証するための情報収集を

表 IV-6　学校外での学習時間の変化（平均値、分）

● a. 父親の学歴別

	79年	標準偏差	人数	97年	標準偏差	人数	79年と97年の差
大　学	130.2	80.5	253	96.5	74.4	441	**33.7**
短大・専門学校	114.4	84.5	27	75.7	76.1	88	**38.8**
高　校	99.5	78.1	603	61.3	66.3	571	**38.2**
中学校	79.3	76.6	401	32.7	54.6	134	**46.6**

● b. 母親の学歴別

	79年	標準偏差	人数	97年	標準偏差	人数	79年と97年の差
大　学	123.2	89.8	85	106.3	74.3	179	**16.9**
短大・専門学校	124.9	71.9	61	85.4	76.5	280	**39.5**
高　校	102.6	79.9	710	63.8	68.5	725	**38.8**
中学校	86.5	78.6	451	27.4	40.6	80	**59.1**

(出所)　苅谷 [1999] より。

試みてほしい。

引用・参考文献

天野郁夫 [1992],『学歴の社会史』新潮社。
ブルデュー, P., パスロン, J.-C. [1991],『再生産——教育・社会・文化』宮島喬訳, 藤原書店 (原著 1977)。
ボウルズ, S., ギンタス, H. [1986, 87],『アメリカ資本主義と学校教育——教育改革と経済制度の矛盾』(1, 2) 宇沢弘文訳, 岩波書店 (原著 1975)。
平沢和司 [1995],「就職内定企業規模の規定メカニズム」苅谷剛彦編『大学から職業へ』高等教育研究叢書 No. 31, 広島大学大学教育センター。
苅谷剛彦 [1995],『大衆教育社会のゆくえ——学歴主義と平等神話の戦後史』中公新書。
苅谷剛彦 [1999],「学習時間の変化」樋田大二郎・耳塚寛明・岩木秀夫・苅谷剛彦・金子真理子「高校生文化と進路形成の変容 (1)——1979 年調査との比較を中心に」『聖心女子大学叢書』第 92 集, 115-88 頁のうち 154-68 頁。
近藤博之 [1998],「社会移動の制度化と限界」近藤博之編『教育と世代間移動』1995 年 SSM 調査シリーズ 10, 1995 年 SSM 調査研究会。
コリンズ, R. [1984],『資格社会』新堀通也監訳, 大野雅敏・波平勇夫訳, 有信堂 (原著 1979)。
竹内洋 [1981],『競争の社会学』世界思想社。
竹内洋 [1995],『日本のメリトクラシー』東京大学出版会。
ヤング, M. [1982],『メリトクラシー』窪田鎮夫・山本卯一郎訳, 至誠堂 (原著 1958)。
渡辺秀樹 [1998],「結婚と階層の趨勢分析」渡辺秀樹・志田基与師編『階層と結婚・家族』1995 年 SSM 調査シリーズ 15, 1995 年 SSM 調査研究会。

図書紹介　Book Review

⊃ 天野郁夫『学歴の社会史』新潮社，1992。

　日本における学歴社会の成立の過程を歴史社会学的に解明。近代日本における学歴主義のルーツを探るうえでの必読文献の1つである。

⊃ P. ブルデュー，J.-C. パスロン『再生産——教育・社会・文化』宮島喬訳，藤原書店，1991（原著1970），『遺産相続者たち——学生と文化』石井洋二郎監訳，藤原書店，1997（原著1964）。

　いずれも，ブルデューらの教育社会学研究の出発点ともなったといえる著書。文化資本や象徴権力といった概念を用いて，教育において階級の再生産がどのように行われているのかを理論的に解明するとともに，調査データを用いた検討も行っている。

⊃ P. ブルデュー『ディスタンクシオン——社会的判断力批判』（1, 2）石井洋二郎訳，藤原書店，1989，90（原著1979）。

　教育が文化資本の伝達を通じて階級の再生産に寄与していることを，理論的ならびに実証的に明らかにしたブルデューらの一連の研究。教育や文化の相対的な自律性が，階級の文化的再生産にどのように寄与しているかを明示した点で，再生産論の代表的な研究といえる。

⊃ S. ボウルズ，H. ギンタス『アメリカ資本主義と学校教育』（1, 2）宇沢弘文訳，岩波書店，1986，87（原著1976）。

　アメリカにおける教育の拡大がなぜ起きたのか，そこにはどのような原理がはたらいていたのかを，批判的に検討したラディカル派教育分析の代表作である。

- R. コリンズ『資格社会』新堀通也監訳，大野雅敏・波平勇夫訳，有信堂，1984（原著1979）。

　アメリカにおける資格社会・学歴社会の成立過程を，身分集団間の対立・抗争のメカニズムから解明する，アメリカ版「学歴社会論」「専門職論」。

- 苅谷剛彦『大衆教育社会のゆくえ――学歴主義と平等神話の戦後史』中公新書，1995。

　戦後日本の教育の大衆化と社会の大衆化の展開を，比較の視点から学歴主義，平等主義の日本的特色を明らかにすることで解明した戦後の日本社会・教育論。

- 志水宏吉『変わりゆくイギリスの学校』東洋館出版社，1994。

　212頁のコラムでふれたイギリスの教育改革の様子を，学校の内部に入り込んでつぶさに観察したエスノグラフィー。ヤングの本と読み比べてみるとおもしろい。

- 竹内洋『日本のメリトクラシー』東京大学出版会，1995。

　教育や職業の世界におけるメリトクラシー（業績主義）の日本的特徴を，理論的，実証的に明らかにした，この分野の最先端をいく研究の1つ。

- M. ヤング『メリトクラシー』窪田鎮夫・山元卯一郎訳，至誠堂 1982（原著1958）。

　社会学者がサイエンス・フィクションの手法を用いて，能力主義の徹底がどのような問題を社会にもたらすのかを解明した。未来小説としても読みごたえがある。内容については，本文を参照してほしい。

キーワード解説　50音順

アノミー

社会変動により，社会規範が変容，崩壊することで生じる，価値や欲求，行動などの無規制状態。社会学的概念として定式化したのはデュルケームであり，『自殺論』では欲求の無規制的な肥大という意味でもちいられた。これに対してマートンは，社会全体の文化的目標と個々人に与えられた制度的手段の不統合がもたらした構造的な葛藤状況をアノミーと呼んだ。

暗　数

対象とする事象において，未発見・未記録な件数の割合。犯罪や非行は隠れてするもので，すべての件数を把握することは不可能なため，暗数はかならず生じるといえる。ただしラベリング理論では，犯罪や非行は法による反応があってはじめて成立するものだとみなされるので，理論的に暗数という概念は存在しない。

育児産業

少子化が進行する中で，現在今までなかったような育児ないしは子どもを対象とした産業が生み出されており，他のジャンルの産業とのボーダーレス化も進んでいる。このような状況では育児産業という言葉は，育児にかかわりのある産業と広く定義しておくのが適切といえる。

育児不安

現代の日本の育児における中心的問題の1つである。「大阪レポート」によれば，育児不安は乳児期には身体面にウェイトがかかっているが，子どもの成長とともに行動や性格，対人関係の持ち方など精神面にウェイトが移ることが示された。育児不安は子どもの成長とともに質を変えながら，消えることなく子育てにつきまとっているといえる。

エスノグラフィー

当該社会の成員の生態・文化を，現地でのフィールドワークを通じて観

察,記録する営みや,その成果としてまとめられた文章・テキストのこと。フィールドワークとは,人と人,人と社会および人がつくり出した人工物との関係を,人間の営みのコンテクストをなるべく壊さないような手続きで研究する手法。

階級と階層

階級が,主に生産手段の所有・非所有によって区別される経済的な地位にもとづくカテゴリーであるのに対し,階層は,職業的な威信や学歴,所得などを指標に区別された社会・経済的地位にもとづくカテゴリーを示す。

解釈的アプローチ

人間の行為や相互作用を,当該状況の中での主体相互による不断の解釈過程を媒介にしてたえず生成・構築されたものととらえる。また,社会的現実とは人々が世界に対して付与した意味によって構築されたものであるとみなし,その中で人々が自分の生きている社会をどう解釈しているのかを理解しようとする。

下位文化(サブカルチャー)

当該社会の中で,性や年齢,職業,民族,階層などに応じて形成された特定の集団が保持する文化。そこには社会全体の支配的文化が含まれてはいるが,その集団独自の価値や慣習も含まれている。また,その中でとくに支配的文化に敵対する文化をさすこともあり,その場合は対抗文化とも呼ばれる。

隠れたカリキュラム(hidden curriculum)

学校教育において,暗黙のうちに教授・学習されるカリキュラム。潜在的カリキュラム(latent curriculum)とも呼ばれ,フォーマルなレベルで明文化・言明された顕在的カリキュラム(overt curriculum)と区別される。

仮説生成

フィールドワークを通じて得られたデータから仮説を生み出すこと。具体的には,対象とする事象を説明するためのカテゴリーの抽出とその特

性の把握,さらに各カテゴリー間の関係の分析という手続きをとる。ここでいう仮説とは,カテゴリー間の関係や各カテゴリーとその特性との関連に関する叙述をさす。この方法は,対象に接する前にデータのカテゴリー化と仮説の設定を行い,その仮説の検証のためにデータを収集する仮説検証型の方法と対照をなす。

学校化社会 (schooled society)

イヴァン・イリイチが『脱学校の社会』(東京創元社,1977;原著 *Deschooling Society*, 1970)で展開した概念。イリイチは,近代学校の発展によって教育の価値が「制度化」され,その結果,教育という営みからもたらされるはずの豊かさが奪われていると考える。「学校化社会」とは,そうした学校批判を前提とした概念であり,近代学校教育システムが社会のすみずみにまで浸透し,人々の意識や行動を支配している状態をさす。

学校文化

学校という場において成員が共有し,伝達される文化。それは,社会のあり方を背景に学校教育全体を支配するものとして想定されると同時に,互いにせめぎあう複数の下位文化の複合体としても解釈されうる。

教育家族

子どもを産み育てることを家族の主要な価値とする家族。そこでは親こそが子どもの教育の責任者であり,子どもは濃密な教育的視線の中で養育されることになる。わが国では新中間層が誕生した大正期に教育家族が誕生したといわれる。

クーリングアウト・ウォーミングアップ

どれだけ高い学歴を得たいか,どのような職業に就きたいかといった「野心(アスピレーション)」に対し,それをなだめ,すかしながら,冷却することをクーリングアウトという。それに対し,野心を高めるように,焚きつけることをウォーミングアップという。ウォーミングアップが十分に働かないと,だれも競争に参加しなくなるし,クーリングアウトがうまく働かないと,競争が過熱するといったことが起きる。

ジェンダー

生物学的性差・性別を表す「セックス（sex）」に対して，社会・文化的性差・性別を意味する。男女の間にみられる行動やパーソナリティ，能力の違いには，社会化の過程で後天的に学習された側面があることを明らかにするために使われるようになった。

児童虐待

わが国では最近増加傾向が指摘され，注目を集めつつある児童虐待であるが，家庭内の児童虐待に限ると，①身体的虐待（暴行・傷害など），②心理的虐待（言葉や行動で子どもの心を傷つける），③性的虐待，④養育放棄（ネグレクト）に大きく分けられる。

職業配分

社会の側からみて，さまざまな職業的地位に人々をあてがう過程をいう。個人の側からみれば，どのような職業に就くのかということだが，その際，世襲や縁故，あるいは能力による選抜など，どのようなルールにもとづいているのかが問題となる。

心 性

長期的に歴史をとらえた場合に浮かびあがってくる，社会全体もしくは特定の集団によって共有された「心」のありよう。アナール学派など社会史研究の中ではぐくまれた概念。

正当性・正当化

社会が秩序を持つためには，支配−被支配の関係について，とくに支配される側が，その支配に自発的に服従することが求められる。その基盤となるのが，支配について，それを正しいとみなす正当性の信念であり，そのような状態をつくり出す過程を正当化という。

生徒指導

文部省によれば，生徒指導とは1人ひとりの児童生徒の個性の伸長をはかりながら，同時に社会的な資質や能力・態度を育成し，さらに将来において社会的に自己実現ができるような資質・態度を形成していくための指導・援助であり，個々の生徒の自己指導能力の育成をめざすもの，

キーワード解説

と定義されている。現在では，生徒指導は教育課程の全領域で作用すべき機能として把握することが求められており，日本の学校全体を統制する秩序原理となっている。なお，類似の概念として生活指導があるが，1965年以降文部省は生徒指導を統一的に使用し，生活指導は一部の民間教育団体によって用いられている。

生徒文化

「学校文化」の下位文化の1つ。教員集団が共有する下位文化が「教員文化」，生徒集団が共有する下位文化が「生徒文化」と呼ばれる。それぞれの内部に，性別や階層・人種・年齢などさまざまな要因によってさらに分化した下位文化がみられることがある。

生理的早産

ほ乳類の誕生の仕方の比較検討から，人間の誕生の特徴としてポルトマンが提起した言葉。高等ほ乳類はふつう妊娠期間が長く，1胎ごとの子どもの数は少なく，誕生時の子どもの状態は成熟した「離巣性」であるのに，人間は生後1年たたないと人間としての基本的な特徴（直立歩行や言語の使用など）を獲得できない（「就巣性」）ことから，人間の誕生時の状態を通常化した（生理的）早産と特徴づけた。

地位の非一貫性

社会的地位を表す威信，所得，学歴，権力といった各基準をあてはめた場合に，ある基準では上位に属するが，他の基準では上位ではないといった，一貫性がみられない場合をいう。

トラッキング

どの学校に進学するか，あるいは学校内のどのコースに入るかにより，生徒のその後の進路選択の機会と範囲が限定されること。より広義には，人々の地位達成過程において，ある時点までに獲得した地位が次の段階で就きうる地位の範囲を限定する傾向を意味する。

努力主義

生まれつきの能力の違いよりも，どれだけ努力するかが成功をおさめるうえで重要だとする考え方。その前提として，生まれつきや家庭環境に

よる能力の違いはほとんどないとみなす考え方が含まれる。「だれでもがんばれば100点がとれる」という指摘は，こうした努力主義の典型。

仲間集団（ピア・グループ）

仲間とは相互に共通な関心によって選択された，同世代の同等な地位にある他人のことであり，仲間集団とはそうした仲間を成員として構成された小集団のことをさす。本来は成人の集団にも適用されるが，もっぱら子どもや青少年の集団に用いられる。

能力主義

メリトクラシーの訳語として用いられたり，実力主義，業績主義といわれることもある。しかし，日本の教育界で使われる場合には，偏差値序列のように，学力によって序列づけられる状態を意味することもある。

不登校・登校拒否

いずれも，病気や経済的な理由以外の，心理的，情緒的，身体的，社会的要因・背景により，児童生徒が登校しない，あるいはしたくともできない状況をさす。単純に学校にいかない事態を意味する「長欠」よりも狭い概念。なお，こうした状況にある児童生徒はかならずしも登校を拒否しているわけではないなどの理由から，登校拒否より不登校が用いられる場合がある。

メリット

ヤングの原著では，メリットは能力と努力とからなるとされるが，詳しい説明はない。一般的には，職業に貢献できるだけの能力や実力を意味する。

リターンマッチ（選抜における）

竹内洋によれば，日本社会における選抜は，一度敗れても，セカンド・チャンスが与えられる，リシャッフリング（ご破算）の機会を含んでいるという。高校入試で失敗しても大学入試で挽回できることなどは，その一例といえる。

立身出世主義

上昇的な社会移動をめざす生活態度。身分制度が廃止された近代日本において，多くの人々の心をとらえ，学業および職業に対するアスピレーションを高める役割を果たした。

良妻賢母主義

戦前の女子教育政策において支配的であった基本理念。家庭にあって夫を助ける良き妻，立派な子どもを育てる賢き母となることが，女性の本分であるという考え方を前提として，女子に対する教育の目的は，そうした良妻賢母を育成することにあるとされた。

索　引　　INDEX

● あ 行

アッカー, S.　188
アナール学派　198
アノミー　60
アリエス, P.　198
家　161
育児産業　109, 110, 113, 117, 120
育児支援　120, 121
育児不安　117, 119, 121
いじめ　Part I
いじめ統計　12, 14, 18, 21-23
いじめ問題　2, 5-7, 14, 16, 17, 24, 63, 66
逸脱　54, 56, 64, 65, 67
　第1次的——　65
　第2次的——　65
逸脱文化学習理論　64
インタビュー調査　193
生まれ　227, 230, 231, 238
エスノグラフィー　52, 68, 131
エスノグラフィックな学校研究　196
えび茶式部　176
エリート　162, 175
エルキンド, D.　101
援助交際　171, 174
お受験　102
男らしい身体　177, 180, 184
女らしい身体　177, 180, 184

● か 行

階級文化　251
解釈的アプローチ　25, 131, 196
ガイダンス　46
下位文化　64
カウンセラー　48
カウンセリング　47, 48
カウンセリング・マインド　48
核家族　125, 126
学制発布　145, 146
学　歴　162, Part IV
学歴インフレ　236
学歴エリート　152
学歴－実力乖離論　232, 239
学歴社会虚像論　207
学歴社会実像論　206
隠れたカリキュラム　131, 140, 141, 173, 196, 198
家事・裁縫　148, 150
仮説生成　51
家　族　82-85
家族規範　169
家族国家観　169
家　長　161
学校基本調査　193
学校に関する経歴　219, 221-23
学校文化　27, 140
葛藤理論　195, 250, 251
家庭教育　81, 82, 87, 88
空の巣症候群　159
カリキュラム　140

過労死　158
官僚制　40
官僚制化　41, 44, 46
技術機能主義　248-50
絆（ボンド）　62-64
帰宅拒否症　158
キツセ, J. I.　16, 66
キッチンドリンカー　159
機能主義　126
機能主義理論　195
旧制高校　153
教育家族　88, 89, 108, 121, 122
教育機会の不平等　106
教育基本法　155
教育臨床の社会学　5, 6, 14, 23, 51-53, 67, 68
教育令　146
教師と生徒の相互作用　197
教師の権威　48
教師役割　28, 40, 46
教養主義　152
近代国家　146
ギンタス, H.　251
緊張理論　60, 61, 63
虞犯　55, 56
クーリングアウト　197
クレイム申し立て　66, 67
軍国の妻・軍国の母　168, 170
限定コード　127
構築主義　17, 66-68
高等学校　179
高等女学校　144, 148-50, 153, 154, 176
高等女学校令　149, 154
コーエン, A. K.　60, 64
国民　145-48, 169, 181
——の創生　169
国民国家　169
心の教育　27
心の時代　46, 47
個人本意アピール　130
個性中心的家族　127
コード　127, 128
子ども　198
コリンズ, R.　250

● さ 行

再生産理論　195
差別　147
ジェンダー（社会・文化的性別）　141
——と教育　188
近代的な——　146
ジェンダー化された身体　184
ジェンダー秩序形成　199
私事化　50, 63, 64
思春期　25, 31
しつけ　77, 85-87, 130
実態主義　16, 17, 60, 65, 66
質的方法　52
質問紙調査　193, 194
指導　40-42
児童虐待　118, 159
児童生徒理解　46, 47
資本　162
社会移動　257, 258
社会化　84-86, 119, 123, 125-29, 132, 188
社会階級　127, 128
社会階層　257, 258
社会史・心性史研究　198
社会統制　126, 128

社会問題　2, 16, 66
社会問題化　5, 8, 14, 17
就学前教育　78, 79, 81, 91, 93, 94, 96
受験競争　2, 5, 19, 20, 22, 23
―――の低年齢化　105, 106
出社拒否症　158
シュッツ, A.　164
純　潔　182
純潔教育　182, 183
少子化　102, 103, 105, 114
情報化　67
女学生スタイル　174, 176
職業アスピレーション　194
職業配分　247, 248
女性差別撤廃条約　180
女性性　164, 167
「女性と教育」研究　188
初発型非行　58
進学アスピレーション　197
進学率　188, 189, 191
心　性　107
新大学令　152
新中間層　88
親密化　28, 31, 52
親密さのイデオロギー　50
スクールカウンセラー　16, 40
スマイルズ, S.　160
性教育　180-83
性差別　139, 140, 145, 195
性的存在　172-74
正当化, 正当性　229
生徒指導　37, 38, 41, 43, 47, 53, 56, 172
生徒文化　194
生徒理解　47, 50

制　服　173-75, 177
性別の社会化　196
性別分化　191
性別役割分担　142
精密コード　127, 128
性役割意識　194, 195
生理的早産　83
セクシズム（性差別主義）　141, 197
セクシュアリティ　172, 173, 184
世襲制　209, 215, 223, 226, 227, 230
セネット, R.　50
セーラー服　176
戦後教育改革　144
専門学校　154
専門学校令　152
早期教育　96-102, 116
相互作用理論　196

●た　行

体　操　178-80
多忙化　36, 37, 40, 43
短期大学　155, 191
男子学生スタイル　174
男女共学　143, 144, 146, 154, 189
男女混合名簿　138, 139, 141
男女別学　143, 144, 147
男女別学・別体系教育システム　145
男女別・男子優先の習慣　140
男女別・男子優先名簿　138, 139, 141
男性性　153, 161, 164, 167, 168, 176
知　152-55

地位的家族　127
地位の一貫性・非一貫性　257
地位の引き下げ　197
知能テスト　210, 227
中学校　148-50
中学校令　148
中流階級　150
　——の形成　150
定義主義　16, 17, 56, 64-66
帝国大学令　148, 152
貞操　182
程度(の)問題(報酬分配の)　229, 232, 233, 241, 254
デュルケム, É.　14, 52, 53, 62, 124
天皇制国家　169
登校拒否　3
統制理論　62, 63
特性教育　148
トラッキング　61
努力主義　225, 231, 242, 243
努力の階層差・不平等　243, 244

●な　行

内助の功　166, 170
仲間集団　32, 34, 64
二項対立図式　156
西村茂樹　166
能力の社会的構成説　224

●は　行

ハーシ, T.　62, 64, 66
パーソンズ, P.　84, 125, 126, 195
発達的コントロール　130
母のコンセプションズ　164
ハビトゥス　251
バーンアウト　42, 43

バンカラスタイル　175
バンカラ文化　152
反抗　173
バーンスティン, B.　127-29
非行　54-58, 60, 62-65, 67, 68
非行少年　64
平等主義　141
風紀問題　181
フェミニズム（女性解放運動）　187
福沢諭吉　160, 162
フーコー, M.　198
不純異性交遊　172
婦人参政権　154
不登校　35, 43, 60, 62, 63
不登校気分　62
プライバタイゼーション　→私事化
ブルセラ女子高生　171, 174
ブルデュー, P.　251
ブルマーズ　176
フロイト, S.　124
文化資本　162, 251
分離　147
兵式体操　148, 178, 179
ベッカー, H. S.　65
方法的社会化　124
ホウルズ, S.　251
母子分離　99
ポルトマン, A.　83
ホワイト, M.　82, 87

●ま　行

マクロ理論　195
マートン, R. K.　16, 60
見えない教育方法　128, 129, 131

身代わり達成　159
命令的コントロール　130
メリトクラシー　209, 211-18
　　能力主義型の――　227-29, 242, 243, 245
『メリトクラシーの興隆』　208, 209
問題行動　19, 20, 33, 45, 54, 56, 60, 62-65, 67, 68

●や　行

役割範囲　46
役割分化　125
山本宣治　181
幼児教育　90
幼児教育産業　79

洋装制服　176
4層構造　33

●ら　行

ラベリング理論　64-66
リターンマッチ　228
立身出世　142, 163, 166-68, 170
立身出世主義　160-62, 164, 170
リビドー　124
良妻賢母　150, 151, 178
良妻賢母主義　149, 181, 199
良妻賢母主義教育　166, 167
臨床　4, 51, 68
臨床ブーム　4, 5, 14, 17
冷却　→クーリングアウト

● 著者紹介

苅谷剛彦（かりや　たけひこ）
東京大学教授

濱名陽子（はまな　ようこ）
関西国際大学教授

木村涼子（きむら　りょうこ）
大阪女子大学助教授

酒井　朗（さかい　あきら）
お茶の水女子大学教授

教育の社会学
Sociology of Education

ARMA
有斐閣アルマ

2000年4月30日　初版第1刷発行
2004年5月30日　初版第8刷発行

著　者	苅　谷　剛　彦 濱　名　陽　子 木　村　涼　子 酒　井　　　朗
発行者	江　草　忠　敬
発行所	株式会社 有　斐　閣 東京都千代田区神田神保町 2-17 電話　(03) 3264-1315〔編集〕 　　　　3265-6811〔営業〕 郵便番号　101-0051 http://www.yuhikaku.co.jp/

印刷　株式会社理想社・製本　株式会社明泉堂
© 2000, T. Kariya, Y. Hamana, R. Kimura, A. Sakai. Printed in Japan
落丁・乱丁本はお取替えいたします。
★定価はカバーに表示してあります。

ISBN 4-641-12096-X

R本書の全部または一部を無断で複写複製(コピー)することは，著作権法上での例外を除き，禁じられています。本書からの複写を希望される場合は，日本複写権センター(03-3401-2382)にご連絡ください。